ルトワックの“クーデター入門”

COUP D'ÉTAT :
A Practical Handbook,
Revised Edition, 2016

米国戦略国際問題研究所（CSIS）
上級顧問
エドワード・ルトワック
奥山真司 監訳

芙蓉書房出版

二〇一六年版へのまえがき

私はおよそ半世紀前にこの本の初版を書いたのだが、その時はまさかこの本がこれほどまでに読み継がれ、絶版になることなく英語版では七つの版を重ね、アラビア語からロシア語、さらには中国語（実際は台湾版だが）まで、実に一七の言語で出版されることになるとは思っていなかった。

当然だが、初版を書いてからいくらかの変化があった。その一例が、クーデターの実行者が最初に「ラジオ局」を占拠しても、今日ではあまり成果を挙げることができないという点だ。その理由は、きわめて小さな国であっても、ラジオ局はたった一つだけでなく、いまや十数局あるのが普通だからだ。ところがそれよりも重要なのは、ネット上のソーシャル・メディアを通じた個人の情報発信などのおかげで、あらゆる「放送」の影響力が次第に落ちつつあるという点だ。

これらをはじめとするテクノロジー面での変化は、この改訂版の中でも適切に取り扱われているが、最後に実行された二〇一五年の一件に至るまで、クーデターの本質は長い年月を経てもまったく変わっていない。

クーデターとは、相手を説得するための助けとして銃を必要とする、特別な形の「政治」である。もちろんクーデターを成功させることは難しく、もし銃が大量に使われて失敗し、状況が悪化してしまうと、迅速で無血のクーデターとは正反対の「内戦」に陥《おちい》る危険もある。

今回の改訂版を出すにあたって、私は書き換えるべき箇所を見つけようと本文を読み直し、たしかに細かい部分で修正すべきところをみつけたのだが、それよりも大きく見逃していたことに気づいたのは、多くのクーデター発生のきっかけが「腐敗《ふはい》」にあったということだ。

結局のところ、これは行動をうながす「動機」の話だ。深刻な腐敗が存在しないと、「自分たちの上司を追い出して政府の支配を掌握《しょうあく》する」というリスクを抱えるクーデターを起こす側の人々は、単に昇進できるだけで、大きく金儲けができるわけではないことになる。大佐と大統領の給料や年金の額の差は、そのようなリスクに比べれば全く取るに足らないものだ。

ところが腐敗が存在している場合、権力を奪った側は莫大な富を得ることができる。これは単に好きな額を国庫の外貨準備用の資金の中から引き出すだけでもいいし、さらに控えめにやるとすれば、国の支出をすべて削減したり、政府に何かを要求するすべての人々から賄賂を取ったり、中央銀行から決して返済しない資金の融資を確保したり、家族や親族をビジネスの仲介業者にするなど、国家権力を自己利益の拡大のために使うやり方はいくらでもあるのだ。

腐敗した支配者たちは、たとえ弱小国であったとしても、すぐに億万長者になれる。したがって、腐敗というのは実際にクーデターを発生させる原因となるのだが、それはもし成功すれば、その報酬が莫大なものとなる可能性があるからだ。

一九六八年の初版から一つ大きく変わったのは、クーデターへの予防策や備えが世界的に広まって実行されたことである。その原因の一つは、この本の初版かもしれない。実際に私は複数の国の安全保障関係者からそのようなことを聞いたことがある。たしかにクーデターを実行する側の人々はこの本の内容から学ぼうとしたのかもしれないが（この点については後に触れる）、統治者や警備担当の人々もクーデターを防ぐために、この内容から学んでいたようなのだ。

とにかく最も重要なのは、軍や準軍事的な組織、そしてその他の安全保障組織を完全に分離することにより、強制力を独占させないということだ。たとえば多くの国では「国家警備隊」や「大統領警備隊」、もしくは「革命警備隊」のような部隊が正規軍に十分に対抗できるほどの装備を持っていることがあるし、それが統治者と同民族による民兵隊で構成されている場合もある。

さらに、少なくとも数百人、もしくは数千人規模にのぼる、その国の基準でいえば装備が充実していて極めて練度の高い人員で構成された、支配者に非常に近い民兵的な近衛兵部隊が存在することもある。これは当然ながら、支配者の息子や甥たちによって指揮されており、その士官や曹長など多くの親族、もしくは少なくとも同部族によって占められているのだ。

このような内的な勢力には、公然と「大統領護衛部隊」や「革命防衛隊」のような名前が付けられていることもあれば、「第一二師団」「第二七旅団」もしくは「第三五五大隊」など、あえて普通の目立たない名前がつけられながら、国の人間であれば誰もが「あの部隊だ」と知っている場合が多い。そしてこの部隊は、最新の装備や平均以上の設備、高い給料、そして支配者の親族によって指揮されている。

安全な民主制国家も、さまざまな軍事・公安関連の組織をもっており、彼らは着ている制服こそ違うが、仕事の領域は重なり合っていることが多い。非民主制国家との最大の違いは、それぞれの組織が常に交流しており、連絡を取り合いながら互いに協力して働いていることだ。そして彼らは「統合的」な指揮系統の下に互いの職員を送り込んで、共同作戦を展開するのである。

ところが「組織の多様性がクーデターの阻止に役立つ」ということであれば、むしろ統合作戦本部の存在は望ましいものではないし、さらには組織同士の協力だけでなく、その連絡さえも控えられるべき、さらには禁止すべきということにもなる。つまり一見して無害な誕生日のパーティーのような社会的な会合でさえ支配者側に警戒感を起こさせることにもなるだろうし、そのパーティーに参加していた軍、衛兵、憲兵らの幹部たち全員が取り調べを受けることにもなりかねない。アラブ諸国が軍事面で大失敗してきたことについて、外国にいる専門家たちは、これを「プロの軍人としての能力の欠如だ」と指摘することが多い。ところが実際の原因の一つは、組織間の連絡や協力が政治的な面から避けられて、そもそも存在していなかったことにある。

韓国の例も参考になる。アメリカは、まさに北朝鮮のゲリラ攻撃の脅威にうまく対抗する目的で、韓国側に対して陸軍防諜隊（Army Security Command）と海軍防諜隊（Navy Security Unit）、そして空軍特殊捜査局（Air Force Office of Special Investigations）を一つの組織に統合させようとした。この結果、一九七七年一〇月には完全に統合された国軍保安司令部（Defense Security Command）が華々しく誕生した。

ところがその二年後に、当時の大統領であった朴正熙《パクチョンヒ》が暗殺されると、全斗煥《チョンドゥファン》少将はこの統合部隊をフル活用して政権を奪取した。彼が軍のトップの将軍たちや陸軍の参謀本部長などを捜査し、判決を下し、宣告をして、さらには彼の上官である中将や大将たちを飛び越えて大統領になった時には、誰も彼のことを制することはできなかったのだ。もし単独の組織による独占ではなく、三つの組織が互いに競合していれば、このようなことは起こらなかったはずだ。

　　　　　　　　　　　　　＊　＊　＊

脆弱《ぜいじゃく》な国で日常的に使われているもう一つのクーデター防止策として挙げられるのは、一種のスパイ活動である。といっても、これは外国に対する外向きなものではなく、内向き、つまり自国の軍隊や治安組織に対するものである。これには正規の空軍、陸軍、さらには海軍や州兵、革命防衛軍、そして政権を守っている中枢の近衛兵や警備隊など、ありとあらゆるものが含まれる。

近衛兵や警備隊というのは支配者に文字通り近い存在であるために、彼らは潜在的に最も危険な存在であるともいえる。内部へのスパイ活動は、クーデター防止策としては最も価値の高いものだ。なぜなら実行者たちの間での以前からの共謀や準備のない突然のクーデターというものは起こり得ないからだ。そしてこの同意には結果的に、クーデターで誰が何を行い、成功後には昇進や役職として誰が何を得るのか、その配分を以前から綿密に決めておくための話し合いが必要になってくる。

これらがすべて示唆《しさ》しているのは、クーデターの実行前のやり取りのかなりの部分は、現政権側のスパイが実行者に紛れ込んでいる場合には周囲に漏《も》れる――というか、本人たちから直接聞けることもある――可能性があるということだ。このようなスパイは、潜在的に危険な人物をあぶり出して取り除くために、本物のクーデターが行われる前に別のクーデターをけしかけることもできる。

このようなスパイ活動の最大の問題は、クーデターの実行者をスパイしている立場の人間が、「成功すれば権力や富を得ることができる」というインセンティブにさらされるという意味で、クーデターに最も参加しやすい立場にあるという点だ。

当然ながら、これに対する対処法は、完全に独立した多数の内部スパイ活動組織を持つことであり、人類が古代から悩まされている「守護者を守護するのは誰か」という問いに答えることだ。このようなシステムがあることが明らかになっていると、この多様性のおかげで政権側のスパイがクーデターの実行者に加わるのを抑止できる。なぜならクーデター実行者の中には自分以外にも政権側のスパイが潜んでいて、自分の企みを暴いてしまう可能性もあるからだ。

シリアはまさにこのような例の典型である。現在進行中の内戦が始まる以前の時点から、バシャール・アル・アサド大統領率いる政権には、独立して互いに競合しているスパイ組織が、すでに五つも存在していた。

(A)いわゆる「空軍情報部」
実際は敵の空軍については何も見ておらず、国内の反乱者やクーデターを起こそうとする勢力に焦点を当てている。ここで覚えておかなければならないのは、シリアで最後にクーデターを成功させたのは、当時空軍の参謀総長で現在の大統領の父にあたるハフェズ・アル・アサドであったという点だ。

(B)「総合情報部」
民間人か軍人かにかかわらず、政権の敵と思われる人物たちを捜査、逮捕、尋問、拷問する機関のこと。

(C)「軍事情報部」
時に実際の軍事情報を収集することもあるが、現在は政権に対して口撃したり実際の暴力を使って反対してくるシリア国民を集中して調べている。

(D)「アラブ社会主義バース党の国家治安局」
公式的には「与党」であるが、かなり以前に政党としての機能は失っており、現在はアサド家や一族のブランドとして成り下がっている。

（E）「政治治安部」

名目上の与党であるバース党のメンバーだけを調査していたが、現在は政権に対するあらゆる敵に対して調査対象を広げている。このおかげで、本書が書かれている二〇一五年後半の時点ではシリア国民の七五％がアサド政権に対して戦っている状態のため、任務の量と負担が増している。

これらの組織に共通するのは、それぞれの主要幹部がアラウィー派の人々によって占められているという点だ（一九二〇年代に名称を変える前はヌサイリー派と呼ばれていた）。彼らは名目上はシーア派を信奉している他に、キリスト教徒やドゥルーズ派（異端派のセクト）もいるが、シリアの多数派を占めるスンニ派は非常に少ない。当然ながら、アサド家はより正確にはアラウィー派である。

さらに内戦が継続中の二〇一五年の時点では、軍や政府、そして国民全般をスパイしているのは、総合情報部やそれ以外の四つのライバル機関たちに限られたことではなくなった。なぜなら主にアラウィー派によって構成された新たな治安部隊が誕生し、その中の数グループが自らスパイ機関を作ったからだ。

ところがシリアのこのような組織の多さも、ヤーセル・アラファトにとっては物足りないものであった。一九九四年のオスロ合意で誕生したパレスチナ自治政府のトップを務めている間に、彼は一二個のスパイ組織をつくり、しかもこれはイスラエルや他のアラブ諸国ではなく、パレスチナ人を監視するためのものであった。一九九七年には彼の狙いがよく当たった。実質的に議会の役割を果たしているパレスチナ立法評議会がアラファトを「財務の不始末」があったとして非難したことがあったのだが（彼の未亡人はいまだにパリで豪勢な暮らしをしている）、アラファト自身はこれを否定して辞任を拒否している。ところが議員たちはその後すぐに怯《おび》えて沈黙を貫《つらぬ》くようになっている。

このような機関の多様性はクーデター防止策として効果を発揮するのだが、とりわけ軍の内部で争っていたり、内部スパイ機関が互いに警戒している時にその効果が最大となる。ところが当然ながらそのような機関の運営は、政権側にとっても莫大なコストの上乗せとなるし、国民からの人気を得ることが難しくなるし、政情不安を煽《あお》ることにもなりかねず、それが暴動の鎮圧、抵抗、そして内戦にまでつながりかねない。二〇一一年にシリアで起こったことはまさにこれであった。チュニジア、エジプト、そしてリビアで初期の民主蜂起が起こったというニュースが流れた時に、シリアの硬直化して長期化した独裁制は、大きく揺るがされたからである。

初版が出てからほぼ五〇年がたつが、その間に私は本書がいくつかのクーデターで実際に使われたという報告を聞いたことがある（フィリピンでは二度のクーデターで私の本が使われたと記録されている）。ところが実際に使われた確固たる証拠のある最も初期のケースは、本書の宣伝としては逆効果になる恐れがあった。なぜならそのクーデターは完全な失敗に終わったからだ。

この時のクーデターの主導者は、モロッコ王国の国防省長官であり、治安面で全権を掌握していたモハンマド・ウフキルである。彼はこの王国ではハサン二世の次に権力を持つ人間であった。ところがウフキルは国王を疎《うと》ましく思っていたようで、一九七二年八月一六日に王国空軍の四機のF-5戦闘機が、おそらくウフキルの命令によって、フランスから帰国途中のハサン国王が乗っていたボーイング７２７旅客機を捉え、至近距離から強力な二〇ミリ機関砲で撃墜しようとする事件が起こった。

ところが空軍機の射撃の精度はひどいもので、ハサン国王の乗った飛行機はラバト空港に無事着陸した。その後に空軍機は機銃掃射を浴びせて飛行機の中の八人を殺し、四〇人を負傷させたのだが、ハサン国王は殺せなかった。親衛部隊が国王を守るためにすぐに出動し、政府軍側はすぐに空軍士官の反乱者のいるケニトラ空軍基地に集結し、そこで数百人が逮捕されている。ウフキルはその夜に、多数の銃痕を残して死亡していたところを発見されている。政府の徹底捜査が始まると、多くの書き込みがあり、血ぬられた本書のフランス語訳が、彼の机の上で発見された。

これについて、私は「十分注意して本書の指示に従わなかったからだ」という言い訳に逃げることができるのかもしれないが、実際のところ私が本書を書いた狙いは、優れた「実行マニュアル」を書くことにあったわけではない。私の本当の狙いは完全に異なるものであり、上品な言葉で「発展途上国」と呼ばれる後進国における、政治の究極の意味を探ることにあったのだ。この「発展途上」の国の中では、韓国のように本当に発展した国もあったのだが、その多くは発展できておらず、とりわけイスラム教などは民主制度による国家運営にとっての障害となっているようにも見える。

本書のアイディアを最初に思いついた時、西洋の知的階級の中では「第三世界」と当時呼ばれていた世界での出来事に大いなる関心が集まっていた。アフリカやアジアから初めて世界の檜舞台《ひのきぶたい》に登場してきた新国家に対して、希望を抱くような雰囲気があふれていたのである。ラテン・アメリカに対してさえも、新たな関心や希望が寄せられることになった。これはひとえにケネディ大統領の「発展への同盟」（Alliance for Progress）というアイディアに刺激されたものだが、彼の他のプロジェクトと同様に、このアイディアは世間から大きく注目されることになった。ところが最も関心を集めたのは、なんといってもサハラ以南のアフリカ、もしくはブラック・アフリカと呼ばれる地域の国々であり、その関心のほとんどは極めて感情的なものであった。

この当時はまだイギリスとフランスの「帝国」が崩壊しつつある段階であり、アフリカの新興国は世界の中でまだ生まれたばかりの国々であった。それらの国々の極度の貧困状態というのは、エキゾチックな風景の中に完全に隠せたわけではなく、教育を受けた層が決定的に欠けていることはあまりにもあきらかであった。ところが独立はまだ早すぎると指摘したのは、数少ない極右と、旧世代の植民地経営に関わってきた同じく少数の人々だけであった。当然ながら、このような少数派は「反動主義者」や「人種差別主義者」（レイシスト）として簡単に否定されてしまったのだ。

これを否定した人々の主張は、啓蒙された人々は必ずや成功するだろうし、新国家は植民地支配の昏睡から目覚めた人々の新しいエネルギーを集結させ、彼ら若い世代は教育を受ければすぐに技術者や専門職、さらには公務員などになって働き始める、というものであった。つまり西洋諸国からいくらかの支援があれば爆発的に経済発展するはずであり、これらは植民地時代の搾取《さくしゅ》によって生じた不自然な貧困状態や国の後進性などの問題を解決すると見られていたのだ。これに加えて、われわれは新興国の中に道義的なリーダーシップを見出すようにうながされた。独立を求めて戦った理想主義的な若いリーダーたちは、世界における偉大な精神的な力となるはずだとされたのである。

ロンドン大学政治経済学院（ＬＳＥ）の学生だった当時、私はそのようなことが真実であるだけでなく、それが自明なことであるかのように言われているのをよく聞いた。もちろん私は大英帝国の解体を加速させることにたった一人だけで反対するような、少数の右派たちの群れに加わりたいとは思っていなかったが、それでもこのような一般的な議論が、実際の現実とは絶望的にかけ離れていたものであることに気づかざるをえなかった。第三世界の話になると、最も知的な人々でさえまともに思考できないように見えたのだ。もちろん私はここで人間の知性の失敗が、奇妙な感情的理由によるものであると推測して説明するつもりはない。ただし明確に言えるのは、第三世界の未来についての好意的な見方が広く信じられていて、それが目に見える現実の証拠とは完全に矛盾していたという点だ。

そのような新興国の輝かしい未来像が疑わしく、彼らの国際社会に対する貢献を悲観的なものにしているのは、彼らの貧困状態だけではなかった。貧困というのは、文化・社会的な面での功績において、必ずしも障害となるわけではない。これは新興国の中でも意外な国が、石油の輸出による「自ら稼いだわけではない富」のおかげで裕福になっていることからもわかる。

適切な統治機構の欠如に関していえば、それが致命的な欠陥となるわけではない。国の官僚組織というのは容易に発展するものであるからだ。国の中の貧困層がメディアなどを通じて感じている富裕層に対する反感でさえ、私にはそれほど深刻なものとは思えない。被支配者側が後に起こすはずの略奪行為を正当化するために西洋の知識人たちによってつくりあげられた「高まる期待による革命」というスローガンでさえも、まだ実行されていないままのように見える。

ところが何よりも深刻な欠陥、つまり新興国の国内統治や外交面の失敗を必然的に引き起こすものがある。それは新興国に決定的に欠けている「本物の政治コミュニティー」であり、これは彼ら自身で作れるわけでもないし、外から輸入できるものでもない。もちろん「政治的コミュニティー」について公式の定義を示すのは難しいのだが、とりあえずは「ネーション」(the nation)と「ステート」(the state)という一般的な概念を考えていただければわかりやすいかもしれない。

新しい国家が誕生する際に起こるのは、植民地の支配者側が、独立を求めていた政治的リーダーたちに権力を移譲《いじょう》するというプロセスだ。より正確には、新たなリーダーたちは、その国の軍隊、警察、徴税官、そして植民地時代の政府で働いていた行政官たちのコントロールを任されるのである。

旧植民地の公僕は、新たな支配者たちに対して、表向きは新たな目的のために奉仕してきた。ところが彼らの方法論についての考え方は旧宗主国のやり方そのものであり、しかもこれらは法的な側面も含んだその政治コミュニティーの価値観を、そもそも否定するような考えから形成されたものなのだ。つまり「現地の文化」と「国家権力のツール」の間には有機的なつながりがないということであり、そのつながりをつくることさえできないのである。しかもこの現地の文化は、それぞれ異なるものが複数存在することが多いし、互いに敵対していることも多い。

さらにいえば、現地の文化が有機的に継続できるかもしれない方法論やその思想というのは、近代的な生活様式、つまり西洋型の社会に必要とされるものとは相容《あいい》れないことが普通だ。ここでの最大の問題は、この分離状態が国家の組織を弱体化させているということではなく、そもそもそれをコントロールできず、しかもその状態を強めてしまっているという点にある。

その結果はすぐに明白になった。新たな支配者たちは旧植民地国家の官僚たちを破壊する力を得て、しかも宗主国が残していった近代兵器を手にいれたのである。しかも彼らの行動は「法律を守る」という考えや、普通の政治コミュニティーが従っているような倫理基準に（たとえそれが偽善や勝手な裁量であったとしても）拘束されていなかったのだ。結局のところ、彼らのやったことは、通常の政治面では抵抗を受けなかったのだが、その理由は、独立後に最初に権力を握って自分たちの権力の独占状態を長期的に固めようとしたからである。これは、あらゆるライバル政党を法律違反にするか、不当に解散させることによって実行されることになったのだが、そもそも彼らは抑圧された多数勢力によって構成されている野党勢力を持つべきであった。ところが彼らは平和的・暴力的にかかわらず、そもそも対抗できるような社会的なネットワークを持てなかったのだ。

したがって、「一党独裁国家」の宣言が流行する以前にも、統治の失敗は運命づけられていた。しかもその当時、新興国の独裁体制は「急激に経済発展をする」という主張によって擁護されていた。これは「ソ連のような一党独裁国家は、民主制度の国家の国内の議論にじゃまされることなく急速に経済を発展させることができる」という、いまとなっては非常に奇妙だが世界中に広く信じられていた幻想を土台にしたものであった。

以前から存在していたように、国家において汚職は日常的な慣行となり、すでに過ぎ去った植民地時代の独裁主義は、慢性的ではないとしても、抑圧的な体制にとってかわることになった。この理由は、官僚や警察や兵士たちでさえも法的な拘束を受けなくなったからだ。結果として、国民からの取り立てが無制限に広がることになり、法が守るはずの個人の自由、生命、財産の権利は、支配者が自由に破るようになったために保障されなくなったのである（私はガーナの首都アクラで、渋滞に巻き込まれていた運転手にスピード違反の切符が切られて手渡されていたのを目撃したことがある）。

もし植民地主義が犯罪であるとするなら、その最大の原因は、宗主国側がそれを突然放棄した点にある。崩れやすい現地の文化、近代以前の社会、そして近代国家の強力な組織で武装した政治的なリーダーたちの手に権力が残された中で、自らを守るすべを持たない少数派の人々が残されたのだ。このような事実について、西洋の観察者たちの注目を一時的にせよ集めることになるには、ウガンダのイディ・アミンやその他の人々による、とんでもない事件の発生まで待たなければならなかった。しかもその間に他の独裁者たちの多くは、国家の組織を自由に使ってあらゆる悪を行い、過剰な富を蓄えたのである。ある国ではアル中の支配者が気ままに死刑を命ずることができたし、別の国ではアルコールが禁止にされていたりしている。

とにかく一般的であったのは、最も無益な高級品が豊富に輸入されながら、ワクチンや抗生物質のような必要不可欠なものを輸入するための外貨準備が欠けていたという状態だ。結局のところ、国防や治安維持ツールは国内の抑圧のために何度も使用され、同時に国の税収は公共サービスがほとんどの場所で劇的に低下し、ときにはゼロになってしまうような規模で着服されることになった。これこそが、私が一九六〇年代初期に希望あふれる幻想の地で起こるであろうと予期していた病的な現実であった。したがって、このような汚職にしたがって無数の悲劇と共に生じた一つの結果が、クーデターの頻発《ひんぱつ》だったのである。

今日のサハラ以南のアフリカは、その当時とはかなり異なる状態にあるように見える。独裁者の数は少なくなり、ジンバブエのロバート・ムガベのような破壊的な存在は特殊な例となっており、ほとんどのアフリカの国々は非民主制国家というよりは民主化しつつある国々として分類したほうが正確であろう。政治面での前進と共に新たな形の経済成長が生まれたのだが、これは単なる天然資源の産出によるものではなく、国民の中に生まれた本物の起業精神と勤勉さによるものであった。サハラ以南のアフリカではまだ広範な腐敗文化を含む無数の問題が残っているが、政治面や経済面で累積的な進歩を期待するのは、無益な楽観主義ではなくなりつつある。このようなプロセスを経る過程において、本物の政治的コミュニティーが台頭しつつある。植民地後のアフリカ諸国でクーデターが頻発していたのは、国民の無抵抗な態度を決定づけた、このようなコミュニティーが大きく欠けていたからである。

アフリカ北部や中東全般における、民主制度への国民の参加と、イスラム教の文化的支配状態の間の不一致は、一九六八年当時よりも現在のほうが明確になってきている。この不一致は、きわめて前途有望のように見える一連の選挙結果によっても解消されておらず、常に非民主的な結果に終わっているほどだ。たとえば何十年にもわたって政党政治と選挙を経てきたトルコでは、軍によって復活させられた世俗的な政策も、彼らが政治的な権力から身を引いたために

（皮肉なことに「民主制度」の名の下に）すぐに変更されている。民主制統治のルールは、イスラム主義の公正発展党（ＡＫＰ）の台頭によって損なわれてしまった。ＡＫＰは「伝統」の名の下に後退的なイスラム教の習慣やイスラム教の教育、そしてよりイスラム主義的な対外政策を推進することを謳《うた》いつつ、二〇〇二年、二〇〇七年、二〇一一年と立て続けに選挙で大勝している。彼らは民主的な権利を撤回しはじめ、インターネットのソーシャル・サイトを禁止し、独立系のジャーナリストたちを逮捕し、党のリーダーたちの腐敗的な取引を捜査している警察の幹部や検事、そして判事たちを解雇した。多くの市民の強烈な反対にもかかわらず、彼らは「多数派による国家の支配」の権利を頑固に主張したのである。

独裁的で過激主義的になりつつあるリーダーのレジェップ・タイイップ・エルドアン（二〇〇二年に首相に就任、二〇一四年から大統領）にも腐敗の噂《うわさ》（家族が莫大な富を得ている）があり、二〇一五年の選挙では党首をつとめる与党のAKPがとうとう弱体化し、議会で多数派の地位を失っている。ところがそれまでは、トルコの学歴の低い層の有権者たちはエルドアンとAKPを常に支持してきたのであり、その理由は、彼らの目から見ればアルコール飲料の禁止（目立たない政府の方策によるもの）や、最近まで頭部のスカーフの着用が禁止であった大学の敷地内でのモスクの建設、エジプトのムスリム同胞団とハマスの分派などへの賞賛、そして民主制度の維持よりもエルドアンによるイスラム主義的な痛烈な批判のほうが重要だと感じられたからだ。

これはイスラム圏全般でもまったく同じであり、それには完全に論理的な理由があった。それは、すでに神が完璧な法を、誰も議論の余地のない「コーラン」という形でわれわれ人間に与えているため、単に有害でしかない議員たちは必要ない、というものだ。その有害なものとしては、たとえば個人の宗教の選択の自由や、女性の地位、そしてワインを飲む権利などがあげられる。

イスラム教と民主制度の不一致――これは善意によって永遠に否定され、実際面においても永遠に主張され、そして完全に自由で公平な選挙によって遮《さえぎ》られることになるのだが――は、ほとんどの時代の大部分のイスラム系国家において、独裁的な政権を定着させることになった。政治権力の独占を永続化させようとする支配的な一族のおかげで、そのような国家の活力は失われている。このおかげで、ほとんどの時代と場所で見られた国民の無抵抗――「イスラム」という言葉はそもそも「服従」を意味する――により、ごくたまに発生する反乱を除けば、そのほとんどのケースで、クーデターはすぐに鎮圧されてきた。国民の無抵抗は、理屈の上ではクーデター側に有利に働くはずだが、実際はモロッコからサウジに至るまでのアラブの王族系の最も脆弱な国家において、クーデター防止策はこれまで最も効果的に効いたことが証明されている。

一九六八年に書いた本書の初版で、私は実際のところ、発展途上でまとまっておらず、実際のところ非民主的な国々の政治状況を理解するための、一つの方法論を提示しようとした。それ以降から人類は富の蓄積という面では偉大なる進歩を遂げたのであり、最貧国も最貧状態から脱しているほどだ。ところが民主制度はそれほど発展しておらず、その理由は、民主的な考えを持った人々は否定される存在ではなく、探求される存在だからだ。この改訂版は、そのような探求への一つの貢献として見なすこともできよう。

謝辞

私は、学者的な実務家であり、当時はアフリカでの経験を持ちかえったばかりであり、現在は国家安全保障関連のアドバイザーとして活躍するソーヤー・ブラゼック氏に、本書に必要となる情報のアップデートの面で協力を求めた。私のこの決断は幸運なものであった。彼は古い情報と新たな情報を区別し、どれを置き換えるべきなのかを正確に教えてくれたからだ。彼の仕事のおかげで、この改訂版をつくる作業は非常に円滑に進んだ。彼の大いなる貢献をここに記して感謝する次第である。

初版まえがき

これはハンドブックである。したがって、クーデターの理論的な分析ではなく、実際に国家権力を握るために活用できるような、クーデターのテクニックを紹介することを目的としている。やる気と材料があれば素人《しろうと》にでもできるという意味で、料理の本に似ている。本書はそのための知識を提供するものである。

二つだけ注意して欲しいことがある。まずクーデターを成功させるためには、それなりの条件がなければならない。ブイヤベースをつくるには、まずしかるべき魚がなくては始まらないのと同じである。次に、クーデターは失敗したら、料理の失敗よりはるかに罪が重い、ということである。料理に失敗して仕方なく缶詰の食事をとるはめになるどころではないのだ。だが、成功すれば、手に入るものも大きい。

また、こんなものを書いて読者を誤《あやま》らせ、危険な目に遭わせることにはならないか、さらにはクーデターの有効な手引きであるために、これが動乱や暴動につながりかねないのでは、という反対があるかもしれない。私の答えはこうである。クーデターはすでにいたるところで起きている。この本を読んで、より多くの人々がクーデターのやり方を学んだら、それはただ単に「クーデターの民主化」への一歩であり、すべてのリベラルな心の持ち主が賞賛すべきこととなるだろう。

最後に、本書で示されたテクニックは政治的に中立な立場に立って論じられたものであり、国家の権力を奪うという目的のためだけに書いたものであって、その後の政策をどのようにすべきかという点については、まったく関与するものではない。

ウォルター・ラカーによる序文（一九七八年）

一九六八年に初版が出版された『クーデター入門』は、当時非常に若かった著者による、オリジナリティに満ち溢れた素晴らしい著作である。出版後すぐに評判を呼び、主な外国語に翻訳された。本書は現代においてさらに関心を呼ぶはずだが、その理由はただ単に、クーデターが過去一〇年間において、文明的な世界の秩序における極めて稀な例外ではなく、国連のほとんどの加盟国における政権交代の通常の儀式となったからだ。現在においては議会制民主主義国家よりも軍事独裁国家の方が多く存在しており、こうした独裁体制が「市民の反乱」によって転覆《てんぷく》されたという事例は少ない。むしろ多くの場合では、軍事独裁者というのは同業者によって置き換えられているのだ。ところがこのような事実があるにもかかわらず、クーデターの研究は事実上のタブー視されており、本書を批判してきた者の中には、この問題をどう考えるべきかがまったく分かっていない者も明らかにいる。もちろんその理由は、多くの面から簡単に理解できるものだ。クーデターは世界の大部分のどの国でも簡単に少人数の集団（左翼、右翼、そして中道であろうと関係ない）で遂行可能だという発想――ただし現代政治の基礎的な部分を習得していればという条件はあるが――は、当然のことながら非常に衝撃的だ。マルクスとエンゲルスは、革命についての膨大な著述を残しているが、革命を起こすためのテクニックについてはほとんど書いていない。この点について詳細な教則本を書いたのは、一九世紀の左翼指導者であるオーギュスト・ブランキ（Auguste Blanqui）だけだが、彼もあまり成功していない。ブランキの他にはガブリエル・ノーデ（Gabriel Naudé）がいるが、その著作は一七世紀末のパリで出版され、一七一一年にはウィリアム・キング（William King）博士による英訳（『国家における洗練された政治と会心の一撃についての政治的考察』*Political Considerations upon Refined Politicks and the Master Strokes of State*）が出版された。その中には、実に興味深い箇所がある。

雷は天空に響き渡る前に落ち、祈りはそのための鐘が打ち鳴らされる前に唱えられる。人は自分自身が放とうとした一撃を受け、苦しみは全く予期していなかった者に訪れ、そして自分が最も安全だと思い込んでいた者が死ぬことになる。全ては夜と暗闇の中で、嵐と混乱のなかで起こるのだ。

しかしノーデは長きにわたって忘れ去られていた。そして彼がつくった「会心の一撃」という概念は、現在のクーデターよりもはるかに幅広い意味を持っていた。現在では、革命が発生する客観的な情況や、市民や農民の反乱、革命と内戦、ゲリラ活動やテロについて書かれた本は実に多い。ところがクーデターについてはほとんど書かれていない。これは近年において革命がほとんど起こっておらず、しかもここで言う「客観的な情況」というのは、革命発生に含まれる複数の要因のたった一つに過ぎないことを考えれば、実に驚くべきことだ。こうして見ると、クーデターは政治家の活動だけではなく、政治学者の観点からも厄介なものだ。もちろん「客観的な情況」を基にすれば、モデルとパターンを構築するのはさほど難しいことではない。ところがクーデターはまったく予測不可能なものだ。その定義からしても、クーデターは秩序だった仮説と概念にとっての永遠の敵だからだ。戦略的に有利な立場にある数人の政治面での野心を科学的に説明しろというのは不可能だからだ。

こうしたことは極めて残念だが、だからといってクーデターの研究をさらに徹底的で詳細なものにする必要が減るわけでもない。なぜならあらゆる指標がクーデターのことを「未来の波」であると示しており、その他の手段よりもはるかに多く論じられている、政治的暴力の形だからだ。ゲリラ戦の研究を通じて、私は第三世界のほとんどの国家の国内で、権力を求める最右翼が軍であるという結論に到った。たとえば過去一五年間において、約一二〇件の軍事クーデターが発生しているのだが、その中でゲリラ活動から権力の座に就いた例は、たった五件しかない。しかもそのうちの三件は、一九七四年のポルトガルでのクーデターの後に起こったものだ。ゲリラ活動の機能は、その当初の形のものに戻ってしまった。つまり正規軍への地ならしと、それに対する支援である。いいかえれば、テロ組織は他者が馬の鞍《くら》に乗れるように鐙《あぶみ》を固定するだけなのだ。もちろん世界には軍事クーデターを仕掛けることが困難になってしまった地域がある。つい最近までの話だが、中東諸国の戦車部隊の司令官は、少なくとも政治権力への潜在的な候補者の一人だった。この理由は、軍における指揮命令系統の集権化の結果であると同時に、政治警察の能力が向上したためでもある。ところがこうした地域でクーデターが減ったとしても、それは現時点で予見可能な政体変更の唯一の形であることに変わりはない。

しかしクーデターが予測不能のものであり、（予測はもちろん）既知の解釈の手法が役に立たないとしても、クーデターには何度も繰り返されてきた一定のパターンがある。それは陰謀が最初に計画される時から始まり、実際に権力が掌握されるまでのものであり、ことわざではこれが「常に異なる同じこと」と言われている。この著作は、これまでほぼ未知であった領域における、記念碑的な存在である。

ウォルター・ラカー

ワシントン－ロンドンにて、一九七八年一〇月

ルトワックの〝クーデター入門〟目次

第1章　クーデターとは何か？

計画されたクーデターなどというもので平和の時代の幕開きとなったことを、私は遺憾に思う。

ウェリントン公爵

一八一一年

……軍の介入以外に、救国の道は残されていなかった……

コンスタンディノス・コリアス

一九六七年四月二一日　アテネにて

「クーデター」という言葉は実に三〇〇年以上も前から使われているが、それを簡単に実行できるようになったのは、比較的最近になってからだ。プロの官僚組織と常備軍をもった、近代国家が台頭してきたおかげである。

近代国家の力というのは、こうした固定化された組織制度の仕組みに大きく依存しているが、この組織は公文書や資料、記録を持ち、そして職員をかかえているので、下部の組織や個人の動静を知ることができ、その気になればそれらを統制できる。「民主主義」とは名ばかりの「全体主義」国家というのは、このような詳細かつ総合的な情報を徹底的に利用できる。いいかえれば、使用可能なツールは同じなのだが、国の体制で違うのはその使われ方なのだ。

近代国家の抱える官僚組織の発展のおかげで、クーデターは簡単に起こせるようになった。その理由は二つある。第一に、国家の恒久的な機構と政治指導者の間に、明確な区別ができたことだ。第二は、官僚組織が明確な指揮系統のあるヒエラルキー（階層）構造を持つようになったという事実である。「国家の従業員」としての官僚と「支配者の個人的な下僕」との間の区別が出てきたのは実は新しい現象であり、英国と米国の官僚システムには組織的にこのような初期の名残りが見受けられる＊1。

この発展の最大の重要性は、もし官僚が指導者とつながっているとすれば、違法な権力の掌握の際には、支配者の身柄を拘束するような「宮廷革命」という形態を必然的に取らざるを得なくなったという事実にある。

その支配者は、新たな政策やアドバイザーたちを受け入れるよう強制させられたり、さらには殺されたり、監禁されることもありえる。いずれにせよ重要なのは、宮廷革命を実行できるのは「内側」の「内部の者」だけだ。この「内部の者」とは、古代ローマや一九六〇年代のエチオピアのように、宮廷の親衛隊の指揮官かもしれない。王朝制度の場合は、好ましくない支配者が、より好ましい息子たちにとって代えられることになる。

その一方で、クーデターははるかに民主的なものだ。クーデターは「政府」の「外」ではあるが、その国の中の、常設の政府機関や軍隊、警察から構成される領域で行われるものだ。クーデターの目的は、国家の職員たちを、政治指導者から分離することにある。ところがこの二者が政治や部族、もしくは伝統社会的な忠誠心でつながっている場合、不可能となることが多い。

中国の清王朝、そして現在のアフリカ諸国でも、国家の官僚機構のためには主に部族的なつながりが利用されていた。清王朝は、中国の慣習を取り入れ、官僚制度のあらゆるレベルに漢民族を起用したが、政治と軍の重要なポストには王朝の創設に参加した女真族の子孫をおいている。同じように、現代のアフリカの支配者たちは、軍や警察、治安維持組織の重要ポストに、自分と同じ出身の部族の人間を指名するのが普通である。

政党組織が官僚の人事をコントロールしている国では、それが全体主義的な統制の一部、もしくは（たとえば大戦後から一九八〇年代末までのイタリアのように）政権が長期にわたったという理由から、政治的な関係者たちが官僚組織の高級官僚に任命される。それは体制を守るためでもあり、政策を好意的な形で実施させるためでもある。過去の共産主義国では、当然のことながら、全ての高級職は党の構成員によって占められていた。

＊＊＊

サウジアラビアでも「伝統的な絆《きずな》」の例を見ることができる＊2。この場合、王室の伝統的な部族の仲間内には近代的なノウハウが欠けていたため、個人には不可能だったことを組織的に対応している。サウジアラビアには信頼のおけない約一〇万人の市民で構成されている近代的な軍隊とは別に、サウジ家を信奉する一二万五〇〇〇のベドウィン（少なくとも名前だけはベドウィン）族で構成された「白軍」がある。公的には「国土警備隊《ハラス・アル・ワタニ》」（Haras al Watani）や「国家警備隊」という名で知られる通称「白軍」には、約二万五〇〇〇の部族民兵が含まれ、「イマーム・ムハンマド・ビン・サウード機械化旅団」という正式名称がある。首都リヤドに本拠を置いており、この事情から明らかに「対クーデター部隊」であることがわかる。

こうした部族や伝統的な関係によって構成された政治指導者と官僚や軍部の首脳の間の絆は、近代国家ではほとんど見られないものだ。その反対に、ゆるやかな階級や部族による結びつきは、クーデターの計画者が浸透するのに充分な規模を持つグループになる傾向がある。

官僚組織が巨大化したため、国家の官僚組織は最低限の効率を達成する上でも、仕事を明確に分割しなければならなくなった。その結果、業務は各省や各部門に割り当てられることになる。また、省内には誰もが従うべき指揮系統がなければならず、一定の手続きや手順を守らねばならない。こうして、ある情報や命令が型通りに伝えられ、しかもそれが然《しか》るべき筋《すじ》の然るべきレベルからのものであれば、命令は遂行されるのだ。これが国家の中でも政府の重要な部署や、軍、警察、治安組織の場合だと、そこにさらなる規律と厳格さが加わって実行されることになる。そのため、国家機構はいわば「機械《マシーン》」のようなものであり、かなり予測可能で自律的な動きをする。

クーデターは、国家内部のこの「機械」のような動きを利用して行われる。つまりクーデターの実行の際には、国家全体をコントロールする「レバー」を奪うために、国家の機械的な機能が利用される。そしてクーデター後は、まさにこの「国家が機械として機能するのか」という点から、その奪ったレバーの価値が決まるのだ。なかにはこの「機械」がまことに精巧にできていて、その命令の妥当性を判断してから実行するような国もある。ほとんどの先進国がまさにこのような例に当てはまるため、そこではクーデターの実行は非常に難しくなる。

その一方で、官僚組織があまりに小さいため、国家組織があまりにシンプルで、しかも指導者と密接につながっているためにクーデターを行う余地のない国も、少数ながら存在する。かつて英国保護領であった南アフリカやボツワナ、レソト、スワジランドなどがその典型的な例だ。クーデターを仕掛ける側にとって幸《さいわ》いなことに、ほとんどの国家は紹介してきたような両極端な例の中間にある。つまり、官僚組織という「機械」が大きいわりには精巧でないため、正しい「レバー」のありかを発見され、掌握されてしまう危険性が高いのである。

二〇世紀における最大の変化の一つは、国家の政治の安定性が大きく低下したということだ。

フランス革命以来、各国政府が転覆《てんぷく》されるペースは加速している*3。たとえばフランスは、一九世紀に二つの革命を経験しており、軍事的な敗北の後には二つの政権がつぶれている。一九五八年にシャルル・ド・ゴールを永続的な権力の座につけた政権交代は、これらの条件が混じり合ったものであった。世界の国々がフランスに続くことになり、統治される国民の寿命は長くなったのにもかかわらず、政権の寿命は短くなった。

こうした傾向は、一九世紀に見られた立憲君主制への愛着とは好対照をなしている。ギリシャやブルガリア、そしてルーマニアは、トルコの植民地支配から逃れると、ただちにドイツに行って自分たちの王室に仕立てあげる適当な王族がいないか探したほどだ。王冠や旗、それに勲章は、(英国の)立派な業者がデザインして、納品してくれた。王宮が建設され、余裕がある国では、王族に狩猟場や妾《めかけ》、それに貴族などが与えられている。

その一方で、二〇世紀の人々は王政への関心を大きく失っている。たとえばイギリスはイラクに適当な王室を親切に与えたのに、それを喜ばなかったイラク国民は、あらゆる手をつかって王室を追放しようとしており、ついに一九五八年の虐殺でこれに成功している。同時に、軍と右翼勢力はこの暴力的な大衆運動の波に乗り、違法な手段を使って権力を奪取し、政権を転覆したのだ。

二〇世紀の政権は、なぜこんなにもろくなったのだろうか? 政府が変化に柔軟に対応できるような態勢をしっかりととれるようになったのにもかかわらず、ここまでもろさが増したのは、まさに逆説的だ。おそらく政治学者は、「態勢は柔軟になったが、同時に変化を求める圧力も一層強まり、柔軟性の向上も、社会・経済からの圧力についていけなくなった」と答えるかもしれない*4。

一般的に暴力的な手段が使われるのは、政権の移譲を担保する合法的な手段が無効な場合である。その理由は、合法的な手段があまりにも硬直化（君主が支配していて、なおかつその人物が実際に政策づくりまでコントロールしている）していたり、逆に厳しさが足りないことにある。たとえばロシア王政の場合、一七世紀までは相続制でも選出制でもなく「占守制」だといわれていた。地主である「支配階級」（ボヤール）と「クレムリン王宮警護隊」（ストレリツィ）によって次々に王が退位させられた結果、相続制が衰退し、王座についた者は誰でも「皇帝」（ツアーリ）になり、血統がほとんど問題にならなくなったのである。

現代でもこれと同じように、非合法の政権奪取が長年にわたって続いたために、新しい政府をつくるのに必要な合法的な政治構造が衰えた国がいくつか存在する。たとえばシリアだ。この国では十数回を超えるクーデターの後に、一九七〇年にハーフィズ・アル＝アサドのクーデターでアサド王朝が成立したが、ホーラーニ憲法で決められた総選挙はもう実施できなくなっている。選挙を行うのに必要となる管理機関が衰退・消滅したからだ。

ところが政治指導者の政権移行の手続きが確立されているのであれば、それ以外の方法はすべて非合法なものとなる。そうしたものを何と呼ぶかは、もちろんわれわれがどの立場を支持するのかによって異なってくるのだが*5、細かい話は措いておき、まずは以下に紹介する用語をそれぞれ考えてみよう。

●革命

革命は、いずれの場合もその当初は組織化されていない一般大衆によって始められるものだ。そしてここでは指導層の人物の交代だけでなく、社会や政治の構造の変更が狙われる*6。

この言葉がかなり一般的になってきたおかげで、「革命」と称しているクーデターも多い。なぜならこの言葉には、実行したのが少数の共謀者ではなく「大衆」が行ったという響きがあるからだ。だからこそアブドルカリーム・カーシムがファイサル二世とヌーリー・アッ＝サイード首相によるイラクの王権を転覆させた時に抱いていた漠然とした狙いも、イラクでは「七月一四日革命の神聖な原則」として知られている。

●内戦

内戦は、政府打倒をめざす国軍の諸分子間、もしくは国民が大々的に参加する、あからさまな戦いのことだ。この言葉はあまり評判が良くない。内戦が起こっても、参戦者たちはその存在を否定するのが普通だ。国際的な戦争（米国の連合国内の国家〔州〕間戦争）だと弁明したり、外国からの侵略だと説明するのである。ただしフランコ政権時代のスペインでは、一九三六年から三九年まで続いた内戦は常に「クルサーダ」(cruzada)、つまり「十字軍」と呼ばれていた。

●プロヌンシアミエント（宣言）

これは基本的に、スペインや南米で行われる軍事クーデターのことを指すが、最近のアフリカのクーデターの多くもこの形式をとるようになっている。その原型となった一九世紀スペインの「プロヌンシアミエント」は、かなり儀式化された行事であった。まず陸軍将校の意見を打診する「トラバホス」（trabajos：直訳すると「仕事」）が行われる。次は、関与への誓約をとりつけて報酬が約束される「コンプロミソス」（compromisos：約束）、そして行動が呼びかけられ、最後に政府打倒の際には将校たちに従うよう兵士に訴えかけられるのだ。

そもそもプロヌンシアミエントは、反動的というよりも自由主義（リベラル）的な現象であることが多かった。そして建前上とはいえ、その権力奪取の目的は「国家意思」の実現だったのであり、これは典型的なリベラル派の考えである。ところがスペインでは時代がたつにつれて軍が右傾化し、スペイン政府がそれについていけなくなると、プロヌンシアミエントの理論は、新自由主義の「国家意思」から、新保守主義の「現実的意志」の理論へと変わってきた。これは「国家の本質」、つまり国家には一種の恒久的な精神構造があると想定したものであり、必ずしもスペイン国民の多数派の願望を常に表しているものとは限らない。ところが軍にはこの「スペイン国の本質」の解釈と擁護が委ねられることになり、それを政府から、さらに必要とあらば国民の意志に反しても守るもの、とされたのだ。

プロヌンシアミエントは特定の軍の指導者によって組織・指導されたが、実際は全将校団の名の下に実行されている。軍内の一部の勢力による「プッチ」や、民間人が軍の一部を使って実行することもある「クーデター」とは違い、プロヌンシアミエントは軍全体によって政権奪取を行う。アフリカ諸国の政権奪取の多くのケースでは軍全体が参加しており、結果としてプロヌンシアミエントの典型的な形と酷似したものとなっている。

●プッチ（反乱）

これは実質的に戦時、または終戦直後の現象であり、軍内部の正式な一単位の組織が、正式な指導者に率いられて実行されるものだ。そのわかりやすい例が「コルニーロフ・プッチ」である。北部ロシアの一個軍団の司令官だったラーヴル・コルニーロフ（Lavr Kornilov）将軍は、反革命戦争を行う「戦闘」政権を樹立するために、ペトログラード（現在のサンクトペテルブルク）を制圧しようとしている（成功していたらここはレーニンではなく、彼の名にちなんだものになっていただろう。実際に一九九一年までこの町はレニングラードと呼ばれていたからだ）。

●解放

ある国家が外国の軍事的、または外交的干渉によって転覆されたとき、この国は（その変革を支持する者によって）「解放」されたと言われることがある。その典型的な例が、一九四七年のルーマニアにおける共産政権の擁立だ。ソ連は武力行使で脅迫することにより、国王ミハイ一世に新内閣を受け入れさせている。

●民族解放戦争、反乱、その他

こうした形の国内紛争では、紛争を仕掛けた側の勢力の目的は、国家内の権力の奪取ではなく、それとは別の国家組織を立ち上げることにある。この場合、政治的・民族的・宗教的な理由が元になることがある。たとえばタリバンの場合は、アフガニスタンを自分たちのデオバンド派、つまりワッハーブ派に改宗させることにある*7。ワッハーブ派は、サウジアラビアの正式な国教であると同時に、他の形態のイスラム教（非イスラム教は言うまでもなく）がいかなる形であれ正統性を持つことを否定する、厳格で熱狂的なイデオロギーである。分離独立派による反乱に関して言えば、それは必然的に民族的な動機――ただしこの場合の「民族」とは、全て頭の中で創造したものでしかないこともある――が基盤となる。このような例としては、エリトリア人とエチオピア人、イラクのクルド人、さらにはイランとトルコ、ケニアのソマリア人とエチオピア人、ミャンマーのカレン族についても言える。かつてはインドのナガ族も分離独立を狙っていた。

クーデターの定義

クーデターにはこれまで紹介した政権奪取のための様々な方法論が含まれているのだが、そのほとんどと違うのは、必ずしも大衆の介入の助けや軍による大規模な戦闘も必要としない点だ。

もちろんこのような形での直接的な介入があれば政権奪取が容易になるのは明らかなのだが、クーデターの首謀者がこのようなものを簡単に利用できると考えないほうがよい。なぜなら実行する側がはじめから軍をコントロールできるわけではないので、相当な数の部隊が指揮下にあるような状態を想定して計画するわけにはいかないからだ。また「大規模な一般大衆」を効率的に利用するのに必要な宣伝や組織を、クーデター前の政府が許すはずもない。

クーデターの第二の特徴は、特定の政治的色彩がないことである。革命は一般的に左翼的であり、プッチとプロヌンシアミエントは通常は右翼勢力によって始められるものだ。ところがクーデターは政治的には中立であり、権力奪取後に特定の政策が実施されるという前提はない。多くのクーデターには右翼的な性格があることは事実だが、それが必然的であるわけではない*8。

クーデターが大衆の力を利用せず、戦いに訴えかけないものであるとしたら、どのような手段によって国家の支配権を握ることができるのだろうか？　簡単な答えとしては「国家の権力をそのまま活用する」である。これを詳しく説明するために、本書の長さが必要になるのだ。以下に述べるのが、本書におけるクーデターの、公式的かつ実用的な定義である。

「クーデターとは、国家機関の中の、小規模でも決定的に重要な部分への浸透によって成り立っている。この部分を利用し、政府が残りのすべての部分に及ぼしている支配権を奪うものである」

註

1 英国ではその名の通り、「文官《シヴィル・サーヴァント》」は国王の下僕《サーヴァント》であると憲法上みなされている。米国でも、過去には選挙に勝つと政党の一族郎党がワシントンに大挙して乗り込んでいたが、現在でも行政職のトップの役職の多くが、専門の官僚ではなく政治関係者に与えられている。

2 こうした絆は、元々は宗教によるものだ。サウジ王家は伝統的に、ワッハーブ派による極端に厳格なイスラム教の解釈を奨励してきたからである。

3 歴史的に言えば、この流れはアメリカの独立革命から始まったものである。しかし世界全体に対する影響力は、米国のその距離の遠さと風変わりな特質のせいで低かった。

4 このような不安定化をもたらす根本的な原因は、科学のめざましい進歩と、その結果としてのテクノロジーの変化にありそうだ。ところがこのような問題は本書では扱い切れないものだ。

5 「反乱＝テロ＝国家解放戦争」という等式は特になじみ深い。

6 初期の段階では、その狙いは別としても、行動の範囲については明確に意識されていることの方が多いようだ。

7 デオバンドはデリーの北にある静かなインドの街であり、巨大なダールルウルーム・ムズリム学校がある。そこでは厳格で過激なワッハーブ派のイスラム教（創始者ムハンマド・イブン・アブドゥル＝ワッハーブ：一七〇三～九二年）を、アフマド・イブン・タイミーヤによる、妥協を排し全てを求める聖戦主義ドクトリンの復興として教えられている。この宗派のイスラム教は一八八六年の創立時にアラビア半島東北部から取り入れられ、信奉者たちは世界中で三万校もの学校を始めたと推測されている。この学校は、妥協を拒む熱狂的な思想（二〇〇一年にバーミヤンの大仏をタリバンが破壊することを認めたのはダールルウルームの宣告である）をもちながら、インドでは免税特権が与えられているのだが、その理由は、ダールルウルーム校の推し進める過激主義に、反パキスタンの姿勢が含まれているからである（インド全域はイスラム教に支配されるべきだという思想をもっているのにもかかわらずだ！）。

8　一九六七年のギリシャのクーデターは、そうした「反動的クーデター」というイメージを強めたが、一九六六年のシリアや一九五八年のイラク、一九六二年のイエメンの例は、リベラルとか進歩的とは言えないまでも、本質的には左翼的なものだった。

第2章　クーデターはいつ可能か

ボルシェビキはソヴィエト会議の結成を待つ権利はない……即座に権力を奪取しなければならない……勝利は約束されており、十中八九は無血奪取が可能だ……待つのは革命に対する犯罪行為だ。

レーニン、一九一七年一〇月

第二次世界大戦が終わり、植民地の解放によって独立国の数は倍増した。このおかげで、われわれにとってはありがたいことに、クーデター実行のチャンスは増大したといえる。しかし、どの国もよいターゲットになるわけではない。たとえばイギリスでクーデターをやろうと思えばできるが、政権に長くとどまることはできないだろう。イギリスの国民と官僚組織は政府の本質と法的な基盤を根本的に理解しており、正統的な指導層を復活させるため、クーデター政権に反発するからだ。

この反発によって、クーデターの当初の成功も無意味になってしまう。クーデターで倒された政府が不人気で、しかも「新たな指導者の面々」が魅力的であっても、こうした反発は起きる。こうした反発が起こるのは、かなりの数の国民が政治に関心を持っており、政治に参加しているからだ。これはつまり、国民は政府が合法的につくられたものとしてその権力を認めており、旧体制を支持しない国民でも、正統性の原則は支持しているということだ。

世論調査では、国民の二〇％ほどが自国の首相の名前を正しく答えられないという結果が常に出るものであるし、多くの国民が政治に曖昧《あいまい》な形でしか関与していないことも知られている。それにもかかわらず、ほとんどの先進国では、政治に積極的な関心を持つ国民が非常に多い。問題のある政策が決定されると、それに刺激された国民が、積極的に政治に参加してくるようになる。圧力団体が結成され、メディアや政治家に投書が舞い込み、陳情とデモが組織され、そうした積み重ねによって統治者と被治者の間で対話が続けられる。

こうした対話は、必ずしも正式な民主的政治制度に依存するわけではない。権力が一握りの自称「指導者」の手にある一党独裁の国家の場合でも、控えめながらも活発な対話が生まれる可能性はある。たとえば党の上層部組織が政策決定について議論をしてしばらくした後に、その議論が下層の多くの者に拡大されるのだが、受容されているイデオロギーと指導者層による大まかな政策決定の枠内ではありながら、異なる「思想」が反映されてメディアなどに広がることもある。

非民主国家における対話の価値は、国によって非常に異なる。たとえば旧ユーゴスラビアでは、共産党は数十年にわたって権力の座に就いていたが、主要な政治問題について自由で幅広い議論を行えるような、半ば開かれた議論の場を国民との間に提供しつつあった。

もちろん報道機関は政府の立場から離れた独自の意見を発することはできなかったが、少なくともこうした議論を反映させてはいた。たしかに民主制は存在しなかったのだが、このような流れの中で、国民は「服従者」から「参加者」へと進化しており、単に命令に従うのではなく、それについて検証・批判することを学んだのであり、結果として彼らがクーデターに反発する可能性も増してきたのだ。

それとは対照的に、アラブ世界では一九六〇年代から名ばかりの「与党」、つまりエジプトの「アラブ社会主義連合」（ＡＳＵ）や、シリアとイラクの「バース党」が政権を握っている。このような党はすぐにガマール・アブドゥル＝ナセルやハーフィズ・アル＝アサド、サダム・フセインといった独裁者たちの、単なる「イエスマン」へと堕落した。次第に独裁者たちの党評議会に対する見せかけの敬意は失せていき、彼らはあらゆる重要な決断を自分たちだけで行い、政党は独裁者を賞賛するだけの存在となってしまったのである。

「六日戦争」として知られる一九六七年六月の第三次中東戦争の大敗の後に、ASUの支配するエジプト国民議会ではナセルの辞任撤回宣言を受け入れるかどうかという議論が起こったが、ある専門家は「議会はやれと言われたことを喜んでやるだけだろう」と指摘している。

もちろんユーゴスラビア共産党やエジプトのASU、そして「与党」のバース党たちは、いまや過去の存在ではある。ところがこれからの世界政治の問題の中でも最大のものは、やはり中国共産党である。二〇一二年に習近平が党中央委員会総書記と中華人民共和国主席、そして（この三職のなかでは一番力がある）中央軍事委員会主席に指名されるまで、中国共産党の未来は容易に予見できるものであった。党は中国における社会のあらゆる富と、個人のほとんどの富の、いわば「持株会社」のような存在になりつつあったからだ。その一方で、たとえば官僚たちは非常に低い給与を受け取り続けており、二〇一五年の時点で、その月収は非常に高位の職のものでも人民元にして一万一三八五元、つまり一八五四ドルを超えていない。ところが党幹部は賄賂で巨額を稼いでおり、村のレベルですらかなりの富が確約されていて、党トップたちは莫大な財産を得ている（私は北京の高級ディスコの熱心なファンであるが、党幹部の若い子息たちがフェラーリやランボルギーニに乗ってやってくるのをよく目撃する）。

中国共産党は、高額になっていく公然の賄賂によって充分な見返りを受ける、野心に溢れた者たちに操られる巨大企業へと変容し続けていたのだが、この流れは習近平の党上層部の同僚たちが、彼をかつてないほどの権力の座につけさせると決断したことによって終わりを告げた。

この決断の理由として最も可能性が高いのは、共産党がこれ以上公然と腐敗した企業へと劣化していけば、それが完全な崩壊につながると恐れたからであろう。とりわけ賄賂が問題なのは、その分配が不公平な形で偏在しているために、党員たちの不満が充満し、恥ずべき情報が漏洩されたりすることにつながるからだ。結果として習近平は、「朽ち果てたイデオロギー」と「汚職へのインセンティブの喪失」を同時に埋め合わせるものを探すという課題に直面することになった。しかもここで彼の手元に残ったカードは「漢民族のナショナリズム」だけだ。それでも中国共産党は、国民を「市民」として扱うのではなく従属させることによって、しばらくの間は存続できそうだ。

支配者と被支配者の間の対話は、識字率が高く、食糧の心配がなく、反論しても身の安全が守られているような国でなければ生まれない。そのような国でも、両者の関係が悪化し、政権に対する大きな反感や強烈な不信感が生まれて、クーデターが可能になる状況が出てくる。

一九五八年にフランスで起こったことは、憲法による支配を正式に厳守していたにもかかわらず、クーデターと似たような状況になった一つの例だ。一九四〇年の屈辱的な敗北と、ナチス・ドイツによる占領、独裁的なヴィシー政権の誕生。そして一九四六年からの長期にわたる仏印とアルジェリアでの植民地戦争での敗北。これらを含む二〇年にわたる戦争によって、フランスの民主的な政権統治はほとんど機能しなくなっていた。政府が頻繁《ひんぱん》に交代したため、ほとんどのフランス国民は政府に対する関心と敬意を失い、官僚たちも指導者を失ってしまった。なぜなら閣僚たちはほんの短期間しか権力を持てなかったので、各省庁の複雑な業務をマスターするまでには至らなかったからだ。フランス軍はパリ政府から指導をほとんど受けないまま、凄惨《せいさん》なアルジェリア戦争を闘う羽目に陥った。政府関係者たちは議会闘争で忙しく、さらに血なまぐさい戦争にかまっている暇などなかったからだ。

アルジェリア戦争にかかった資金と人命における犠牲は大きく、このため国民はフランス軍と政府に反感を抱くようになり、軍の指導部に対する恐れと不信感を増していった。彼らのナショナリスト的な考えや好戦的なイデオロギーは、多くのフランス人にとって異質なものに映ったからであり、さらには「時代精神」にも反していると思えたからだ。

第四共和政の政体が崩壊しつつある中で、長く隠遁生活を送っていた大英雄のシャルル・ド・ゴールが、脅威をもたらす混乱に対する唯一の解決策として、しだいに注目されるようになってきた。アルジェリアのフランス軍が派手な行動に出そうになり、しかもまだ新しい政権がまたもや崩壊しそうになったその時、ド・ゴールが引っ張り出されたのである。

彼は自分の望む条件を押しつけることができた。一九五八年五月二九日、第四共和政の最後の大統領であるルネ・コティがド・ゴールに新政府の組閣を求めると（六月一日に首相就任）、ド・ゴールには前例のない権力が与えられた。半年間にわたる政令による支配と、新憲法草案の起案が可能になったからだ。新憲法草案は八月中旬に提出され、九月の国民投票によって承認され、選挙の結果、ド・ゴールが新たに立ち上げた新共和国連合（ＵＮＲ）が過半数を獲得して与党となった。一二月二一日にド・ゴールは第五共和政の初代大統領に就任した。第五共和政の大統領は行政権において広範囲な力をもったアメリカ式のものだが、その権限を抑制するアメリカ式の議会を持っていなかった。

一九五八年になるとフランスは政治的に無力となり、そのおかげでクーデターの機が熟していたと言える。もちろん先進国の政治構造というのは柔軟性に富むものであり、クーデターの対象にはなりにくいのだが、一時的にせよ条件が厳しくなれば、その構造が決定的に弱体化することもありえる。これらの一時的な条件のうちで最も共通性しているのは以下のものだ。

（a）大規模な失業やインフレを伴った、長期の深刻な経済危機
（b）長年にわたる戦争での失敗、または軍事か外交における大敗北
（c）複数政党制における慢性的な政治の不安定

イタリアは、経済的には先進国であり、社会的にはダイナミックでありながら、政治的にはもろいという点で興味深い例だ。

一九四八年から一九九〇年頃（つまり冷戦終結）まで、イタリアには西側と協調することに反対する大規模な共産党（一九六八年にソ連がチェコスロバキアに侵攻した時に勢いが衰えたが）が一貫して存在していた。そのため穏健な多数派は、腐敗の度を増していたキリスト教民主党に投票し続けるしかなかった。キリスト教民主党は、小規模だが腐敗については負けていない社会党（党首のベッティーノ・クラクシはチュニジア逃亡中に客死した）とともに政権を担当した。この二党の連立でも議会で過半数をとれなかったので、どの政権でも幅広い連立が求められ、

組閣は極めて複雑なパズルのようになってしまった。

まずキリスト教民主党は最大の政党だったが、三〇パーセントの得票率しかなく、単独与党にはなれなかった。社会党が入っても四〇パーセントに届くのがやっとだった。左派の二つの小政党（社民党と共和党）を取り込めば、イタリア社会運動・ネオ・ファシスト党などの中道右派は連立に参加しなくなるし、中道右派を取り込もうとしたら、今度は左派が離れて政権が作れなくなる。

結局は連立政権は票の買収でつくられることになったのだが、それは主に幅広い国有企業（石油・ガスからアイスクリームまで生産している）の一部のカネと引き替えに、議会からの支持を得た。しかし買収の効力は長続きせず、連立は短命に終わった。一九四五年から一九九四年の間に三三回も政権が組閣されたが、これは一九九四年の選挙で終わりを告げることになる。テレビ・広告界の帝王であるシルヴィオ・ベルルスコーニが勝利したからだ。彼の新たな政党であるフォルツァ・イタリアは、元々その会社の従業員とミラノのサッカーチームのファンクラブによって組織されたものだ。

キリスト教民主党は、時代遅れになってきた国家組織を近代化できなかったが、それにも関わらず数十年間にわたる経済成長を取り仕切っていた。共産主義とカトリックの反資本主義の組み合わせにより、米国式の「雇って解雇」的な雇用流動性や、ドイツ式の洗練された労働組合による財政規律の導入も不可能だった。

ところがキリスト教民主党には独自の解決策があった。賃金率が上昇しすぎた時には、いつも通貨のリラを切り下げてイタリアの輸出産業の競争力を建て直したのだ。これと同じように、国家を効率的にできなくても、徴税が手ぬるいことで相殺されていた。こうして非効率的な国家を持つことになったイタリアの企業家たちは、税金を払っている「つもり」になるしかなかったのだ。

ところがイタリアが一九九九年に欧州共通通貨のユーロを採用すると、このような慣行はいよいよ終わりを迎えることになった。競争力確保のための通貨切り下げが禁止されたため、それ以降のイタリア経済は停滞しており、成長はほとんどなく、慢性的に高い失業率が続いている。

その一方で、ベルルスコーニは政治的に、以下の三つの要素によって一九九四年から二〇一一年にわたり優位を保った。それは（a）経済力（彼の企業は非常に多くの雇用やコンサルタント、そして契約を提供できた）、（b）メディアによる影響力（出版社や新聞、雑誌、三つのテレビ局）、（c）そしてもちろん選挙での力（活発で優秀な組織による選挙活動で得た得票）である。しかも失脚した後でさえ、二〇一五年にマッテオ・レンツィ政権を支えた議会での過半数の維持には、ベルルスコーニの票が必要だったのだ。

ベルルスコーニはイタリアで二〇年以上にわたり、公人として指導的な役割を果たしたが、それは非常に露骨な利益相反（彼は国家の規制に守られた企業を経営していた）や、脱税と選挙での買収に関する一連の裁判、そして（かなり）若い売春婦との享楽など、数多くの個人的なスキャンダルを伴ったものであった。こうした彼のイタリア政界での悪目立ちぶりによって、同国の政治秩序が弱まったと言ってよいだろう。彼は普通の民主主義国家では生き残れなかったはずだ。そのような国家では、指導者は個人の行動面でも思慮深さを見せなければならないし、重大な利益相反は慎重に隠蔽しなければならないからだ。

クーデターの前提条件

一九五八年のフランスは、政府と国民の間の対話が一時的に崩壊していた国家であった。ところが世界のほとんどの人々は、そもそも対話さえ起こり得ないような国家で暮らしている。クーデターの経験のある国家のリストを作ってみると、人種的・歴史的な背景が大きく異なるにもかかわらず、そこには共通の社会・経済面での特徴が見えてくる。こうした特徴をデータ化できれば、ある国がクーデターの対象になりえるのかどうかを判断できるようになる。

▼前提条件その一：経済の後進性

経済の発展と、それにともなう繁栄がない国では、その国民が病気や文盲、高い出生率と死亡率、そして定期的な飢饉に悩まされているものだ。

このような欠乏した国の一般市民は、村や一族の外にある社会から実質的に断絶した状態で生きている。売るものはほとんどないし、なにかを買うこともできない。社会の「声」である文書や道標、そして新聞も読めない。字も書けず、旅行するような余裕もないので、都市部に住む親戚は、彼らにとっては月に住んでいるのと同じ感覚なのだ。徴収される税金が合法なものか、村の役人が不法に取り立てているだけなのかも知る術《すべ》はない。政府の政策には拍手喝采するように要求されるのだが、その政策が決定された社会・経済面における現実を知ることはできない。

外の世界とコンタクトをする唯一の方法は大衆メディアなのだが、彼らは過去の経験からそのようなメディアは「官製」かもしれないし、そもそもメディアというものは偏向しており、完全にあざむくこともあると知っている。

外の世界は複雑で信用できないものであり、不安や危険にさらされた村人は、安全で勝手を知る家族や氏族、そして部族の世界へと引きこもることになる。村人は、部族の伝統的な首長が村民のわずかな富にも手をつけて、自分たちの得にならないことをすることを知っていることが多い。それでも彼らにとって首長は、自分たちを導いて安全を確保してくれる存在であると認めるのであり、彼らにとって国家はあまりにも遠く、わけのわからない存在でしかないのだ。

その反対に、都市に住む者は伝統社会の縛りから逃れているのだが、無学や不安定な状況からは逃れられていない。このような状況では、大部分の人間は政治的に「受け身」な状態でしかなく、政治の指導層との関係は一方通行でしかない。指導者は人々に語りかけ、説教し、希望や不安をかき立てるが、決して人々の声に耳を傾けることはない。官僚は彼らから税金を取り、彼らをいじめ、息子を兵隊にとり、道路づくりに参加させるが、見返りの報酬は極めて少ない。

　これがまともな政権の場合、おそらく村から遠く離れた場所にダムか高速道路を建設するのが関の山であろう。こうした建設事業は人々に直接の利益をもたらすわけではないし、大衆を悲惨な生活から引き上げてくれるわけでもない。もちろん多少の慰めにはなるのかもしれないし、子供たちには未来への希望を与えてくれる可能性もあるが、その他の地域ではこのような希望さえ与えられない。取り立てられた税金は、宮殿や武器、輸入されたシャンパンといった、政治家やその妻たちだけが必要とする、奇妙で豪勢な物に費やされるのだ。

　その日暮らしで生活必需品さえ入手困難な都市部の貧乏人たちは、エリートの支配層が、カクテル・パーティやリムジン、大邸宅から観賞する、いわば「見世物」にされている*1。

　一般大衆は政治的に「受け身」の存在だが、それは強制された沈黙であって、彼らが無気力なわけではない。そこには欠乏と不正に対する激しい怒りがいつもみなぎっており、時としてそれが爆発する。この暴徒たちには明確な政治目標はないのかもしれないが、その行動は確かに政治的な結果を生み出すのだ。

　一九五二年におきたエジプトのクーデターは、国王ファールークI世の「白人の代弁者」（ニセ欧州人）である王政を終わらせ、ナセル体制の台頭につながったが、それに続いたのは七〇年間にわたるアンワル・アッ＝サダト、そしてホスニー・ムバラクによる大統領制だった。その先駆けとなったのは、突然起こったある事件である。後に「黒い土曜日」として有名になった同年一月二六日は、スエズ運河地域での英軍の存在と活動に反対する組織化されたデモが行われる予定であった。果たしてこの日にカイロの貧民たちは、あばら屋からゾロゾロと出て行進に加わったが、その中には「ムスリム同胞団」の煽動者が混じっており、彼らが群集に異教徒とその全ての罪業に対して放火と狼藉《ろうぜき》を行うように煽り立てたのである。

煽動者は期待を上回る大成功を収めた。貧民はその機会を逃さず、富裕層向けの施設であるカイロ市中心部のホテルや百貨店、尊大な金持ち向けのターフ・クラブ、酒屋、ファッション店を破壊し、たった一日のうちに街の中心部は戦場のようになった。これらの場所はいつも貧乏人を締め出していたので、被害を受けたのは金持ちだけだった。

そもそもデモを企画した中流階級の人々は、自分たちのお気に入りの盛り場を破壊するつもりはなかった。この暴動では一万二〇〇〇もの家や商店が破壊されたが、民族主義者たちもエジプトがそのような損失を出すことをはじめから望んでいたわけではなかった。彼らはたしかに「無政府状態だ、陰謀だ、狂気だ」と叫んだが、貧乏人たちにとっては、これが「総選挙」だった。選挙権を持たない彼らは、放火によって投票したのだ。

ただし、暴徒は単純でドラマチックな問題に反応して暴力をふるったが、国家権力に反対したわけではない。政府と官僚たちの日常的な活動に関心があったわけではないし、それを審査しようとしたわけでもない。このため、官僚が命令を下しても、それに従ったり回避したりしたとしても、決してそれに異議申し立てをしたり調べてみることはしないのだ。

あらゆる権力と活動への全ての参画は、教育を受けた、少数のエリートの手中にある。彼らは字が読め、さらには教育すら受けており、よく太っていて、大多数の国民とは全くかけ離れた、異民族のような存在だ。大衆はエリートによる権力の独占を認め、受け入れている。

耐えがたいほどの搾取が行われ、自暴自棄な反乱でも起こらないかぎり、彼らはエリートの政策を受け入れる。それと同じように、合法であろうがなかろうが、彼らは政権の交代も受け入れる。結局のところ、彼らとは異なるエリートの中の「別の誰か」が政権を引き継ぐだけの話だからだ。

そしてクーデターが終わると、村の巡査官がやって来て布告書を読み上げる。ラジオは、旧政権は腐敗しており、新政権は食糧や医療や学校、さらには栄光すらもたらすと放送する。大多数の人々は、こうした約束や告発を信用する、しないにせよ、こうしたことは全てどこか遠いところの出来事としか感じない。このような人々の無反応こそが、クーデター側が権力の座に留まるために絶対に必要なことなのだ。

下級官僚も、同じようなやり方や同じような理由で反応する、というか、反応しない。彼らには政治についての高度な知識はないので、直接の上司たちに比べれば、旧政権の政策と正統性などは大して重要なものではない。「ボス」たちは命令を下し、昇進や左遷を決定できる。何よりも下級官僚が村で「現人神《あらひとがみ》」のように扱われるのも、ボスの権力と名声のおかげなのだ。クーデター後も地方役場の主は――以前からいた人間であろうがなかろうが関係なく――部下に給料を支払い、首都にいる政界上層部とつながっている限り、これまでとは変わらずに命令を聞いてもらえるのである。

その一方で、高級官僚や軍の将校、そして警察幹部たちにとって、クーデターは危険でもあり、チャンスでもある。旧政権にあまりにも深入りしていたために危機に直面し、逃亡するか新政権側と闘うか、早々に忠誠を誓って報酬を得るために進んで新政権を支持する者も出てくるだろう。彼らは双方の力のバランスをそれぞれ判断し、どのような行動をとるのかを決めるのである。

しかし旧政権にあまり深く関わっていなかった大多数の人々にとって、クーデターは危険なものではなく、むしろチャンスとなる。彼らはクーデターを受け入れることができるし、集団としては新政府にとっても必要不可欠な存在となるので、昇給・昇進の交渉すらできるようになるのだ。また、新政権に対する反対勢力をつくったり、その中心メンバーになることも可能だ。さらには一九六六年のナイジェリアのように、一時的に不安定な状況を利用して反クーデターを実行し、自分たちで政権を握ることもできる。

クーデターの計画と実行にあたっては、エリート階級をなるべく味方につけるようにしなければならない。しかし未開発国でエリートがクーデターに反対しているのであれば、彼らを政治的なライバルとして扱ってもかまわない。そのような国では、政治的に成熟した国とは違って一般に受け入れられているような正統性の原則がないので、クーデターの反対者はそのような原則に訴えることができないからだ。したがって、エリートたちは正統性のために闘うのではなく、完全な政敵としてクーデターの計画者とまったく同じ土俵で闘うことになる。このため、エリート側とは政治的、または民族的に反対する立場の人間たちを、クーデター側に加担させることもできることになる。

いずれにせよ、エリートたちがクーデター側と闘おうとすると、即席で集めた勢力で組織化された勢力と直面することになり、すでに述べたように大衆はいつも中立なので、大衆からの支援を受けられないような状態で闘わねばならなくなるのだ*2。

クーデターは、一般的に大部分のエリートにとっては脅威とはならないので、彼らにとっては大きな危険を冒して反対するか、なにもしないで安全を選ぶかのどちらかの立場でしかない。簡単に言ってしまえば、エリートたちは何もしないのであり、クーデターの支持に必要とされるのは「何もしないこと」なのであり、たいていの場合、エリートたちは何もしないのである。

よって、クーデターがいざ実行されると、ほとんどの場合が受け入れられることになる。大衆と下級官僚は、どちらの側にも利害関係がないので受け入れることになるし、高級官僚はクーデターに反対したら孤立する危険があるので受け入れる。

このような反応のなさが、クーデターの勝利のカギであり、これは政治的に成熟した社会で起きる自発的な反応とは大きく異なるものだ。

全体主義国家では、真夜中に突然逮捕したり、あらゆる団体（それがどれほど非政治的なものでも）を統制したりして、反政府的な個人を孤立させる戦術をとるものだ。未開発国では前述した社会的な条件があるために、反対派はほぼ自動的に大衆から孤立している。

したがって、クーデターの第一の前提条件は次のようなものとなる。

「クーデターの対象となる国は、社会・経済の条件が低く、国民のごく一部しか政治への

「参加を認められていない国であるべきだ」

この「政治への参加」であるが、ここでは「国政に積極的に関わる」という意味ではなく、単に「経済的に発達した社会の大衆に共通して見られる、政治の基本が一般的に理解されているような状態」ということに過ぎない。さらにこの前提条件は、最上層部を除けば、職員の教育程度が低いために、官僚組織が無反応・機械的にしか動かないことも意味している。

もっと一般的に言えば、「経済的な前提条件」として、地方政府の制度がないことが必須となる。未開発地域には伝統的な「酋長」を中心とした「地方政府」が存在するが、その役割が地方長官か首長であったとしても、彼らは決してその地方の住民の「代議士」というわけではない。彼らが個人的に強力な影響力を持っている場合、住民は実質的に二重の支配を受けていることになる。もしその権力が崩壊しているのであれば、彼らは時代遅れの役人のような存在でしかない。いずれの場合も、その住民たちは西洋の村や町と同じような、地方レベルの政治にさえ参加することができないのである。

このように経済的に遅れている国では、先進的な民主国家の特徴である権力の分散は起こり得ない。そこにあるのは厳格な中央集権による支配体制か、過渡的な段階として、個々の地域に一定の権力を許し、各地域が事実上の独立国家になっている状態である（クーデター前の北ナイジェリアがこれに当てはまる）。

誰もが知っているように、曖昧なものよりも具体的なものをつかみ取るほうが簡単である。

大雑把なことを言えば、少数のエリートが運営する中央集権国家の権力は、厳重に守られた宝物のようなものである。一方、発達した民主国における権力は、自由に漂う大気のようなものであり、それをつかみ取れる者は誰もいない。

こうしたことは必ずしも（A）すべての発展途上国はどこでもクーデターの危険がある、ということや（B）先進地域はクーデターが絶対に起きない、ということを意味するわけではない。ただし、経済後進国では充分に計画されたクーデターの成功を阻止できるのは特別な状況だけであり、先進国でも例外的な状況が発生すれば、クーデターは成功するのである。

▼前提条件その二：政治的独立

政治的権力の主な源泉がその国の中になければ、権力の奪取は不可能である。たとえば一九五六年のハンガリー動乱は完全な成功を収め、革命指導者は、軍、警察、ラジオ、通信施設といった権力行使のための伝統的な道具をあっという間に握った。ブダペストの街頭で唯一奪取できなかったのは、旧体制の権力の源泉となっていた、ハンガリー内外における「ソ連軍」の存在である。

この時のソ連軍は、ハンガリー陸軍と比べても問題にならないほど優勢であり、ソ連に支援されていたハンガリー政府にとって、ソ連軍は国内のいかなる勢力よりも大きな権力の源泉であった。ソ連軍はモスクワが支配していた。したがって、ハンガリー動乱を成功させるには、ブダペストではなくモスクワでやらなければ成功しなかったのである*3。

こうした状況下でクーデターを成功させるには、自国よりも強力な同盟国の承認がないとうまくいかない。ベトナムでの最初のクーデターは、不人気なゴ・ディン・ジエム大統領と、さらに不人気な弟のゴ・ディン・ヌーを追放するものであったが、それを実行した人々はこの権力の現実を十分認識していた。カトリック教徒のジエムが反体制派の仏教徒たちと政治的に衝突すると、長年苦しんでいた将軍たちは行動を決意した。彼らはまずサイゴンのアメリカ大使館に対して、第三者を通じて「支配的な政治構造を最終的に変えることについて相談できるか」と打診し、アメリカがこの相談があったことをジエム政権にあえて報告するかを尋《たず》ねてみた。

ＣＩＡと米大使館、ホワイトハウス、国防総省の間で、かなり突っ込んだ議論の後に、アメリカ当局者はクーデター計画者たちに対して「ジエムへ告げることはない」と通告している。

事件の流れは以下のように展開していった。

- 一九六三年五月：仏教徒とジエム大統領の間で対立が激化する。
- 五月〜九月：アメリカの政府内で、仏教徒は（否定すべき）中立派か、それとも（支持すべき）国家主義者であるかが議論される。到達した最終的な結論は、小乗仏教徒は「悪」で、大乗仏教徒*4は「善」というものだった。
- 一〇月：ベトナム、つまりジエム体制への経済支援が全面的に停止される。
- 一〇月二二日：ＣＩＡによるゴ・ディン・ヌー（ジエムの義弟で実力者）率いる特殊部隊への直接支援が終了。この部隊はＣＩＡによって全面的に資金や装備の提供を受けており、それがジエム政権の直接の権力源であった。
●一一月一日〜二日：クーデター発生。ジエムとディン・ヌーの死亡という結果に終わる。

ベトコンは、クーデターを起こした将軍たちと表看板役のズオン・バン・ミンを、米国の「手先」だとして糾弾した。しかしズオン・バン・ミン将軍らは、現実的な立場からアメリカ当局に相談しただけであった。彼らは、奪取すべき権力が何であれ、それが米国に依存していることを見抜いていたからだ。アメリカの後押しのない状態でサイゴン政府の権力を奪おうとしても、それは空虚なシンボルを手に入れるだけに過ぎない。

一九六三年の南ベトナムは、完全な依存状態にあった国で起こったクーデターの典型的な例だ。こうした事例は稀《まれ》であり、実際は完全な独立状態と、ある程度の依存状態の間の、中間の状態にある国がほとんどである。ただしフランスの旧植民地であった西アフリカの国々では、このような依存状態が相変わらず続いている。これらの国々では、旧宗主国の存在感はあまりにもリアルで効果的なものだからだ。たとえば大規模で金のかかる軍隊の代わりに、軍事「顧問」や経済「顧問」が駐在し、経済援助が与えられ、何よりも政治以外の領域で長年にわたって確立された依存状態を定着させる、緊密なネットワークが張り巡らされている。

したがって、教育制度はいまだに植民地時代につくられたパターンを踏襲《とうしゅう》し、企業や官僚システムはフランス本土のシステムにならっている。その国の支配的なエリート層が主に法律家からなる場合、このようなシステムは極めて大きな意味を持つ。その国の法律家の存在意義のすべては、特定の手続きと法律の行使が土台になっているからだ。

貿易は主に旧宗主国と結びついていることが多い。それは代々受け継がれた嗜好《しこう》や習慣のおかげであり、商取引におけるつながりは、確立された関係や情報のコミュニケーションを基にすることが普通だからだ。

これほどの影響力があると、それがクーデターの防止や妨害、さらにはその確立の助けになることも多い。たとえば一九六四年には英海兵隊の数個中隊が、旧英国植民地である東アフリカの三カ国（ケニア、タンガニーカ〔当時〕、ウガンダ）で起こった反乱をすばやく鎮圧《ちんあつ》している。それから約五〇年後の二〇一三年一月には、フランス軍の数個中隊が、広大なマリを制圧しようとしていたイスラム主義反乱者を打破している。フランスは一般的にアフリカでのクーデターに対しては中立の立場を維持してきたが、過去に何度か行われた介入では、アフリカ内に維持していた兵力や、軽装備であるが強力な武器を持った数千人規模の航空輸送可能な部隊を、緊急展開部隊という形で使っている。これらは大規模な兵力には思えないかもしれないが、無能な現地の軍隊（そういう軍の兵隊は役立たずであることがほとんどだが）と較べると、はるかに大兵力だと言える。そのためフランスの介入は、常に決定的な役割を果たしてきたのだ。

その一方で、近代技術の副産物として非常に特殊なタイプの依存状態も生まれており、これは旧植民地以外の国々に見られる。たとえば精巧な兵器、とりわけ戦闘機などを購入することによって、政治的な独立に重い足かせがかかることがある。なぜ戦闘機が重要な例なのかといえば、艦艇や装甲車両と違って、戦闘機は敵に対して絶対的な優位を得られるからである。たとえば陸上での戦闘の場合は、高い練度と士気によって、装備面での大きな劣勢にも打ち勝てるかもしれない。しかし、空戦ではそのようなことはありえない。

したがって、どの国にとっても、仮想敵国の戦闘機に匹敵するようなものを持つことは死活的に重要となる。そのために、ここで三つの問題が起こってくる。それは（A）そもそも先進的な戦闘機を製造できる国は少なく、（B）こうした航空機にはスペアパーツが常に必要であり、（C）最初の発注段階から実戦投入までの訓練の完了までに長い養成期間が必要となるからだ。

このため、ある国が戦闘機を入手しようとすれば、スウェーデン、米国、フランス、英国、中国、ロシアの六カ国のうちの一カ国と、それなりの友好関係をもたなければならない。そして取引が成立した後も、友好関係の維持が必要になってくる。さもなければ、予備部品や付属装備の供給が止まってしまうからだ。こうして最初の購入の後も、長年にわたる依存関係が続くことになる。

戦闘機は経済的に遅れている国家では建造できない。そうした国家では、産業基盤がまったく欠けているからだ。そうなると、電子機器や空対空ミサイル、レーダー装備など、常に最新型のものに更新しようとすれば、最初に買った国からの輸入に依存せざるを得ない。取引する双方は、この依存関係を認識しており、精巧な兵器の供給は大抵の場合、一般的な貿易、イデオロギーや政治面での結びつきと密接な関係になる。

では、このような依存関係がどこまで深まれば、クーデターの実行の可能性に影響するようになるのだろうか？　一九五五年から六七年までのソ連とエジプトの関係の流れを年表にしたので、まずはそれを見ていただきたい。

●一九五五年　チェコ製兵器の取引：これがソ連*5とアラブ国家の間で交わされた初の兵器取引の契約であった。この取引は、エジプトにとって政治的に非常に重要であった。なぜなら西洋国家による兵器供給の独占状態*6がこれによって崩れ、これが彼らの「真の」独立を意味したからである。
〈その影響〉これによって（将来獲得される）外貨による支払いが約束され、スペアパーツを提供してくれる唯一の国家との友好関係を続ける必要が生じた。

●一九五六年　第二次中東戦争（スエズ動乱）：エジプトはシナイ半島で敗北し、その結果としてほとんどの装備が失われた。ところがその損失は、ソ連の高性能の兵器で早急に埋め合わされた。
〈その影響〉ソ連との関係が強化されたが、経済的な負債は増した。

●一九六二年　イエメンの革命と「内戦」：イエメンのアフマド・ビン＝ヤフヤ国王の死去とその後の革命にともなう内戦で、エジプトは共和派、サウジアラビアは王政派の側についた。増加していたエジプト兵は、共和派を支援するために派遣された。

〈その影響〉イエメンで三万から五万の兵力を維持するためには、ソ連の助けが必要とされた。ソ連に対する道義的・財務的負債が増していった。

●一九六六年　エジプトは対米関係を断絶。アメリカからの小麦の輸入が終了。食糧の供給不足は、世界市場での現金購入でも補《おぎな》えなくなった。

〈その影響〉ソ連の食糧援助が始まり、エジプトは輸入物資のかなりの部分をソ連に依存することになった。

●一九六七年六月　第三次中東戦争（六日戦争）：エジプトがシナイ半島で敗北。イスラエルの情報筋は、ソ連から提供されたエジプトの軍の装備品の八〇パーセントが破壊、または鹵獲《ろかく》されたと推定した。

〈その影響〉エジプト軍の再装備の条件として、ソ連は軍事訓練の管理、軍の高級幹部の選定、情報機関の再編を求めた。

このように、エジプトが西側への依存から脱却するためにソ連と結んだ限定的な関係は、一二年後には大規模な依存状態へとエスカレートしてしまった。いまやエジプトは、兵器、小麦、そして全般的な経済面での援助などを、ソ連の善意に頼らざるを得なくなってしまったのである。ソ連海軍はアレクサンドリアとポートサイドにある沿岸施設の使用を認められ、エジプト軍には数百人のソ連の教官が入った。

　では、ソ連はこれでクーデターに反対したり、元の体制に戻すようなことが可能になったであろうか？

　おそらくカイロにあるソ連大使館は、少なくとも反クーデター活動拠点として稼働させられたはずだ。たとえばソ連の関与を支持する多くのエジプト人をまとめ、援助物資の供給の流れを適切にコントロールできただろう。たとえクーデターが成功したとしても、ソ連は全ての援助を停止することで、新政権を罰することができるのだ。

　このように、国家が物資の供給を直接的に他国に依存しているような状態にある場合、クーデターの計画には、それが成功した直後から必要となる、対外政策の立案も含めなければならない。もしクーデターの政治方針が、援助を受けている大国の意向に反するものであれば、そうした政治的な色合いを隠さない限り、それはほぼ確実に失敗に終わるだろう。

　ここでクーデターの第二の前提条件が明らかになる。それは、

「クーデターの標的となる国は充分に独立した国家でなければならず、その国内政治における外国の影響は比較的小さくなければならない」

というものだ。

「国家は独立しているのではなく、相互に依存している」という言葉をよく聞く。たしかに国内問題にも国際的な影響が出ている場合があるし、外国の政治面での動きには、国内からの反応が出るものだ。国家間の経済、文化、そして軍事面での関係によって、それぞれの国は他国に一定の影響を与えるものであり、たとえ最強の国でも他国の影響から逃れることはできない。

たとえばアメリカが第二次世界大戦に参戦する前に、英国とドイツの影響下にあった政治集団や圧力団体は、それぞれアメリカ国内で活動していた。現在でも中東紛争の当事国が、直接、もしくは各種のロビー団体を通じてアメリカの対外政策の決定者に圧力をかけようとしているが、まさにこれも同じ現象だ。

「超大国でさえ弱小国に影響される」というのであれば、「独立」の定義はむずかしくなる*7。それでも次のようなガイドラインを定めることはできるだろう。

（A）ある大国が、クーデターが起こりそうな国にかなりの規模の兵力を置いていれば、そのクーデターの成功の確率は低い。たとえば二〇〇三年にアメリカが侵攻した後のイラクでは、クーデターの可能性がなくなっている（ただし二〇一五年までにイラク軍が力をつけてきていればクーデターは可能であったのかもしれない）。もし駐留軍が政治の中心地から物理的に遠いところにいたり、政権がその大国に対して非友好的な方向に進んでいるのであれば、このルールは当てはまらない。

（B）その大国の人間の多数が、軍事・民間の「顧問」として働いている場合、クーデターを起こそうとする側は、その大国の承認を得なければならない。

以上のガイドラインには、もちろん特殊な例外となる「ターゲットになりやすい国」がいくつかある。ただし現時点でこの例外に当てはまるのは、フランス軍が駐留しているアフリカ諸国だけだ。

▼前提条件その三：有機的な統一

これまで経済面での後進性が政治にもたらす結果を見てきたわけだが、そこで判明した決定的な要素は「少数のエリートにすべての権力が集中している」という点であった。逆に言えば、発達した政治環境では権力は分散しており、クーデターでそれを奪取することは難しくなる。

ここでわれわれは、クーデターへの新たな障害となる潜在的な問題に直面することになる。それは、権力が政府を「見せかけの看板」として使っている「分派的」な勢力の手中にある場合や、表面上は中央に権力があるように見えながら、実際には「地域」勢力が握っている場合などだ。

どちらの場合も、最大の問題は「政治の中枢部を奪っても闘争には勝てない」という点にある。政治権力の中心が他の場所にあり、それは奪取するには困難すぎたり、数が多すぎたりするからだ。いずれの場合も、権力の現実は国家の理屈上の構造の通りにはなっていない。これは政権が完全に独立していない国の場合と同じ状態だ。もちろんこのような国でも「権力」は国内にあるのだが、政治構造が真に「有機的」ではないために、本来の国家の権力構造と矛盾してしまうのである。

分派的な権益

現代は、巨大な多国籍企業の時代である。近代の産業経済（「脱工業化」など、単なるデザイナーの「イイかっこしい」にすぎない）を未曾有《みぞう》の繁栄へと導いてきたのと全く同じ要因が、大企業に有利に働いてきたのである。（ネットによる）注文体制はたしかに進歩しているが、それでも大量生産と大規模な流通システムはまだなくなっていない。そしてそのどちらもが、大企業の存在を意味している。

自動車、化学、そしてエネルギー産業のように、大量生産の優位が特に大きな分野では、やはり大企業しか生き残れない。経済的にそこまで大規模投資を必要としない他の分野でも、大規模マーケティングによる経済性や、単なる「富の蓄積」という自然な原動力のおかげで、大企業は成長してきた。

それと同じことは、インターネット系の新興企業についても絶対的に当てはまる。工業発展した経済大国には、他社より頭抜《ずぬ》けた成長をして業界の中心的な勢力へと成長してきた大企業がある。こうした地位は、その企業に大きな権力をもたらす。その経営判断が、一国の経済全体に影響――当然ながらその企業が独占かそれに近い状態の場合――を及ぼし得るからだ。経済規模の小さい国家では、独占企業がさらに多くなる。実際のところ、少数の企業による実質的な独占状態のおかげで、哀れな消費者たちが高コストに悩んでいる国もある。

しかしアメリカのような世界最大の経済大国でも、たとえば大型旅客機の生産はボーイング社に独占されており、同社は悲惨な経営上のミスがあっても、揺るぎないほど現状に満足し切っていることが多い。ただしこれは仕方のないことかもしれない。大西洋の反対側にある凄まじくお役所的な国際共同企業であるエアバス社以外に、ボーイング社には競争相手がいないからだ。

この二社は一緒になって、やる気のない、極めて快適な複占状態を形成している（このため、情けないことにイノベーションが起こっていない。より効率的な空気力学に則ったデザインではなく、一九五〇年以前に設計されたものと基本的に同じチューブ型のものが、二一世紀になっても使われている）。経済的にどれほど被害を与えるものであろうとも（そしてアメリカはボーイング社が産業全体を支配することによって非常に苦しめられているのだが）、独占企業はその欠点を持っているがゆえに、さらに強力になるのだ。

ところがクーデターという意味で考えると、大企業の力も経済界全体の中の一つの要素にしかすぎないのであり、さらにいえば、その国の中の政治的な勢力の一つにしかすぎない。ある企業がいくら巨大であっても、発展した経済を持っている国の中では、所詮《しょせん》は多くの巨大企業の中の一つでしかないのである。

ところが経済的に遅れた国では、この構造が逆になる。たとえば鉱物資源や石油や天然ガスのような資源を利用できることが産業の発展につながるのであれば、そうした業界の性格のせいで、多くの中小企業ができるのではなく、たった一つの大企業が誕生することになる。当然のことながら、このような国では他の産業は全く存在しないと言ってよい。その大企業からのものを除けば、法人からの税収は少なく、その大企業のものを除けば、就職口もほとんどない。道路や鉄道があったとしても、その大企業が「社用の輸送施設」として建設したものであろう。学校や病院の大部分は「社用福利厚生施設」であり、「社宅」は他の町の住宅よりもはるかに大きく、「社の警備員」は国家警察より装備が優れている。

極めて貧しく弱い国の場合、豊かでしっかりとした組織を持つ鉱山会社などは、それが権力を求めようが回避しようとしているかに関わりなく、必然的に大きな力を持つことになる*8。実際のところ、彼らが現状維持を求めるだけでも、政治に介入せざるをえなくなるからだ。

この会社がいざ行動を起こすとなると、幅広く様々な「武器」を、あらゆるレベルにおいて使用可能となる。たとえばこの会社は、生産をどこか他の国に移すことによって、国に納める税収の流れを遅くすることもできるし、特定の政治家を引き上げるために、その支持者たちに本物の仕事や名誉職を与えることともできるのだ*9。報道機関を買収したり、賄賂によって操作することも可能だ。大金持ちは貧乏人の集団の中で権力をふるうものだが、この会社もちょうどそれと同じことができるのである。

「外国の邪悪な搾取」を「国内の搾取者」に置き換えても、その構造自体はほとんど変わらない。それが地域の実力者（もちろん彼らは脱税しても許される存在だ）であったり、国有企業の役人であろうと同じだ。「国有」とは、つまり「従業員の所有」となる。ただし経営を任された役員は、その「所有物」の全てを自分のもの、またはお気に入りの従業員のものにすることができるのである。その所有物の中には、業務の継続のために欠かせない投資資金が含まれていたりするし、その担当者である労働組合のボスたちも同じことをしたりする。

最悪なのは、そういった連中が自分たちを含む全従業員に対して、全ての利益を堂々と分配してしまい、次の投資のための資金をほとんど何も残さないような場合だ。このような例は、潜在的には優秀な企業に発展する可能性をもっていた、メキシコ（ペメックス）、ベネズエラ（ＰＤＶＳＡ）、さらには一部分においてはブラジル（ペトロブラス）のような国有石油企業に見られる。

このような「帝国企業」が後進国でどのような力を持っているのかを知りたければ、一九六〇年代初頭のカタンガ州の分離独立事件を見てみればよくわかる。

コンゴの政治指導者であるモイーズ・カペンダ・チョンベ（一九一九〜六九年）がカタンガ共和国の「独立宣言」を行った時には、コンゴ共和国の一つの州の知事である以外にはほとんど何も持っていない状態であった。

しかし独立運動を進めるにしたがって、チョンベは戦闘機、野戦砲、装甲車などを持つ軍隊を入手しただけでなく、ロンドンとニューヨークによく組織された宣伝用の事務所を構えたのだ。おそらく最も重要なのは、精鋭の傭兵を雇い、しかも高給を払うことができたことである。そのような傭兵は、たとえ数が少なくとも、コンゴ共和国の正規軍の兵士を蹴散らすには十分だったからだ。

カタンガ共和国の富を生み出すものは、たった一つしかなかった。それはユニオン・ミニエール社が所有する鉱山である。同社は当時、銅山地帯と南アフリカで経営していた大規模な鉱山企業グループの中の一社であった。チョンベが同社から資金提供を受けており、主に同社の手先として行動していたことは、その当初から明らかだった。

ところが、ユニオン・ミニエール社も、比較的不利な環境で操業していた。コンゴ共和国は非常に広大な国家（世界第一一位の広さを誇る）であり、他にも鉱山資源があって、他社が採掘していた。

大きな産業がたった一つしかない国では、典型的な「大企業」が操業しているものだ。たとえばサウジアラビアの王族が所有する石油会社のアラムコは、今でも同国で唯一の巨大企業である。社員を住まわせるために建設した「カンパニー・タウン」は、その重要性や施設の充実度では、同じ地域にある他の街を圧倒している。そして同社の納める税金は、政府の歳入の大部分を占めている。

サウジの政権は、つい近年まで続いていた「ゆるやかな部族連合」とでも言うべきものに対して、政治面で実に巧妙に効率よく統制を行ってきた。古い砂漠の戦士にして、王国の建国者であるアブドゥルアズィーズ・イブン・サウードは、各部族を統制する名人であり、国有化によって一族が所有するまで、アラムコをまるで一つの（ただしとりわけ強力な）「部族」のように扱ってきたのだ。

民族主義者たちは、外資の大企業を「国家の中の国家」と非難することが多い。大資本は「その国の政府を直接支配する」とか「本国を動かしてホスト国に働きかけさせる」と言われる。バナナの栽培で有名なユナイテッド・フルーツ社は、中央アメリカで現地の腐敗した勢力を通して権力を行使していると何十年間も非難されてきたし、中東の石油会社は、上述した二つの戦術の両方を使っていると批判されていた＊10。

あまり説得力はないが、「外国企業はサボタージュやスパイ行為を含む、その国に対する秘密工作を行っている」という非難もあった。なぜそのような活動が行われるのかは説明されないのだが、このような非難は広く信じられていた。

一九四九年にシリアでフスニー・アル＝ザイーム准将がクーデターで権力を奪取したが、この新政権がまずやったことは「イラク石油会社」（ＩＰＣ）の行動の自由を制限することだった。同社のパイプラインがシリアを横切っていたからだ。ＩＰＣがザイームの新政権から受けた通達は、以下の三つである。

（Ａ）同社の専用機は、フライト毎に政府の許可を得ること。
（Ｂ）同社の警備員は、政府の公安部隊に置き換えること。
（Ｃ）同社の社員が国境地帯に出かける際は、政府の許可を得ること。

「ＩＰＣが諜報活動に加担している」という訴えがどれほど事実無根であろうとも、こうした制約は先進国では（Ｃの通達を除いて）かなり一般的なものである。

もちろんＩＰＣのような外国企業が相手国の政治に干渉するつもりはなくても、社の施設と従業員を守るために干渉せざるを得なくなる場合がある。その典型的な例は法律上の政府による統治が機能していない地域で操業するもので、とりわけ少数民族が住んでいたり、遠隔地で地元の反乱分子が支配している（この二つの要因は重なることが多い）場合がこれに当てはまる。

たとえば、南ベトナムでフランス人が経営し、戦争中も操業していたゴム園は「ベトコンに資金提供している」と非難された。

しかし、彼らの資金提供は、邪《よこしま》な動機によるものではなかった。税金を徴収している政府が治安と安全を保障できないのであれば、フランスの農園が地元の「事実上の政府」側に税金を支払うのは当然だからだ。

こうしたことは、現在でも紛争地域では当たり前のように行われている。アメリカをはじめとする各国政府が、アフガニスタンにおいて道路の建設のためにつぎ込んだ資金のほとんどは、当然のように盗まれてしまっている。

もちろん中には合法的に盗まれたものもある。アメリカ合衆国国際開発庁（ＵＳＡＩＤ）は非常に高価な契約を建設業者たちと交わしたのだが、この業者らは下請け業者を採用する前に多額の「ピンハネ」を行っているし、さらにその下請け業者は、孫請け業者を採用する前にも同じことをしている。

しかもこの場合、実際に道路の建設作業を請け負ったのはそのほとんどがトルコの業者で、しかもその資金のかなりの部分が、最終的には反乱を起こしているタリバンや、現地の無法者たちの懐《ふところ》に入っていた。しかも彼らは同時に現場の警備も請け負うなど、敵味方の二役を演じることが多い。

このような事情から、アフガニスタンでは単なるアスファルトで舗装した一キロの道路の建設費が、欧州で四車線の高速道路を一キロつくるのに必要なものと同じ額に膨《ふく》れ上がってしまうのである。

それよりもはるかに経済的なやり方だが、石油会社は「適切な自己紹介」をする人たちに、常に金を払っている。つまり、パイプラインに穴を開けたり、短い区画の一部だけを爆破したりして、自分たちが何を必要としているのかを明らかにする人々である。そのような人々が、明らかな無法者か、革命家や宗教的な称号を名乗る者であろうと、石油会社はその区別をわざわざ気にしていられない。

余談だが、いまや様々な人殺したちが「神の党」（ヒズボラ）を自称しているほどだ。また、「〇〇解放人民戦線」と名付けられた組織（これは「〇〇人民民主解放戦線」と競合しており、その分派は「〇〇統一解放戦線」と名乗るようになる）などは、このような名称のものが多く存在していた頃へのノスタルジアのせいだろう。

地元の政治の現実によって、外国企業が相手国の内政に干渉せざるを得なかった好例が、イランのブリティッシュ・オイル社である。戦艦や羽根飾りを付けた総督たちが活躍していた古き良き時代には、この会社は「アングロ・ペルシャ石油」と呼ばれ、後に「アングロ・イラン石油」、さらにブリティッシュ・ペトロリウム（BP）となった。

アングロ・ペルシャ石油は一九〇一年に、「イラン卓越政府」という、なんとも謙虚な名を持つテヘラン政府の代表であったガージャール朝のモザッファ・ロッディーン・シャーから石油採掘権を得たが、同社が探査して後に石油を産出した、辺境となる南西部や沿岸部のフーゼスターン地方を、テヘラン政府がほとんど統治できていないことにすぐに気がついた。ペルシャ湾の北端に面するフーゼスターン地方の西部はモハメラの「藩王《シャイフ》」、そして同地方の東部は、遊牧民（というか移牧民であろう）であるバフティヤーリー族の「族長《ハーン》」たちに支配されていた。シャイフもハーンも、名目上はイラン政府に従っていたが、実際は独立国のような状態であった。

アングロ・ペルシャ石油会社は、政治面での現実を受け入れざるを得なかった。会社は設備の安全を守るため、明らかに「ゆすり屋」でしかないシャイフに金を払ったのである。ところが英国政府はテヘラン政府よりもシャイフの自治権を支持することで状況を安定させようとした。そして英国政府＊11と緊密な関係を持つ同社は、シャイフの自治権と自社の運命が一心同体の関係にあると考えるようになったのである。ところが精力的な騎兵隊の士官であるレザー・ハーンが新たな「シャー」として権力を握り、中央政府の権限を回復すると、同社はシャイフを支持したおかげで罰せられた。

アングロ・ペルシャ石油会社とバフティヤーリー族の族長《ハーン》との関係は、さらに複雑だった。

同社も現地の事実上の権力者と妥協しなければ油井とパイプラインを保護できないことに気づいたのだが、問題はシャイフがたった一人ではなく、ハーンが数多くいたことだ。しかも彼らは部族政治で互いに争っており、慢性的で暴力抗争にも発展することのある不安定な状況は、同社が金で買おうとしていた安全にとって脅威となっていた。

そこで、「自然な」解決策が採用された。最も力を持つ族長を出世させて情況の明確化と安定を図るために、英国領事館当局と共に、部族政治に介入したのだ。しかしハーンたちの間の争いは解決できず、レザー・ハーン（即位後はレザー・パーレヴィ）率いる中央政府がハーンたちを武装解除し、地域全体の支配を手に入れるまで、同社の部族政治への介入は終わらなかったのだ。

こうしてアングロ・ペルシャ石油会社は自社の設備を守り、二つの敵対する「政府」に二重の納税を避けようとしただけなのに、三つのレベルで政治介入せざるを得なかった。その三つは以下の通りである。

（A）部族政治レベル：バフティヤーリー族の族長《ハーン》の権力を支援・維持する
（B）国内レベル：中央政府からのモハメラ藩王《シャイフ》の自治状態を保護する
（C）国際政治レベル：ペルシャ湾地域担当の英国領事館当局と共に行動し、ペルシャからシャイフ領を「分離」させる標的とする国の中にこうした「準国家」がある場合、クーデターの計画者はどのように行動すべきなのだろうか？　極端な場合は、こうした「準国家」の首長たちの同意を得る必要が出てくるかもしれない。彼らは徹底的に情報収集を行う傾向にあり、中央政府の情報機関よりも先にクーデターの兆候に気づく可能性が高い。適切なバランスで脅しと約束をうまく使えば、彼らから同意を引き出すことも可能だ。そしてこの場合、彼らとの約束は必ずしも守らなくてよい。

それ以外の状況では、彼らはただ単に「クーデターが取り扱わなければならないもう一つの要素」として行動するだけであろう。しかし首長たちが――とりわけどこにでもいる民族主義勢力の手によって――政治教育を受けてしまった現在のような状況では、外国企業の関係者たちは「中立の立場を維持するのが一番の得策だ」という考えに段々と傾きつつある。

地域の政治組織

クーデターの本質は、国家の内部の意志決定を行う中枢部の権力を奪い、これによって国家全体の支配を掌握することにある。

これまで見てきたように、国家の中には意志決定の過程が国家の官僚機構全体や、国家全体に分散し過ぎている例が散見される。また、国の中枢が、外国や、独立した分派勢力によってコントロールされている例もある。

これと同じような問題は、権力が地方、もしくは部族の集団によって握られており、この集団が中央政府を彼ら自身の政策機関として使うか、中央政府の主張を無視して自らを独立国とみなす場合にも起こる。

アジア・アフリカのほぼすべての国には辺境地域があり、これらは山間部や沼沢地《しょうたくち》であったりして近づきにくく、少数民族が住んでいる。この地方が中央政府の支配下にあるといっても、それは名目上のものにしかすぎない場合が多い。

こうした「実質的な自治状態」が国の主要な人口の集中した地域にまで及んでいる場合、有機的なまとまりの欠如という問題が発生する。ところが国の有機的なまとまりが大きい場合は、クーデターにとってはそれほど重大な問題とはならない。クーデター後の新政権は、単に権力を握ってから地方の自治勢力に対処すればよいだけだからだ。ところが地方勢力がきわめて強力で、彼らが中央政府を支配したり、中央政府が首都周辺しか支配できていないこともある。

こうしたケースは、ベルギーから独立した直後の一九六〇年から一九六四年までの、コンゴの例に当てはまる。コンゴ共和国は、憲法の上では単一国家であり、連邦制ではなかったのだが、中央政府は瞬《また》く間に「地方の州」の大部分の支配を失ってしまい、各州は独立国のように行動しはじめた。さらに各州の中でも地方の勢力が争っており、しかもその中で中央政府の勢力が最も弱い状態が続いていた。

一九六〇年から一九六一年　コンゴの南カサイ州の例：この時には以下のような勢力が支配

をめぐって争っていた。

（A）伝統的な首長たち：兵力はあるが、部族の戦士によって構成されている。

（B）「王」を自称するアルベール・カロンジが率いる、南カサイ独立派：兵力はあり、ベルギー人士官（名目上は元ベルギー人）が指揮するが、規律は低い。

（C）中央政府：兵力はあり、若く未経験の行政官が州の東部で小規模の「国軍」（ANU）を指揮していたが、その統制力や戦闘力は低い。

（D）フォミニエール鉱山会社：資源はあり、カロンジ派やその他の集団に対して何度か資金援助や空輸を提供している。

カタンガ州の情勢は、中央政府にとってはさらに厳しいものであり、北東部のスタンレーヴィル地方はギゼンガ軍の手中にあった。その他のほとんどの地域でも、法と秩序が崩壊し、交通関連の施設が破壊されていたため、政府官僚の手は届かなかった。このため、首都レオポルドヴィル（現在のキンシャサ）でクーデターを成功させたとしても、広大なコンゴ共和国の非常に小さな一部分しか支配できないことになる。コンゴ全土を支配するには、スタンレーヴィルやエリザベートヴィル、ルルアブールなど、複数ある事実上の「首都」において、クーデターを何度も成功させる必要があったのだ。

「連邦制国家」とは、国内の各地域がそれぞれ地方の権力基盤を持っていることを憲法で明白に認め、各地域にそれ相応の自治権を与えた国家のことだ。このような国家では、各地域が自発的に団結して中央権力をつくり、中央政府が独自の権力と権威を発揮するまで、実際の支配は各地方が担当し、中央政府はあくまでも地域共通の政策を遂行するための「代理機関」として使われるに過ぎない。

アメリカは、それぞれ異なる「国家」であった「州《ステート》」が、自発的に団結したことによって生まれたものである。一九世紀を通じて大統領の権限が強くなるまでは、ワシントン政府は海外との貿易の取り決めや国防を担当する、各州の代理機関にしかすぎなかった。

したがって、たとえば一八〇〇年に首都ワシントンでクーデターを起こしたとしても、実質的に得るものはほとんどなかったはずだ。ところが一九〇〇年には連邦政府の権力は増していたので、この時にクーデターを起こせば、国内のかなりの部分の権力を握れたはずだ。

ロシア、カナダ、インド、そしてドイツも連邦国家だが、各州の自治権の度合いは国によってかなり違う。たとえばプーチン体制のロシアでは、各州の権限が（州知事は再び選挙で選ばれるようになったが）ほとんどないが、カナダの各省は実に広範囲にわたる自治権をもっている。実際のところ、ロシア連邦に属するそれぞれの共和国には、憲法上では完全な自治権が認められている（連邦から分離独立する権利さえある）。この事実からしても、理屈の上での構造と政治の現実の間には、常に不一致があることがよくわかる。

権力に本質的に備わっているダイナミズムは、そもそも連邦制度とは相容《あいい》れないものである。権力というのは「連邦的」な形式を失わせながら永遠に中央集権化していくか、さもなければ合意、もしくは秩序だった全員の認めるプロセスがある、なしにかかわらず、地方分権化して、完全な分離独立運動へと容易に転がりだすものだ。

現在のイギリス（同国は正確にいうなら常に複数の王国による連合体だった）や、スペインで起こっているのが、まさにこれである。スペインの場合は、イギリスと違って、一人の王の下に王国がまとまったものではない。しかし地方自治は、近年になってからようやく認められたものだ。

どちらの場合も、国内のある地方（スコットランドとカタルーニャ）では分離独立派がそれぞれ主要な政治勢力となっており、将来的には独立国家になる可能性もある。

☗☗☗

「国全体の利益のためには、政治権力を単一の中心に集中させるべきだ」という考えがある。これは「各地方の利益は、国家の枠組みの中の意志決定によって最適化される」という前提に基づいたものだ。興味深いことに、この前提は地方の権力構造が崩壊した後になってから初めて受け入れられるものだ。

イングランド（スコットランドではない）とフランスの住民の大部分は「主要な政治的決定は地方レベルではなく、ロンドンやパリで行うべきだ」と認めるようになったが、こうした知的な認識はブルゴーニュ、プロヴァンス、アンジュ、ウェールズの「領主」や独立州が崩壊した後に生まれたものであり、それ以前から認識されていたものではない。
多くの発展途上国では、地方の「領主」たちがまだ実際に権力を握っており、言語や民族上のつながりを土台にした地域運動では、さらなる自治権の拡大や、事実上の完全な独立状態が積極的に追求されている。たとえば二〇一五年の時点で、インド、ケニア、マリ、ミャンマー、パキスタン、そして中国の中央政府らは、分離独立派との武力紛争に巻き込まれている。
これらはすべて、地方の住民が中央政府による意志決定の優位性を受け入れていない事例であるが、ここでこれらの国々におけるクーデターの可能性を探ってみよう。

（Ａ）**複数ある地方政府のすべてが本当に権力の中心となっている場合**：こういうところでは、クーデターは一つの地域に限定するか、もしくは全地域にまで拡大させなければならない。中心になっていると思われる地方も、その他の多数の中心の一つにすぎない。この場合、仕掛けなければならないクーデターの数は多くて複雑なものとなる。各首都におけるクーデターを仕掛ける側の勢力は数的に少なく弱くなるため、反クーデター側に阻止される可能性も高まる。

（Ｂ）**一つ、または二つの地域が全国を支配している場合**：この典型的な例は、一九六六年一月一五日に起こった重大なクーデター以前のナイジェリアの状況である。同国の最大の地方である北部州は、伝統的なフラニ族やハウサ族の首長によって支配されていた。ソコト帝国のサルドゥナ（世継王子）であるアフマド・ベローは、州内の政治を完全に掌握していた。ところがその他すべての地方の情勢はむしろ流動的で民主的であった。そこでベローは他の地方のある政治勢力と協力し、共和国全体を支配したのである。

そのため、最初のクーデターを遂行したイボ族の青年将校たちは、ベローと彼の率いる首都に注ぐのと同じくらいの努力を、連邦の中央政府に対しても注がなければならなかった。ついにイボ族の青年将校は、連邦政府の首相（アブバカル・タファワ・バレワ）とベローの両方を、クーデターの最中に殺害した。しかし彼らはあまりにも戦線を拡大してしまったおかげで、今度は高級将校のジョンソン・トマス・ウムナクウェ・アグクイ＝イロンシ将軍が、警察や官僚組織と手を組み、反クーデターを実行して権力を握ったのだ。


このように、中央政府を動かすことができるほどの強力な地方勢力が存在する場合、クーデターは実行不可能になりやすい。地方や民族のまとまりが部族の単位で構成されていると、その指導者層の構造は堅固で緊密になり、内部からクーデターは起こせなくなる。たとえば、レバノンでクーデターは起こったことがないのだが、その理由はまさにこのような部族的な構成が存在するからだ。シーア派やマロン派（キリスト教）、スンニ派、ドゥルーズ派（イスラム教）は、それぞれ互いに敵意を持っているが、どの勢力も単独では他の勢力のすべてを支配できないことを知っている。現時点で飛び抜けて強力なヒズボラでさえも、全勢力の支配は不可能だ。

このため、ベイルート政府は、各地方がすでに受け入れている政策に関する「情報センター」として機能している。ある勢力がベイルートでクーデターを起こしたとしたら、即座にこのシステムの仕組みは崩壊する。各勢力は自ら持つ兵力を使って、自分たちの地方で権力を奪取してしまうからだ。したがって、このクーデターではベイルートとその郊外の一部しか掌握できないことになるし、そうした地域を越えて支配を維持することさえ無理であろう。

レバノンは、クーデターにおける民族や地方の勢力が果たす役割が大きい極端な例の一つだ。各地域の間では独自の力のバランスがあるし、各地域と中央政府の間にも微妙な力のバランスがある。クーデターを起こすのであれば、こうした勢力間のバランスにおいて民族・地方勢力のそれぞれが果たす役割を見積もった上で対処すべきだ。地方勢力の権力の質と範囲が広く、クーデターを起こす側の手に負えないような状況では、クーデターが実行不可能となる場合もある。それ以外の場合は、地方勢力はそれほど大きな障害にはならない。

ここでクーデターの第三の前提条件が明らかになる。それは、

「クーデターの対象となる国は、政治的な中心をもっていなければならない。中心部が複数ある場合、その所在をしっかりと確かめる必要がある。またそれは、民族的なものではなく、政治的な構造をもったものでなければならない。もし国家が非政治的な組織によって支配されているのであれば、その組織の同意か、中立の約束をとりつけないかぎり、クーデターは実行できない」

というものだ。「民族的な構造」という表現はわかりづらいかもしれないが、これは指導者が明確な伝統的手段（大抵は世襲制だが）による手続きによって選ばれるような社会集団の構造のことだ。もし伝統的な指導者が国家を支配している場合、国の中枢でクーデターを起こしても権力は握れないし、かといって伝統的な指導層の中に浸透することもできない。「よそ者」や「強奪者」として自動的に排除されてしまうからだ。

たとえばブルンジでは、伝統的なツチ族の支配層が国家を統治していたので、ブルンジで権力を奪取するにはこの支配層に入り込む必要があった。しかしそれが可能になるのは、以下の場合だけだ。（A）クーデターの実行者がツチ族であること、もしくは（B）実行者が貴族階級に属していること（ただしこの場合は権力の分散が障害となるが）である。

ルワンダでも、権力を統制していたのは伝統的なツチ族の族長たちであり、多数派のフツ族を支配していた。ところが革命が起きると、指導者層は伝統的なツチ族ではなく、政治的なフツ族のものとなった。そしてフツ族が虐殺を始め、その後にツチ族が逆襲して再び政権を握った。ツチ族の支配者層はもう伝統的なものではなくなっており、こうしていまやクーデターは可能となったのである。

その国の政治組織が、そもそも「政治的に構成されていない集団」によって支配されているのであれば、政治的な手法によって権力を奪うことができないのは明らかだ。これは国家が企業に支配されている場合を見ればわかる。

たとえば「ウォール街」が米国を支配していると想像してみてほしい。これは大統領や連邦議会が金融界の手先として動いている、という意味だ。このような場合、ワシントンD．C．では権力を奪取できないことになる。

現実に話を戻すと、一九六〇年代初頭のコンゴのカタンガ州や、一九五〇年代の中米の小国では、その真の「中心」に政治的に浸透することは不可能であった。そもそもはじめから「中心」というものがその国の中に存在していなかったからだ。

註

1 このような状況でもユーモアを忘れない者もいる。アフリカの言語の中には部族を意味する"Wa"という接頭辞から作られた新語がある。これまで「カンバ族」（Wa-Kamba）や「ズング族」（Wa-Zungu）しかいなかったのに、今は新たな部族として「ベンツ族」（Wa-Benz）や「ロールス・ロイス族」（Wa-Rolls-Royce）が誕生しているのだ。

2 多くの専門家が、失脚したスター政治家への一般市民による支持が欠如していた点を指摘している。一九六六年のガーナのクワメ・エンクルマ政権がその一例である。クーデター直前まで首都アクラの一般市民はエンクルマに喝采していたが、クーデター後はその敵に同じような喝采を送ったのだ。社会や経済の情況を考えれば、これは愚かなことではなく、非常に合理的な振る舞いである。

3 ハンガリー動乱のもう一つの失敗の原因は、当然のように、ソ連政府の介入を米国政府が止められなかったという事実にある。しかしこちらでも同様に、米国の政策の統制はブダペストでは獲得できなかったのである。

4 以下の文献を参照のこと。Christmas Humphreys, *Buddhism* (Harmondsworth, UK: Penguin Books,

1951). 南ベトナムの政治における仏教についての更に深い議論については、その本の第4章を参照のこと。

5 兵器取引契約での「チェコ」というのは名ばかりのものだった。米中央情報局（CIA）のカーミット・ルーズベルトは当時ナセルの顧問であり、駐エジプト英国大使のハンフリー・トレベリアンをなだめるために「チェコ製」にすべきだと提案したからだ。

6 むしろ「売り手の寡占状態」という方が正しいかもしれない。

7 たとえば韓国の例を考えてみよう。この国が経験した一九六二年と七九年の社会不安とその後のクーデターであるが、これらは同国内の大規模な米軍のプレゼンスに影響を受けていたようには思えない。

8 会社が利用できる物理的な装備（航空機やトラック、通信施設など）は、それ自体が権力の直接的な源泉になる。

9 鉱山業や石油関連企業が請け負うリスクは極端に高い。その理由は、高価な探査の成果が不確実であること、生産物の価格の振れが非常に激しいためである。よって、これまで続いてきた企業というのは巨大であり、複数の国で操業しているものがほとんどだ。そのため、このような企業は生産地を次々と変えていき、現地の国の財政に強烈な影響を与えることがある。

10 ジョゼフ・コンラッドのある小説では、新植民地主義の原因と結果について、鋭く予言的な分析が行われている。以下の文献を参照のこと。Joseph Conrad, *Nostrono* (New York: New American Library, 1904)［ジョゼフ・コンラッド著、鈴木健三訳『ノストローモ』筑摩世界文学大系五〇、筑摩書房、一九七五年］

11 英国政府は将来BPと名乗るこの企業の株の五〇%を購入した。これまで行われた納税者の金による投資としては最高のものであったことは間違いない。

第3章　クーデターの戦略

ディーン・アチソンはよくこのような話をした。最高裁長官のウィリアム・タフトが、ある著名な人物と「政府という機械」について話した時の印象を、彼にこう語ったというのだ――「ねえ、君」とタフトは感心したような声で言った。「彼は本当に政府を〝機械《マシーン》〟だと思い込んでいたんだよ」

ロジャー・ヒルズマン『ケネディ外交――ニューフロンティアの政治学』より

全体主義体制の下では、政府という機械の伝動ベルトの謎について知ることができれば、その権力を奪ったに等しい。

ハンナ・アーレント『全体主義の起源』

政府の転覆《てんぷく》はかなり難しい。そもそも政府というのは、軍隊、警察、そして公安機関のような国防のプロたちによって守られているだけでなく、さまざまな政治勢力から幅広く支持されているからだ。

先進的な民主国家では、政党、利益団体、地域、民族、そして宗教的な集団などが、このような政治勢力を形成している。それらが相互に作用し、相殺《そうさい》し合うことによって特殊な力のバランスが生まれ、政府はそのバランスの上に立つ形となる*1。発展の遅れた国では、こうしたバランスの可動範囲は狭いのだが、それでも現状維持、つまり政府側を支持する政治集団は常に存在するものだ。

もしクーデター遂行者が、いくつかのビルを制圧し、政治家数人を拘束するだけでこうした強力な構造を破壊できたとすれば、それは彼らによる重要な行動が誰にも気づかれなかったからである。しかもそれは、危険で細かいプロセスを経なければならない。たとえばクーデターの実行前には軍やその他の強制力を中立化しなければならないし、政治勢力が一時的にせよ、何も積極的な動きをしてこないようにしておく必要があるからだ。

もしわれわれが社会構造を変化させようとする革命家たらんとするのであれば、まずわれわれの狙いは一部の政治勢力の力を破壊することに向けられるべきであり、この目的を達成するためには、長い時間をかけ、流血の伴《ともな》うこともあるプロセスを経なければならないと言われる。

ところが、クーデターを目指すわれわれの目的は、それとはまったく違う。われわれは現在のシステムの中で権力を握ろうというのであり、普通の革命家たちが破壊しようとするその勢力を味方につけることにより、新たな「現状維持」の状態をつくりだすことができれば、われわれは権力の座にありつけることになる。もし社会を根本的に作り変えたいというのであれば、それは政権を握ってからやればよいだけの話だ。一般的な「革命」よりも、こちらのやり方のほうが、おそらく効果的（そして確実に痛みは少ない）なのだ。

クーデターを実行する側が相手の政治勢力とのすべての対立を必死に避けようとしても、クーデターに反対してくる者は必ず出てくるものだ。ところがこうした反対は、国家の官僚組織と治安部隊を支配し、クーデターによって古い状態を新しい状態にすげかえることができれば、そのほとんどはたいてい収まるものである。

このような「移行段階」、つまりはクーデターの実行者が公の場に姿を表してから国家の権威を付与されるまでの期間というのは、クーデターにおいて最も致命的な段階となる。ここでクーデターの実行者は、国家の諸機関に対する支配を確立しなければならないのと同時に、それを使って国全体の支配を確立するという、いわば二つの任務をこなさなければならなくなる。諸機関か国全体のどちらか一方でクーデターに対する抵抗が発生すれば、それは互いを刺激することになり、それが連鎖反応を起こすことになれば、クーデターは失敗しかねない。

したがってクーデターの戦略は、大きくは二つの考慮によって導かれるものでなければならない。一つは、移し替えの段階におけるスピードの最大化であり、もう一つは、クーデター前と直後における、反対勢力の完全な無力化である。クーデターの作戦遂行の段階で少しでも遅れが生じてしまったら、われわれの一番の弱みがさらされてしまうことになる。その弱みとは、そのプロセスの中で政治的な「色」が付いてしまい、これが結果的にその政治思想（だと勝手に考えられるもの）に反対する勢力を結集させてしまうことだ。

クーデターが迅速に実行されている限り、実行者側は匿名《とくめい》という衣《ころも》に身を隠し続けることができる。こうなると、どのような政治勢力でも反対するチャンスや動機さえ持つことができない。結局のところ、実行者側は潜在的に彼らの仲間になることも可能なのだ。いずれにせよ、遅れが生じると実行者側の最大の利点を失うことにつながる。それは、自発的に「様子見《ようすみ》」をしようとする中立的な立場を取る人々や、行動のために戦力集中や兵力の派遣を必要とする、受け身の姿勢で中立の立場をとる者たちの存在である。

「クーデターの実行には最高のスピードが必要」が意味するのは、多数の個別の作戦をほぼ同時に遂行すべきであるということだ。そしてそれは必然的に、多数の人間による努力を必要とすることになる。したがって、クーデターの計画を少人数ではじめたのであれば、ほとんどの人員を計画の実行段階で動員しなくてはならない。さらに、迅速で決定的な行動をとるためには、動員した仲間を訓練し、武器を与えなくてはならない。そして武器が調達できるところとなると、それはたった一つしかない。つまり、政府が持っている「軍隊」である。

多くの国には少数民族がおり、彼らはそもそも反政府的で好戦的なことが多いので、クーデター要員としては最適だと考えられることが多い。たしかにこれは、シリアのアラウィー派やドゥルーズ派、イラクのクルド族、ミャンマーのシャン族についても当てはまる。

ところが彼らをクーデター側に引き入れてしまえば、そのほとんどの場合において、多数派の人々の民族主義的な反応を引き起こす可能性が高まる。しかも政府の中心地というのは、たいていの場合が多数派によって占められている地域にあるため、多数派の反対は、クーデターを起こす側にとってもかなり大きな障害となる。

クーデターを起こすのに際して、政府軍の代わりとなるもう一つの方法は、民兵を組織することである。政治的な自由がありながら、法と秩序が崩壊しているような状態になると、政党の活動を「保護」するために民兵が組織されることがある。

たとえばワイマール体制下のドイツでは、「茶シャツ党員」（ナチスの突撃隊）以外にも、社会民主党、共産党、さらには国粋主義的な右派の諸政党たちも、それぞれ民兵を抱えていた。ファシズムが台頭し、ナチスが成功を収めると、ドイツ以外でも黒シャツ党員、緑シャツ党員、赤シャツ党員、中東の銀シャツ党員のような組織が広がっていった。

しかし、民兵がいかに軍隊のような組織を持ち、制服を身に付け、様々な武器を備えていようとも、国家の正規軍と衝突すれば、そのほとんどの場合において民兵側が負けてしまう。たとえば一九二三年のいわゆる「ミュンヘン一揆」で、まだできたてのナチスの茶シャツ党員が武装蜂起した時も、彼らは警察にあっさりと打倒され、ヒトラー自身も逮捕されてしまった。後にヒトラーが政権を握ったのも、あくまでも「政治的な方法」によるものであって、茶シャツ党員の努力によるものではない。

いずれにせよ、党の民兵を組織して武装するためには、二つの条件が必要である。資金と、それを行えるだけの自由の存在だ。ところが、国家が維持してきた軍隊からクーデターに必要な要員をリクルートすれば、そのどちらの条件も必要なくなる。したがって、われわれが国家を制圧しようとする場合、まずやらなくてはならないことの一つは、既存のすべての防衛組織の中立化である。そしてその際には、ある特殊な方法を使わなくてはならない。つまり、軍隊や警察、公安機関などに対しては、一部を寝返らせつつも、同時に残りを無力化しておくのだ。その逆に、政治勢力については、中立的な立場を取らせることだけを狙えばいい。

　軍隊をはじめとする強制力を持った国家機関は、クーデターに直接介入する力を持っているために、実際にクーデターを始める前から完全に無力化しておかなければならないが、政治勢力に関しては、クーデターの直後から対処しはじめるだけでこと足りるものだ。ところが、政治勢力もクーデターの成否に直接影響を持つことがあるので、やはり実行前から対処しておくべきであろう。

　たとえばロシアでは、一九一七年の「二月革命」*2の後の不安定な時期に、鉄道労働者組合が最も権力を持った組織として台頭してきた。全露鉄道労働者組合《ビクジェーリ》は、暴動（プッチ）の際にコルニロフ元帥指揮下の軍隊をペトログラードまで輸送することを拒否しただけで、同元帥の敗北において決定的な役割を果たしたのである。

　のちにレーニンによる「十月革命」が起こり、ロシア臨時政府大臣会議議長（首相）のアレクサンドル・ケレンスキーがペトログラードを脱出し、ピョートル・クラスノフ総司令官の部隊に助けを求めた時も、全露鉄道労働者組合は「ケレンスキーが平和的にレーニン率いるボリシェヴィキと交渉しなければゼネストを呼びかけてクラスノフの軍隊が移動できないようにする」と圧力をかけたのだ。ところがボリシェヴィキ側はそもそもはじめから平和的に交渉する気はなかったので、これは実質的に無条件降伏の要求と同じであった。

つまり、一九一七年のロシアという特殊な状況下では、鉄道およびそれを支配する者は、軍隊、さらにはあらゆるクーデターの計画者たちにとって、当時のロシアの首都だったペトログラードに兵を既に配備していない限り、まさに決定的な役割を握っていたのだ。

ロシア以外の国でも、この場合の鉄道労働者組合と同じような力を持つ政治勢力が存在する。たとえば都市の住民の大部分がその日暮らしのような貧しい国では、食料を売っている店主たちをうまく組織して店を閉めさせることができれば、政府に大きな圧力をかけることができる。

その逆に労働組合が強力な国であれば、クーデター直後からストライキを行い、新政府が政権基盤を確立するまでの重大なプロセスを妨害することもできる。宗教や人種団体の指導者たちも、大がかりなデモを組織することによって新政権に圧力をかけることができるのだ。

したがってクーデターを起こす時には、このような政治勢力を調査・分析し、必要ならばその指導者たちや支援団体を、あらかじめ中立化・無力化させておくべきだ*3。もちろん、直接的な力を持たないその他の政治勢力についても対処は必要だが、それはクーデターに成功した後に懐柔《かいじゅう》するなり和解するなりすればよい。

防衛組織の中立化

近代国家の目立った特徴の一つは、多岐《たき》にわたる防衛組織を持っていることだ。これは過去の二・三世代のあいだに世界の多くの地域で経験された、対外的な安全と国内の治安が全般的に崩壊したことによる、一つの結果である。あらゆる国が軍や警察、そしてある種の諜報組織を少なくとも保有しており、多くの国家はいくつかの警察組織に加えて、準軍事的な憲兵や秘密警察のような、様々な組織を持つことが必要だと感じている。

一九一四年以前の世界では、国家は現在の国際的な状況下のものよりもはるかに侵略的であった。ところが輸送機関がそれほど発展していなかったことや、侵略的な割には外交的な取り決めを重視していたこともあり、敵対行為が起こるまでには時間的余裕があった。

今日では奇襲攻撃や宣戦布告なき戦争が軍事行動のパターンになっているために、かえって全面戦争の危険が減少し、「軍事的」には平和な状態がもたらされている。多くの国では、いざ戦時となったら兵力を拡大する際に幹部として任務につく小規模な職業軍人を備えておく代わりに、敵の攻撃にすぐ反応できる（つまり攻撃力にも変わりうる）常設の軍隊を維持しようとしている。

原住民か移民かに関わりなく、イスラム系の国民を抱える国では、イスラム過激派による反乱やテロ活動のおかげで、国内の治安維持機関も拡大されてきた。準軍事組織や秘密警察は、民主制国家を含む、数多くの国家で一般的な存在となったのだ。

一九三〇年代のアメリカでは、軍の規模は三〇万に満たなかったし、公安機関は暗号解読を専門とする、小規模な（そして極めて優秀な）海軍の暗号解読部隊があっただけだ。国内向けの防衛組織も、財務省のシークレット・サービスに限定されていた。シークレット・サービスは大統領警護の任務も任されていたが、その活動の大部分は偽札の取締りに関するものだった。連邦捜査局（ＦＢＩ）は野心的な存在であったが、いかんせんその予算の少なさによって制約を受けていた。

ところが二〇一五年現在では、海兵隊だけですでに一八万四〇〇〇人もいるし、米軍全体では何度も大規模な人員削減を経た後でも、まだ一四〇万人もいるのだ。この数は、国連に加盟している七〇カ国の人口数よりも多いほどだ。

さらに、冷戦終結以降にアメリカ軍は何度も介入戦争を行いながら大幅な人員削減を実施したにもかかわらず、公安機関の人員数は拡大し、多くの頭をもつ怪物のような官僚機構となった。こうなった主な理由は、重大なミスによる諜報活動の失敗のおかげだ。そしてこの失敗は議会に対して、その失敗した組織の予算を減らすのではなく、むしろ増やす方向に導いたのである。

私はかなり昔に生まれた人間であるため、国務長官のディーン・アチソン率いる国務省が、戦後すぐの一九四五年から四七年の間に、諜報機能を同省の管轄下に維持できなかったことを嘆いているのを聴いたことがある。この時期に戦時の独立組織であった「戦略諜報局」（ＯＳＳ）が廃止されたのだが、それに伴い非常に小規模で寄せ集めの「中央情報グループ」（ＣＩ

Ｇ）が編成され、ＯＳＳの人員の一部が一時的に派遣された。
　まだこの時点であれば、国務省はこの孤児のような同組織を、簡単に吸収できたはずだ。ところが当時のキャリア外交官たちは、「亡命者」（つまりユダヤ人のこと）であった元ＯＳＳの知識人や、それに関連した強面《こわもて》の人間たちを嫌っており、結果として完全な独立機関である中央情報局（ＣＩＡ）の台頭を許すことになった。そしてＣＩＡは（悲惨な成果しか出せていないにもかかわらず）段々と予算額を増やしてゆき、政策決定過程においては国務省の強力な競争相手となってしまったのである。

　さらに悪いことに、ＣＩＡは創設時からその名に値《あたい》するような満足な役割を果たせていない。その理由は、陸・海・空軍がそれぞれ独自の情報機関を保持し続けたためだ。その後の一九六〇年代中盤に始まった軍自身の情報機関の統合でも、集権化は実現できていない。統合されてできた国防情報局（ＤＩＡ）には、暗号解読の専門家が含まれていなかったからだ。一九四一年以前には、暗号解読者は優秀な者がわずかにいるだけだったが、一九四五年には数千人規模に増えており、後にこれが大規模で、あらゆる電信を傍受するという野望を持った「国家安全保障局」（ＮＳＡ）となったのである。ところがこの「電信」の中には、幼児が携帯電話でダラダラ喋っているような会話も含まれている。

　ＮＳＡの評判は、最も愛国的な裏切り者であるエドワード・スノーデンの暴露によって地に落ちただけだった。しかしこの公安機関という怪物は、次々とその頭数を増やしていった。現時点では一九の機関があると言われているが、実際はそれ以上あるかもしれない。

1．国家情報長官室（ODNI）

米国同時多発テロにおける情報活動の大失敗の教訓を受けて、分析的な任務を担当する部署として創設された組織。米国の他の一八の情報機関の業務を調整するという不可能な任務を担当しているが、さらに不可能なのは、そうした組織からの情報を「融合」して、一つの大きな絵にするという任務だ。

2．中央情報局（CIA）

数千人が働いているが、その中にはおそらくスペイン語以外の外国語を知る者は非常に少ないはずだ。**有益な言語**を知る者の数はさらに少なく、全般的な「アナリスト」や、無数にいる管理職とは対照的に、諜報活動要員（いわゆる「非公式潜入者」）の数も非常に少ない。そして海外の「本部」、つまり在外アメリカ大使館内で勤務した以上の老練な経験を持つ者も、極めて少ないのである。全般的な結果として、CIAの活動要員は「テロ組織への浸透」といった、イギリスやイスラエルの同業者が行っていることを真似することはない。実際のところ、CIAの職員はあらゆる面から「経験不足」であり、海外で殉職《じゅんしょく》した者たちのほとんどは、自らの経験不足か、本国で安穏《あんのん》と暮らす経験不足の管理職のおかげで犠牲になっているのだ。大幅な「組織改編」（二〇一五年の改編は「抜本的なもの」と称されていた）がたびたび行われていることからもわかるように、CIAの上層部は自分たちの能力不足をよく認識している。しかし人員を少数の「本物の専門的な専門家」と、本当に活動に通じた工作員に絞り込むことで質を高めることは、「終わりなき拡大」という官僚の行動論理に反するのだ。

3．国家安全保障局（ＮＳＡ）

規模がはるかに大きく、集めたコンピューターの数は最大規模であり、言語の専門家たちの数も増えているが、傍受《ぼうじゅ》されたあらゆる通信の中で彼らが翻訳できる部分は割合的に少なくなりつつある（ミサイルの測定やレーダー波などについても傍受・分析している）。

4．エネルギー省情報局（ＯＩＣＩ）

あらゆる核関連の情報を担当しており、大きな任務の一つとして、イランや北朝鮮、パキスタンの核活動の監視がある。ただしこの任務は、ＣＩＡが自身の工作員を、施設内どころかその付近にさえ投入することができないおかげで支障をきたしている。これは完全に閉鎖的な北朝鮮の場合は充分に理解できるものだが、それほどでもない他の国々の場合でもできていない。

5・6・7．巨大な国土安全保障省に属する、複数の独立した情報機関

二〇〇一年九月の同時多発テロ後に、非常に多岐にわたる組織を統合して緊急に設立された。この中にはシークレット・サービス（紙幣偽造の鎮圧と同時に大統領警護を担当）や、国境・通関関係組織の情報部門、沿岸警備隊情報部、国土安全保障省捜査室などが含まれる。

8. 国務省の諜報調査局（ＩＮＲ）
規模・予算が最も少なく、そして最も優秀。
9. 財務省のテロリズム・金融情報局
10. 国防総省の国防情報局（ＤＩＡ）
11. 国家地球空間情報局（ＮＧＡ）
12. 国家偵察局（ＮＲＯ）
人工衛星の運用をおこなう。
13. アメリカ（軍の）サイバー軍
任務が特化された部隊。
14. アメリカ空軍の情報・監視・偵察局（ＩＳＲ）

15.国家航空宇宙情報センター（ＮＡＳＩＣ）
16.陸軍情報保全コマンド（ＩＮＳＣＯＭ）
17.国家地上情報センター（ＮＧＩＣ）
陸軍傘下の組織だが、「国家」の名を冠している。
18.海兵隊情報本部（ＭＣＩＡ）
19.海軍省・海軍情報局（ＯＮＩ）
これらに加えて、司法省傘下のものとして以下のようなものがある。
20.ＦＢＩの国家保安部
21.国家安全保障情報部（ＯＮＳＩ）に所属する麻薬取締局（ＤＥＡ）
名目上は最上位にある「国家情報長官室」（ＯＤＮＩ）は、二〇〇四年の「情報改革及びテロ予防法」によって設立されたものだ。同法で狙われていたのは、上記した個別の情報機関すべてを連携させ、別々の建物内にいる膨大な数の人間の脳内に散らばっている知見を融合させるという、実に無謀な目標であった。その代わりに「これらの組織を統合する」という、はるかに金の掛からない選択肢は検討さえされなかったのである。無駄をなくし、強固なものに整理統合するという考えは、大災害が起こった後の「削減より拡大」という雰囲気に反していたからだ。インテリジェンスにおける「やり過ぎると駄目になる」という鉄則は将来明らかになるはずだ。

ここで奇妙なのは、アメリカの連邦議会が、国家情報長官室の室長に現役の軍の将校を当てることを強く求める法規定を設けたことだ。実際の文面には「国家情報長官室室長、または主席次長のいずれか［両者共ではない］は、現役の軍の将校であることが望ましい」と書かれている。その意図として明白なのは、大統領が大使を任命する際によくやるように、この職務について資質の足りない「お友だち」や選挙で応援してくれた人々を、論功行賞的に任命するのを阻止するためだ。

もう一つの特異な点は、国家情報長官室室長（ＤＮＩ）の職はＣＩＡ長官と兼務してはいけないとされていることだ。理屈の上では、ＣＩＡ長官職はＤＮＩの存在によって大幅に権威を失っているはずだ。ところがこれまでのところ、ホワイトハウスを最も多く訪れているのはＣＩＡ長官であることに変わりはない。しかも大統領向けの「日例報告」は、二〇一四年二月一五日以降はＣＩＡ単独ではなく、共同グループによって作成されている。

いずれにせよ、国家情報長官室への最大の制約は、国防総省が最大級の予算をもつ三つの情報機関（NSA、NRO、そしてNGA）、さらには軍のあらゆる諜報活動などに対して、厳しい統制を続けている点にある。除外されているのは沿岸警備隊の情報部であり、これは同組織が国土安全保障省に属しているからだ。

これほど多くの異なる組織に情報がバラバラに流れ込むのであれば、混乱や意見の相違、乖離が発生しても修復のしようがない。国家情報長官室室長という、肥大《ひだい》を続ける新たな官僚制度でも間違いなく無理なことだ。実際のところ、六つの「センター」と一五の「室」は情報をさらに細かく分解しており、しかもこの部署の数はこれ以上増えないという保証がない。したがって、取得した情報は増えても、得られるインテリジェンス――有益でタイムリーな知見――は減っている。

一般に流布している「伝説」や、二〇一五年の「上院情報特別委員会拷問関連報告書」とは異なり、CIAはそこまで独立した、やりたい放題の組織であったことはない。また、過度な独立性は、アメリカのすべての情報機関にとっても問題とはなっていない。最大の問題は、むしろ職員たちが重要な情報を収集できる場所に行かないために、優れた成果を上げられない状態が続いていることだ。最近の例としては「イスラム国」への潜入すらしていない。彼らは志願者として来る者は拒まない状態であり、しかも身元調査をするすべがないため、これほどまでに潜入しやすい組織はないのだ。

敵はその活動を、自らの限界を心得た上で計画しているにもかかわらず、アメリカは衛星写真と電子化された情報の傍受だけで全ての知見を得ようとしている。当然ながら、このような試みは失敗へと向かわざるを得ない。まだ経験不足のテロリストですら、今は携帯電話を使わないよう心がけているし、インターネットはあくまでも匿名でバレないように使うことをよく知っている。同時に、中国やロシアは航空機や潜水艦を隠すことができないのだが、それでもそれらをこっそりと運用できている。

いかなる国家も、アメリカの情報機関のような華麗な「成長」を真似することはできない。軍事予算は無制限で、経済を潰しながら増大させていた一九七〇年代のソ連ですら、このような拡大は不可能であった。今日の中国も、軍の情報機関と国家安全保障省（正確には中華人民共和国国家安全部）を持っており、人員と予算には糸目を付けない状態であるが、それでもアメリカの情報機関の真似はできていない（中国の情報機関の最大の問題は、工作員を海外にいる中国人に過度に依存していることにある。このため、重要な職に就いている在外中国人はすべて疑いの目で見られることを避けられない状態にある）。

もちろんアメリカには到底追いつけないが、それでもほとんどの国は最善を尽くしてきた。たとえばイタリアのように周辺に軍事的に意味を持つ敵対国のない中規模国家ですら、強力な国内の公安活動と同時に、海外での諜報活動を行う組織を維持する必要があると考えている。これは、二〇〇一年九月のアメリカでの同時多発テロの後の、イスラム過激派によるテロが台頭する前の時点でも同じだった。イスラム過激派によるテロは、国家警察（公安）と準軍事組織の国家憲兵《カラビニエリ》（イタリア独特で、海軍などと同様に独立した軍種）から注目されていた。

戦争状態にあるような国は、国民の多くを様々な国防・公安機関に入隊させている。非常に極端な例であるが、イスラエルは、かつて明白な「敵国」に包囲されており（現在は両側に同盟国がある）、地理的な防壁《ぼうへき》がなく、戦略的な縦深《じゅうしん》がほとんどなく、他国との軍事同盟による保護がない状態であった。一九六七年の時点でも、大国でいえば中都市ほどの人口（現在はその三倍になったが）しかなかったが、同年六月の第三次中東戦争では、男女合わせて二五万人以上を戦場に展開できたのである。

クーデターを行う側から見ると、軍隊、警察、公安機関などの規模と力は、大きな障害であると同時に、大きな助けにもなる。

まず一つは、トロツキーがはるか昔に指摘したように、兵器や交通機関、通信技術の進歩によって、組織のしっかりとした軍隊と、ありあわせの武器しか持たない一般市民との力の差が拡大したことにある。トロツキーによれば、一七八九年のフランス革命当時の暴徒たちは、先込め式の単発銃を持った歩兵が守っている拠点を「急襲」できたが、一九一七年のロシア革命の暴徒たちがそのようなことをやったら、どれだけ彼らの数が多くて強い覚悟を持っていたとしても、「近代的」な兵器で打ちのめされたはずだという。しかも彼が「近代的」という言葉で意味していたのは、三脚に置かれた不格好で非常に重い水冷式のマキシム機関銃ほどのものだったのである。この程度の威力の自動火器であれば、今日の暴徒の鎮圧にあたるすべての兵士に与えられているほどだ。

ところがその逆の見方をすれば、軍隊などの組織の規模が大きくなり、技術が進歩し、国家の安全保障機関の質を向上させたことによって、かえってクーデター要員を準備する点においては有利な条件が整ったということになる。近代的な軍隊や保安機関を伝統的な「忠誠心」だけで縛り付けておくには、あまりにもその規模が大きすぎる。近代社会では専門技術や専門的な精神を持った人間が必要になってくるわけだが、これが国内の部族・民族社会の集団の壁を崩すことにつながった。部族民やベドウィン族は、見た目が魅力的であるのと同様に、政治面でも信頼できる存在かもしれないが、技術を習得するという面から考えると、彼らはパイロットや戦車乗員、さらには警察官としても不適切な場合が多い。

国家の治安機構が巨大で多岐にわたっているということは、クーデターの計画者であるわれわれがその内部に浸透《しんとう》することもできる、ということを意味している。そうすることによって、防衛組織の一部の人々を積極的な参加者としてクーデターの仲間に加えると共に、残りの大部分を中立化するのだ。中立化といっても、そのためにわれわれが戦わなくてはいけないという意味ではない。クーデターを実行している一定の期間だけ、彼らがわれわれの行動に不利な形で介入してこないよう手を打っておけばよいのだ。

国家の治安機構への浸透、あるいは転覆の目的が、一部の人間をクーデターへの積極的な参加者に変えることにせよ、あるいは中立的な立場を保たせることにあるにせよ、浸透あるいは転覆の方法は、狙ったそれぞれの組織の性格をよく見極めた上で決めなくてはならない。われわれの狙う相手は、国家の防衛組織のあらゆるところに存在するわけであり、したがって彼らの持っている武器も、配置も、考え方もすべて異なるため、それぞれ個別に検証しなくてはならない。

軍の中立化

一九六七年六月の第三次中東戦争で、イスラエルは他のアラブ軍を打ち負かした後に、シリアに矛先《ほこさき》を向けようとしていた。シリアを支配する軍事政権（革命指導国民評議会）のリーダーであるサラーフ・ジャディード議長は、ホムスとダマスカスにシリア軍最強の二個旅団（第五旅団と第七〇旅団）を配備していた*4。そしてシリア国防相（そして同国の将来の支配者）であるハーフィズ・アル＝アサドは、ジャディードにこの二個旅団を前線に送るよう必死に要請したのである。

しかしジャディードは烈火《れっか》の如《ごと》く怒ってアサドを殴りつけたあとに、この二つの旅団を前線に送れば、たしかにわずかな領土は守れるかもしれないが、われわれ自身が国内の反対派に倒される危険がある、と指摘したのである。左派のバース党政権は国内では人気がなく*5、政情は不安定であり、それを支えているのがこの二つの旅団であることを、ジャディード議長はよくわかっていたのだ。

ジャディード議長の判断は、シリア全体から見れば「愛国的」とは言えないが、それでも現実的であったことは確かだ。一九六六年二月にクーデターによってハーフィズ前政権を倒した時の主力部隊はこの二つの第五旅団と第七〇旅団だったのであり、その将校たちは、政治的にも人種的にもジャディード議長と結びつきが強い。また、かつての大物アサドが失脚した時も、両旅団がたまたまダマスカスを離れていたのである（もしくはジャディードの手下に浸透されていた）。

世界のどこでも同じだが、医師や教師、それに技術者たちの数はゆっくりとしか増加しないものだ。ところが軍隊の数だけは一九五〇年以降に急速に増えており、冷戦終結の一九九〇年になって、一年間だけ初めて低下している。ここで興味深いのは、技術的な進歩、たとえば農業分野での技術革新では、農家の数は減らしても食糧生産高を増加させることを可能にした。ところが軍隊における一人あたりの「生産性」（破壊性というべきか）は急速に向上したのに、必要とされる「労働力」はこの四〇年間で増大している。約三〇人の兵士によって構成される小隊の火力も、一九四五年当時と今日のものでは数倍の力の差がある。同じ期間に農業の技術がこれほど進歩したとは思えない。

輸送能力の高さ、信頼性の高い通信、優れた兵器といった条件を踏まえて考えてみると、今日の軍隊は非常に有能であり、国民と軍隊の大部分が中立的な立場をとっていれば、政府側に忠実な部隊がたった一つあればクーデターを阻止することができることがわかる。これを逆に考えると、われわれがクーデターを起こそうとする場合、軍の内部調査は徹底的にやらなくてはいけないし、どんなに少人数であってもわれわれに歯向かってくるような部隊が残っている事態は避けなければならない。

ほとんどの国は、陸軍の他に海・空軍を持っているが、話は陸軍を中心に進めるべきであろう。従うべき手順は三軍でも同じことが多く、例外もあるが、クーデターの観点から重要なのは陸上兵力だけだからだ。もちろん一九六三年のイラクのクーデターの時のように、陸上部隊を送り込んで大統領を逮捕させる代わりに、戦闘爆撃機で空から大統領官邸を空爆することも可能である。ところがこの方法はかなり極端なものだ。これだと一人あたりの殺害に使われる火力は非常に高くなるわけだが、クーデター後の将来の首都や、後に大統領官邸になると想定されているものに対して戦術爆撃を行うことは、国民から新政府への信頼を呼び起こせるとは考えにくい。

ところがある特定の地理的条件下では、陸軍より海・空軍の輸送能力のほうが重要な役割を果たすこともある。この典型的な例がインドネシアである。この国は、人口密集地域が二つの大きな島と無数の小さな島に散らばって存在しており、さらに小さな島々の道路網も非常に限られているため、不適切な場所に配備された大規模な陸軍部隊よりも、海軍の海兵隊や空挺兵の一部隊のほうがはるかに有効だ。

一九六五年九月三〇日には共産主義者によるクーデター／革命がインドネシアで発生したが、この時に軍の指導者たちは、空軍の空輸力を最大限利用できていた。その反対に、共産主義者に浸透されていた陸軍は非常に強力だったが、残念なことに駐屯していた場所が悪かった。彼らがボルネオのジャングルの中にいる間に*6、共産党に反対する空挺部隊と海兵隊は、首都ジャカルタを奪取し、最終的には国全体を制圧してしまったのである。

軍の編成というのはその国の伝統などによってそれぞれ異なるものだが、一般的には師団・旅団・連隊・大隊・中隊・小隊の順にわかれる。しかし本当に組織を動かす命令系統や決定権がどこにあるのかといえば、普通は一つか二つのレベルに集中しているものだ。したがって、権力を握っているのはどの箇所かを見つけ、そこへ努力を集中することは、クーデターを行う上で非常に重要なポイントとなる。

表３・１は、クーデターを実行する側が直面する、いくつかの選択肢を示したものだ。もちろん深く浸透するためには、実際に意志決定が行われるレベルよりも下の組織に多く工作をしなければならないが、それよりも上のレベルに工作するのは無意味である。

表３・１の（ａ）を見ると、作戦の指揮権は大隊にあることがわかる。よって、もし師団長の肩書を持っている将校がいたとしても、それは立派な制服を与えられた「飾り物」であり、おそらく実際の指揮系統からは外されている。このような命令系統の場合、旅団長や師団長を狙ったとすると、彼らは順序として大隊長に命令を下すことになるが、大隊長は総司令部から直接命令を受けることに慣れているので、その命令に恐らく疑問を抱いたり、司令部に報告したりするだろう。したがってこの場合、師団や旅団を狙うのは効果がないばかりでなく、大きなリスクを抱え込むことにもなる。（ｂ）の場合は、大隊を除くほとんどに仕掛けることができるのであり、クーデター側に有利な命令が下されれば、下位のすべてのレベルが問題なく従うはずだ。（ｃ）の場合も、師団と大隊以外には仕掛けることが可能だ。

ここで説明したように、命令系統は軍の表向きの編成とは関係なく、勝手気ままに決められ

表3・1　形式上の部隊編成と実際の指揮系統

（a）中央集権的	実際の指揮系統
総司令部	総司令部
軍区司令部	↓
師団	↓
旅団	↓
大隊	大隊
中隊	中隊
小隊	小隊
（b）非中央的	**実際の指揮系統**
総司令部	総司令部
軍区司令部	軍区司令部
師団	師団
旅団	旅団
大隊	↓
中隊	中隊
小隊	小隊
（c）NATO方式	**実際の指揮系統**
総司令部	総司令部
軍区司令部	軍区司令部
師団	↓
旅団	旅団
大隊	↓
中隊	中隊
小隊	小隊

ているように見えるかもしれない。ところが現実的には、しかるべき心理的・技術的な要素を考慮されて決められているのである。

そもそも軍隊というのは、個人単位で戦うように訓練も受けていないし、その能力もないので、よほど士気が高く練度が高くなければ、上官の厳しい統制下におかれるべき存在だ。また、厳しい訓練を受け、信頼できる兵士でも、部隊から遠く離れて作戦遂行することは許されない。それが許されるのは、効率的な通信システムで結ばれ、新たな命令を受け、状況を報告できる場合だけだ。

一般的に、戦場の地形が楽であればあるほど、兵士の訓練の規律や練度は低くなり、独立行動を許される部隊の数も大きくなる。その逆に、兵士と装備が優秀になり、ジャングルや沼沢地のように地形の条件が悪いところほど、独自行動が可能な部隊の規模は小さくなる。

その両極端な例が、一九六七年の第三次中東戦争のエジプト軍とイスラエル軍だ。まず一方のエジプト軍は、総司令部の厳重な統制下で三つの大きなブロックにわけられ、個々の部隊は独自の行動をとることが許されなかった。もう一方のイスラエル軍は、多くの旅団規模の集団にわけられており、いざ大軍となるためには集結し、浸透するためには変幻自在で柔軟に対応できるよう行動したのである。

一九七三年の第四次中東戦争では、エジプト軍のほうが遙かに兵士の練度が高く、指導者層の決意も固かった。ところがその指揮命令システムは依然として硬直化していて、結果として再び打ち負かされることになったのだ。クーデターについて言うなら、こうした指揮システムでは、適切な命令が発せられれば兵士は批判をせずに服従することになり、だからこそアブドルファッターフ・サイード・フセイン・ハリール・アッ＝シーシー将軍は、二〇一三年にエジプトの支配者となれたのである。

さて、対象とする国家の様々な編成の中で、どの部分が作戦上の本当の命令権を握っているか、その実態について分析が終わったので、次の検討に入ろう。すなわち、どの部隊がクーデターを支持、または反対するために介入する能力をもっているのかを識別するのだ。その場合、二つの点を考えなくてはならない。第一は、その部隊の性質であり、第二は、その部隊が配備されている場所だ。

本章ではこれを、ポルトガル軍の事例を使って検証していく。ポルトガル軍を選んだ理由は、それが数多くの事例に含まれる、典型的な性質をよく表しているからだ。

ポルトガル軍：一九六七年の状況

当時のポルトガルのサラザール政権は、三つの勢力の協力関係によって支えられていた。第一は地主階級、第二は新興のビジネス界のエリートたち、そして第三は、官僚を主体とした中産階級である（これには公務員や軍の士官レベルの人材が含まれる）。

また、空・海軍の将校は、スペインと同じように陸軍の将校に比べて保守的な傾向が少ない人たちで占められている。また、これもスペインと同じだが、ポルトガルの空・海軍は、陸軍に比べて人員や設備などもあえて少なく抑えられていた。

【陸軍】総数は約一二万で、その内訳は以下の通りである（ただし行政担当の人員は除く）。

〈第一歩兵師団〉：訓練用に編成されることもあり、中型戦車をわずかに持っている。書類上は歩兵部隊の約半数を構成している。部隊の全兵員のうち何らかの輸送機関を持っているのは約二〇〇〇名分だけであり、他には少数の装甲化された車両があるだけだ。大部分は徴兵で集められた素人たちであり、練度も規律も低い。配備されているのはポルトガル中央部。

〈第二歩兵師団〉：全体のうちある程度の訓練を受けた者は三〇〇〇名ほどであり、戦闘能力は低い。輸送能力は全体の半分の一五〇〇人分程度でしかない。配備されているのはポルトガル北部。

〈その他の部隊〉：陸軍の中でも約一〇万と最も数が多く、練度も装備も充実している。ポルトガルのアフリカ領、つまりアンゴラ、モザンビーク、ギニアなどに展開していた。

【海軍】ポルトガル海軍は輝かしい歴史を持っており、アフリカなどの海外に不安定な領土をもっていたことを考えると、大規模な海軍を持っていてもよかったはずだ（ポルトガル海軍の一部はアメリカからの軍事援助によって支えられていた）。ところがすでに述べたような事情から、政府はあまり海軍に力を入れない方針をとっており、駆逐艦一隻、フリゲート艦一四隻、潜水艦三隻、その他の艦艇が三六隻だけである。クーデターを実行する側にとって興味深いのは、支援艦が一二隻、上陸用舟艇《じょうりくようしゅうてい》が四隻、そして海兵隊（マスケット銃兵軍団）の半個大隊という構成である。アフリカの海外領土までの距離が遠いことから考えて、たとえ海軍が現政権に忠実だったとしても、すぐにポルトガル本国まで多くの兵と共にかけつけることは不可能であった。当時は海兵隊も本国から遠い洋上にいたし、数からいっても大したことはなかった。

【空軍】約一万四〇〇〇名。当時はアメリカやイタリア製の旧式な航空機ばかりであった。三〇〇〇名からなる空挺部隊はアフリカの領土（現在は独立してアンゴラ、モザンビーク、ギニアビサウ）に配備されており、それを本国まで移動させる輸送機では、二四時間ごとに約一〇〇〇名ほどしか運べなかった。

以上の数字から見ると、ポルトガルの場合、陸・海・空軍合わせて一五万の兵力があるが、クーデターが起きた場合、動員できるのはそのごく一部でしかなかった。ほとんどの兵力は遠くに配備されており、しかも輸送能力が不足していたため、首都のリスボンへかけつけることができなかったのである。国内から比較的簡単に集結できる兵力もあったが、練度と装備が不適切だったために、十分な効果をあげられなかったはずだ。

したがって、クーデターが勃発《ぼっぱつ》してもすぐ介入できる能力を持っていたのは、全兵力のうち、三個、または四個大隊程度（おそらく四〇〇〇名程度）であっただろう。したがって、クーデターが失敗する可能性は少なかったわけだが、しかし同時に、クーデター側が要員を集めることも困難であった。

また、もし空軍や海軍がアフリカに配備されている軍隊の一部をすぐ出動させたとしても、彼らが本国に到着するまでにクーデター側が新政権を確立できなかったとすれば、空・海軍の到着とは関係なく、いずれにせよそのクーデターは失敗する運命にあった。最初にアフリカにいる兵士を打倒したとしても、それは回りくどいやりかたで物事を進めることになるだけであったはずだ。

以上のことから、クーデターの実行に関係してくる部隊（これは軍であるなしにかかわらず）を判別するための、主な判断基準が分かってくる。それは、

「その部隊は、クーデターによって新政権が樹立されるまでの一二〜二四時間以内に介入できる位置（通常は首都だが）にいるべきであり、またはそれを可能にする装備（輸送手段を含む）を持っていなければならない」

ということだ。

軍部への浸透：戦略その１

これまでの研究によって、クーデターを計画する場合、二つの情報が必要なことがわかった。

表3・2 介入の可能性がある部隊（某国の場合）

（A）大隊規模の部隊
兵員1000名。10個中隊で構成。輸送手段と対戦車用兵器を保有。
配備：首都
作戦上の実権：大隊司令部

（B）師団規模の部隊
兵員1500名。20個中隊で構成。装甲化された輸送手段と戦車25輛を保有。
配備：首都から30キロの地点
作戦上の実権：旅団司令部、独立した戦車大隊司令部

（C）旅団規模の部隊
兵員3000名。3個大隊で構成。
配備：首都から300キロの地点、航空輸送可能
作戦上の実権：旅団司令部、空軍飛行中隊司令部

第一は、クーデターに介入してくる可能性のある部隊の性格と構成であり、第二はその部隊の作戦上の実権を誰が握っているかという点だ。表3・2はそのデータを表したものだ。

これまでは部隊単位で検討したが、ここから一歩進めて、それぞれの部隊でどの人物が実権を握っているのかを探すために、さらに詳しく分析してみよう。

相手が原始的な軍事組織であれば、めざす部隊の指導者が誰であるかはすぐわかる。たとえば部族程度の「軍隊」であれば、その目立った身なりや、（わかりづらいかもしれないが）家柄や人望などで、飛び抜けた「リーダー」が一人か二人はいるものだ。一般の兵士の場合は、多少目立つとはいっても、強さや機敏さのような、質的な違いが目につくだけだ。ところが近代的な軍事組織の話となると、事情はちがってくる。組織の効力は、大量か

つ様々な種類の兵器などの機器を使用することに依存している。その組織の優秀さを決めるのは、さまざまな武器や設備であり、それらの専門的な扱いに長けた要員たちである。そして個々の状況に対して、これらの要員の適切な配合が求められるのであり、このような仕組みを動かすには二種類の重要人物が必要となる。それが「技術者」であり、彼らを調整する「指導者」＊７だ。

したがって、われわれの次の問題は、クーデターに介入する可能性のある部隊の中で、誰が中心人物となるのかを見極めることである。しかし、軍隊の編成の中で誰が実際に作戦上の実権を握っているのかを検討するなかで、すでに「指導者」のイメージは浮かび上がったはずなので、ここでは「技術者」について検討してみよう。

「技術者」の中心人物が誰であるかは、その組織がどのような性格を持ち、どのような任務を帯びているのかによって決まる。たとえばわれわれがクーデターを起こそうとする際に、政府側が表３・２の（Ｃ）にあげた部隊に支援を求めたとしよう。その際には以下に挙げるたった一つのグループの協力を得るだけで、（Ｃ）の部隊が政府の支援にかけつけるのを妨害することができる。

―政府と（Ｃ）部隊の間の通信・連絡を担当する要員
―航空輸送隊のパイロットや航空基地の要員
―空港の警備兵たち

——飛行が難しい情況では特に重要となる、出発地、または着陸地の空港の管制塔要員

一般的に、組織が近代化されていればいるほど、その能力は高まるとされているが、同時にその脆弱性《ぜいじゃくせい》も高まるものだ。たとえば表3・2の（A）と（B）の部隊は、ごく少数の兵員が指導者に逆らったとしても作戦を実行できる。こうした部隊にとって、兵員の一〇パーセントが命令に従わなかったとしても、約一〇パーセントの効力を失うだけだ。しかし（C）部隊の場合は、たった一パーセントの人員を失うだけで、ある任務（首都への介入など）を遂行するのが不可能になる場合もある。

このような分析からわかるのは、ある部隊を中立化したいのであれば、「指導者」よりも「技術者」の協力を得るべきだということだ。彼らを誘うほうが簡単であるし、少数でも大きな効果を上げられるからだ。

もう一つの結論は（他の条件は同じだったと仮定すれば）、クーデターの仲間に加える相手としては組織の単純な部隊を選び、中立化する相手として複雑な組織を持つ部隊を選ぶべきである、ということだ。そのほうが、相手が突然寝返ったとしても受けるダメージが少ないし、結果的に仲間に加える人員も少なくてすむからだ。

次に、重要人物に接近してクーデターに参加する（つまりその部隊を我々が効率的に統制できる）ように説得するわけだが、その前にわれわれは狙った部隊について、以下のような情報を充分に集めなければならない。

（a）クーデターが遂行される時間と場所において、介入してくる可能性の高い部隊はどれか
（b）その部隊の実際の指揮命令系統がどうなっていて、指導者は誰なのか
（c）その部隊の技術関係の装備がどうなっていて、その担当者は誰なのか

一つの部隊を「取り込む」ためには、その部隊内の実権を持った多くのリーダーたちの積極的な協力が必要になる。もしその部隊が組織的に単純なものであれば、技術者の一部が寝返ってもそれほど大きなダメージとはならない。また、浸透工作が部隊の末端まで行き届いている場合には、たとえ一部の将校が現政権に忠実であっても、クーデター側にとっては大きな障害とはならない＊8。

クーデターの仲間として誘うのは、指導者と技術者のどちらにすべきだろうか？　この答えは、その部隊の構造と、その時々の政治情勢によって変わる。兵士と士官たちの間で激しい対立があるような部隊であれば、名目上の「指導者」たちの協力がなくても、部隊を仲間に引き入れることができる。ところが実質上の指導者が誰なのかを見分けるのは難しいし、いずれにせよそうした分裂が強くなっているときに「クーデターを計画している」といっても、仲間に誘えるわけがないからだ。

とはいっても、組織的な構造のほうは人間関係よりも安定しているので、クーデターを起こす側としては、むしろできるだけ組織的な構造のほうに頼りすぎるのを避けるべきであろう。

表3・3は、介入の可能性を持った部隊の典型的な例を三つ挙げ、それらに対していかに浸透すればいいのかを示したものである。

表3・3　浸透戦略の最適化

部隊名	第一大隊	第二大隊	第三大隊
指揮系統	10名の中隊指揮官と各大隊の司令部に5名の有能な「指導者」がいる。深く浸透するには、各大隊で30名の小隊指揮官を仲間にする必要がある		
中心人物	15～45名の「指導者」	15～45名の「指導者」	15～45名の「指導者」
技術面の構造	極めて単純。通常の通信・輸送装備に依存	極めて複雑。部隊をクーデター現場に連れてくるには航空機と高性能の通信機器が必要	中程度。陸上輸送に依存するが、通信には無線網が必要
中心人物	「技術者」なし	「技術者」40名	「技術者」5名
最適な戦略	一部「指導者」をクーデターに引き込む（部隊は取り込まない）	「技術者」の一部に受動的な協力をさせる（部隊は中立化）	第一大隊への浸透が困難と分かったら、こちらが第二の選択肢になる

当然ながら、クーデターが起こりそうな国の指導者というのは、このような軍の一部が反乱を起こす可能性を十分わきまえている。よって、表3・3で挙げた「簡単な組織」をもった第一大隊は、理屈の上では浸透するのに最も都合のよい部隊のはずだが、現政権としては逆に支配層に近い、最も信頼のおける部下が選ばれて配備されてきた。このような場合には、クーデター側は第三大隊を狙って浸透工作を進めなければならない。われわれが絶対に狙ってはいけないのは、第二大隊である。ここは技術者に頼る面が大きいので、その一部でも途中で寝返ってしまうと、取り返しのつかないことになるからだ。

「中心人物」に関する情報を実際に集め、その人物への接触を開始するまでは、われわれはどの部隊が現政権と政治的に結びついているのかがわからないだろうし、もっと一般的にいえば、最終的にどの部隊からどれだけの人数を取り込むことができるのかの見通しも立てることができない。よって、どの部隊を仲間に加え、どの部隊を中立化させるかについて、大まかな計画は立てておいたとしても、その計画にはできるだけ幅を持たせておいたほうがいい。

また、各部隊の中で仲間にする候補者のメドが立ってきたら、取り込むべき部隊への工作に集中すべきだ。クーデターで「同志」となる部隊については、深いところまで浸透すればするほど信頼性が増すからだ。ただし、最終的に中立化させる以外に方法はないと判断した部隊については、余計な努力はしないことだ。知らない人間に秘密を打ち明ける際には必ずリスクがともなうものであり、そうした相手が増えれば増えるほど、実行する側の危険は大きくなっていくからだ。したがって、必要以上の人間に秘密を打ち明けることは避けなければならない。

たとえば、しかるべき陸軍将校のところへいって、クーデターに加わらないかと持ちかけたとしよう。すると現政権の完全な信奉者でないかぎり、この人物は「危機」と「チャンス」の両方をもたらす選択肢に直面することになる。そこで彼はこう考えるはずだ。

――この申し入れは、ひょっとしたら自分の政権への忠誠心を試すために、当局によって仕掛けられた「ワナ」かもしれない。また、たとえそれが本当であったとしても、計画が本当に成功するかどうかはまだ確実ではないかもしれないし、その逆に、本当に成功の確率の高いものかもしれない。もしこの計画がワナだとすれば、仕事を失うだけでなく、それ以上の処罰を受けることにもなりかねない。その反対に、これを上官に報告すれば、忠誠を示したことによって報酬を得る可能性もある。もし申し入れが本物であったとしても、チャンスが回ってくるのはクーデターに成功した後のことだ。それに比べ、通報すればすぐにでも報奨は受けられる――

結果として、彼のような立場にいる人間は、当然のように、上官に通報する方を選ぶだろう。よって、われわれが計画を考える際には、このような人物の考え方を、あえて覆《くつがえ》すようなアプローチをとらなければならない。したがって、「クーデターに成功した際には上官に通報して得られる報酬とは比較にならないほどの褒賞が得られる」と約束することも大事であるが、それ以外にも、クーデター側に有利な条件がもう一つある。それは「報告先の上官が、実はクーデターの支持者かもしれない」という事実だ。したがって、われわれは失敗のリスクを控えめに示しつつ、この二つの点をできるかぎり強調しなければならない。

ただし、いまあげた例のように、損得計算や恐怖だけでは動かされない人物もいるだろう。彼らはクーデター計画者の友人であることや、同じ政治思想を持っていることによって動くかもしれないからだ。しかし大抵の場合に重視されるのは、クーデター計画者との家族や一族、そして同一人種であるという関係性のほうだ。

ほとんどの発展途上国では様々な人種が独自のアイデンティティを保持し続けており、国民教育やマスコミでも、民族間の伝統的な敵対関係や不信感というものを解消できていない。いずれにせよ、このような国で経済発展が始まると、最初はこうした対立が強まるのが普通であるし、民族的なつながりのほうが、歴史の浅い政治上の結びつきよりもはるかに重要であると判明することが多いのだ。

たとえばその国にまだ工場が建設されていなければ、建設予定地をめぐる地域紛争はそもそも起きようがない。政府関係のあらゆる仕事が植民地の支配者側の市民に占められていた時代であれば、民族間での「公平」な職の割り当てについて紛争が起こるはずもなかった。職業や工場の建設予定地をめぐる対立は、過去の土地をめぐる争いより熾烈にならざるを得ない。なぜなら土地をめぐる争いは、部族同士が接する土地の境界線周辺でしか起こらなかったが、職業や工場の建設予定地については全国的な規模で行われるからだ。

また、土地争いにおいては両者の間に中間線をとって互いに妥協してまとめることもできたが、工場の場合はどちらに建設するかをはっきり決めなくてはならないのだ。もちろん理屈の上では二つの地域の境界線上に置くことは可能であり、実際問題としてその他の施設から遠い場所にあることが多くて困難なのだが、それを乗り越えて無理に実行されることもある*9。

争いが広がって激しくなると、民族同士の団結は強まる。部族同士の対立といえば、われわれはアフリカを思い起こしがちだが、これは非常に一般的な現象の中の、一部の極端な例にすぎない。たとえば、非常に教育もあり、宗教に左右されないはずのユダヤ人でも、やはり同人種と結婚することは多い。チェコ人とスロバキア人は、まだ「チェコスロバキア」という国家があり、共産主義が現役であった当時から、統一国家への異議を申し立てていた。そして中央政府は、資本投下をする際に両地域に均等な割合になるように慎重に割り当てを行っており、一九六八年に（偉大なる生存主義者といわれた）アントニーン・ノヴォトニー政権が倒れた要因の一つが、この問題をめぐる両民族の争いだった。

実際のところ、当時の共産主義体制下の東欧では、水面下のいたるところに古い時代の争いが顔をのぞかせており、一九六〇年代後半から七〇年代にかけての社会主義的な国家政策は、それらを力強く蘇《よみがえ》らせることになった。

たとえばルーマニアにいる五〇万人近いドイツ系と、一五〇万人いるハンガリー系は、互いに「公平な扱いを受けていない」と感じていた。また、ユーゴスラビアでは、クロアチア人、セルビア人、ボスニア人、アルバニア人、マケドニア人、スロベニア人が、それぞれ複雑な関係にあり、最終的には血なまぐさい内戦をはじめたのである。

また、民族的な紛争に宗教的な争いが重なって対立が複雑化した例も多い。たとえばナイジエリアのイボ族は、北部に住むイスラム系のハウサ族と長年にわたって対立してきたが、キリスト教が入ってくると、かつてのイボ族とハウサ族の間の紛争は、イスラム教対キリスト教という新たな対立軸によって、その紛争がさらに激化したのだ。

したがってクーデターを実行する時は、このような部族間の対立関係を最大限利用すべきである。ただし、どれか一つの部族とだけ特別な同盟関係を結ぶことは避けたほうがよい。戦術的には、目指す部族となんらかのつながりを持つ人間を使って、狙った人間を仲間に引き入れればいいし、もし必要であれば、同じような方法でクーデターの内容を説明してもかまわない。

ただし、かつて植民地だった国の場合は、植民地政策がもたらした特殊な事情を考慮にいれなければならない。旧宗主国は植民地政策の一つとして、好戦的な少数民族を兵士として使い、とくに多数派の民族を弾圧してきた。独立後、こうした少数民族は多数派の民族に抑えられてその地位は低くなるものだが、軍隊の中にはまだ少数民族がそのほとんどを占めているままのことが多い。このため、この少数民族たちは、自分たちに政治・社会面で圧力をかけてくる多数派の民族を表向きには保護するという、実に奇妙な立場におかれるのである。

一九四五年にフランスが去った後のシリアでは、アラウィー派とドゥルーズ派がこのような立場におかれた。よって、シリアの独立後に起こったクーデターにおいて、両派出身の将校たちが重要な役割を果たしていたことは当然と言えるのだ（表3・4を参照のこと）。

アフリカでも、指導権を握っている多数派の民族は、沿岸地方に住む「おとなしい」部族であり*10、軍の大部分は内陸の少数部族で占められているところが多い。多数派が指導権を握

表3・4 シリア政治における少数民族の役割

■ドゥルーズ派

一九四九年四月

独立後初のシュクリー・アル＝クーワトリー大統領は、ドゥルーズ派の主力の弾圧に失敗。これがフスニー・アル＝ザイームによるアラブ圏で初となる軍事政権誕生につながるクーデターの発生要因の一つとなった。

一九四九年八月

フスニー・アル＝ザイームは、主にドゥルーズ派からなる将校団によって失脚。ドゥルーズ派の主要地区を威嚇した後に発生。クーデターの計画者は他部族出身であったが、重要な機甲部隊の司令官はドゥルーズ派であった。

一九四九年一二月

新政権がイラクとの合併を計画したため、その転覆を狙う新たなクーデターが計画され、合併は阻止された。機甲部隊のドゥルーズ派の将校たちがそのクーデターを実行し、アディーブ・アル＝シーシャクリーの軍事独裁政権が誕生。

一九五四年二月

シーシャクリー政権はドゥルーズ派の主要地区の武力占領を試みており、ドゥルーズ派の議員も逮捕され、これが騒乱と報復につながり、クーデターを起こされて転覆される。クーデターを遂行した集団は三つの派閥だったが、最も重要な役割を果たしたのはドゥルーズ派だった。

■アラウィー派

一九六六年二月

ヤシン・アル＝ハーフィズや党創設者であるアフラクとビータールらのバース党の右派政権が、クーデターによってバース党の左派に倒される。表面上はクーデターはバース党内の思想対立のようだが、実際にはバース党左派は、サラーフ・ジャディード率いるアラウィー派の将校団の隠れ蓑《みの》だった。ジャディード自身もアラウィー派。

一九六七年二月

スンニ派の総参謀長が、アラウィー派出身者に置き換えられた。名目上はスンニ派とキリスト教系のアラブ人の大臣たちが支配する構造であったが、実権はアラウィー派が支配する革命評議会が握っていた。

一九六五〜二〇一五年

アラウィー派が公安組織と陸軍精鋭部隊を支配。当然のことながら彼らはサラーフ・ジャディードの名代としても統治し、それ以降はハーフィズ・アル＝アサドと息子のバッシャールが跡を継いでいる。バッシャールは現時点（二〇一五年）でもダマスカスで大統領職を続けている。同時にシリアの大部分では反乱が起こっており、今やスンニ派とシーア派同士の対立紛争となっている。ただし異端であるアラウィー派は結局、非常に緩いイスラム教徒でしかない（彼らはアヴェ・マリアを崇め、ワインを嗜む。これは決定的に非イスラム教的な慣習だ)。体制は公式にはバース党を名乗っているが、非宗派的なアイデンティティは今や残っていない。体制を支えているのは、シーア派のイランと、同じくシーア派のヒズボラが拠出する資金である。

っているのは、人口が多いことと、教育水準が高いためだ。

これはイギリスがインドで、フランスがアルジェリアで学んだ、怪しい民族誌学的な理論を元にしたものであるが、彼らはそれをアフリカで徹底的に利用した。宗主国の将校たちは、新たな領土に足を踏み入れると、まず山岳地帯か、少なくとも「ブッシュ」、つまり未開の内陸部を探すようになった。将校たちは、このような場所に住む「タフ」なイメージを持つ山岳地帯の男たちを軍に徴用することで、「したたかなパシュトゥーン人」や「誇り高きカビル人」との半同性愛的な関係を構築しようとしたのだ。

クーデターを実行する際には、内戦が起きない程度に部族間対立を利用することを考えるべきだ。ただし同時にその国が少なくとも近代的な国家体制を維持している場合は、そこにイデオロギー的な要素を加味することも忘れてはならない。たとえば、極右・極左に抵抗させるためにあらゆる政治勢力をまとめることなどは、われわれが実行するクーデターの、一つの方法として考えるべきであろう。

その一例として、イラクのアブドルカリーム・カーシム政権の転覆があげられる。この政権は各政治勢力のバランスの上に立って五年間にわたって政権を維持してきたが、一九六三年にクーデターによって倒された。この時に、穏健派の国家主義者であるアブドッサラーム・アーリフは、左派のバース党から右派保守派までの全派閥を説得しており、「共産主義勢力が浸透している」と各勢力を説得して団結させ、カーシム政権の土台を破壊したのだ*11。

利用できる過激派勢力がいないのであれば、仲間に引き入れる相手と政策面での共通性に訴えるという小細工に甘んじるしかない。また、相手に誠意をみせると同時に、一貫性も示す必要があるだろう。クーデターの全体像を説明する際に、相手と政治的に対立する考え方に沿って説明してしまうと、最終的には破滅につながるかもしれない。

ある将校がどの部族に属しているのかを見分けるのは簡単であるが、彼がどのような政治思想をもっているのかを知ることは難しい。ただしもっと困難なのは、彼が軍の上官に嫌われているかどうかを見極めることだ。

彼が上官に不当な扱いを受けていると感じていて、上官たちのものごとの進めかたに疑問を感じているかどうか、したがって現体制に急激な変化が起きるのを歓迎するかどうかを本当に知っているのは、彼の家族か親しい友人だけであろう。しかし、このような人物たちと直接接触する方法がないとすれば、外部に漏れ伝わる情報によって彼らの気持ちを分析するしかない。

一般的な方法としては、彼の経歴を詳しく調べ、昇進漏れがあるかどうかを探し出すことである。こうした者は仲間に引き入れることができる見込みが高いからだ。多くの国では軍部の人事は官報に発表されるので、士官学校時代から現在までの経歴を探ることは可能だ。国家機密を守るなどの理由で官報に人事を発表しない国もあるが、その場合は軍関係者の電話帳を

（もし残っていればだが）調べればよい。電話帳の人名索引には、名前と一緒にその時々の肩書が載っているはずだからだ。

電話帳も官報も情報源として頼りにならない場合は、仕方がないのでもっと積極的な方法で情報を集めなくてはならない。たとえば士官学校で共に過ごした同期生を利用して同期会を開催してくれるように頼んでみたり、知人たちの話から経歴を調べあげる方法などである。いずれにせよここでの目的は、同期生の中で誰が不遇《ふぐう》な立場にあるのかを正確に調べることだ。その将校がどんな立場にあるのかは、部隊における地位より、むしろ同期生との対比によって知ることができる。

表３・５はそれを知るための一つの手がかりを示したものだ。この表にあげた七人の中尉たちは、他の同期の人間たちに比べて地位的に恵まれていないので、現在の秩序が乱れるか、再編されることを望んでいる可能性があり、クーデターには積極的に協力してくれるかもしれない。だが、それだけの地位にしかなれなかったのは、実際に彼らが無能だったからだとも考えられる。もしそうであれば、彼らを仲間に加えることは、クーデターの実行の際にむしろ負担を抱え込むこ

表3・5 某国の士官学校第19期生の現在の地位

准将	2名
大佐	18名
少佐	33名
大尉	55名
中尉	7名
死亡または退役	15名
合　計	130名

とにもなりかねない。

そこで目をつけるべきなのは、大尉と少佐である。彼らは大佐よりも現体制に不満を持っていると考えるのが当然であろう*12。また、ここにある二人の准将は、実際は政治的に信頼されたから任命されたわけでないとしても、同期生の中では最も高い地位にあるので、その地位を与えてくれた現体制にそむくようなことは考えられない。

いずれにせよ、人種的つながり、政治思想、経歴などは、仲間に引き入れようとする相手がどのような反応を示すのかを占う材料として役に立つものだ。ただし、ここでは二つの点に留意しておく必要がある。一つは組織上の問題であり、もう一つは根深い人間的な問題である。

第一の点について言えば、組織から疎外されている人間は仲間に誘いやすいことはすでに述べた通りである。ただしここで覚えておかなければならないのは、われわれが必要としているのは、技術者の場合のような単なる個人としての協力ではなく、むしろ自分の指揮する部隊をクーデター側につかせることができるような人物でなければならない、ということだ。したがって、仲間に加えようとする指揮官は上官から疎《うと》まれていてもよいのだが（というか、そうあるべきなのだが）、部下や仲間から信頼されないような「のけ者」であってはならないのである。

ところが不満な者を誘い込もうとしたら、単に無能で不人気で堕落しているような人物しか集まらないという危険も大きい。こうした人間の協力をとりつけてしまうと、とにかくクーデターの成功を危機にさらしてしまうし、優秀な人材が仲間に加わらなくなるし、何よりも大事なのは、彼の部下がついて来ないという事態が発生してしまうことだ。

同じく覚えておかなければならないのは、人間の行動というものは基本的に予測不能であるということだ。これまで検討した例の中で、われわれは目指す相手の上官に対する忠誠心を上回る強力な絆《きずな》は何であるかを考えてきたが、おそらく様々な絆の中で最も強いのは、家族関係であろう。

だが、それに全幅の信頼をおくことは危険である。アラブのことわざに「私と弟は従兄弟に歯向かい、私と従兄弟は世界に歯向かう」というものがある。しかし一九五八年から六八年の一〇年間におけるイラクのアーリフ家の歴史も、われわれはしっかりと記憶にとどめておかなければならない（表3・6参照）。

表3・6　イラク・アーリフ兄弟の関係（一九五八〜六八年）：忠誠心の研究

アブドラ・ラフマン・アーリフ大統領は一九六六年四月に就任したが、これは、弟でそれまでイラクの独裁者だったアブドラ・サラーム・アーリフ大統領が飛行機事故で死亡した後の、軍による妥協の結果によるものだ。二人の兄弟は軍の指揮官としての経歴はそれぞれ優れたものであったが、以下の表を見れば、必ずしも互いに協力しあっていなかったことがわかる。

	アブドラ・サラーム（兄）	アブドラ・ラフマン（弟）
一九五八年七月	アブドルカリーム・カーシムと	計画を知らされず最終段階で参加。ただ

クーデターで王制打倒	クーデターを共謀	し重要な機甲部隊の司令官であった
一九五八年一一月	カーシムが兄を逮捕。容疑は反逆罪。死刑判決（後に恩赦）	昇進して大規模な分遣隊の司令官に
一九六二年	退役する	獄中に滞在
一九六三年二月 バース党のクーデターでカーシムは射殺	釈放されて大統領に就任	第五機甲師団長（准将）に昇進
同年一一月 反バース党クーデター	全権掌握 兄弟で計画	昇進
一九六六年四月	飛行機事故で死亡	軍による妥協の結果として大統領に就任

この期間のアーリフ兄弟の間の関係は、人間の行動を予測することがいかに困難であるかを物語っている。一九五八年から六二年にかけて、兄のほうは死刑の宣告を受けて投獄されていたのに対して、弟のほうは陸軍の大部隊の指揮官であり、その気になればいつでも指揮下の軍

隊を動かして、兄が投獄されている首都バグダッドを襲撃できる立場にあった。このような前例があったため、バース党の指導者たちは弟を、バグダッド近くに駐屯する重要な機甲部隊の指揮官に任命したのだが、これがまさに彼らの命取りとなったのである。

一九六三年の最初のクーデターの直後には、大統領である兄の立場はまだ弱かった。バース党の民兵はまったく訓練されていなかったが、重装備であり、軍人である弟を指揮官の座から追うために使うことくらいは可能であった。よってバース党の指導者たちは「一九五八年から六二年までの期間と同じであり、大統領となった兄が弟と共謀して行動を起こすわけがない」と考えたのだ。客観的な状況からみても、兄が死刑判決を受けて（これが助けなかった理由かもしれないが）投獄されていた一九五八年から六二年にかけての時期に比べて、今回は弟が兄を助ける義務は少なかった。ところが弟は、バース党の指導者たちの予想を裏切って、兄と協力してクーデターを起こしたのである。

このように、人間の行動は予測しがたいものなのであり、仲間に引き入れる人間たちはそれぞれ好みや性格が違うことも忘れてはならないのだが、それでも集めた情報を冷静に分析して、彼らがどのような反応をするのかを予測してランクづけすることは可能だ。狙った相手の人種、政治思想、経歴などの情報が集まったら、表3・7で表したように、それぞれの候補者の評価ができる。

もちろん情報を評価する際には、それぞれの環境によって、各要素の持つ重要度がちがってくることを考慮しなくてはならない。たとえばラテン・アメリカでは、社会や人種についての

表3･7 第一大隊指導者の評価（表3．3参照）

クーデターの仲間となる可能性のある15人の指導者について、政治思想、人種的つながり、経歴の３点から調べたもの（小隊の指揮官たち30名についても同様）。

○＝適格　×＝不適格　○○＝非常に適格

××＝非常に不適格　△＝不明

	政治思想	人種的つながり	経歴	誘ってよいか 可	不可	疑問
1	△	○	○○	✓		
2	×	○○	×		✓	
3	○○	○○	○○	✓		
4	××	○	×		✓	
5	××	××	××		✓	
6	○	○	○	✓		
7	△	○○	××			✓
8	△	×	○○	✓		
9	×	○○	×		✓	
10	△	××	○○	✓		
11	○	×	△			✓
12	○	○	○	✓		
13	×	×	×		✓	
14	○○	○○	○	✓		
15	△	×	○○	✓		

背景も評価する要素として加えなければならないし、西欧や北米では、政治思想を重視しなければならない反面、人種的なつながりはそれほど重要なものではない。

したがって、表3・7の一五人のうち、三番目の将校がクーデターの話を持ちかけるのに最も適した人材であることがわかる。逆に条件が最悪なのは五番目の将校であり、近づくのさえ危険な人物であろう。その他は、その中間といったところであろうか。

これで第一大隊のめぼしい将校の評価はできたわけだが、これと同じように残る全部隊（少なくとも介入してきそうな全ての部隊）についての評価を繰り返せば、各部隊のどれだけの数の、どのような人物が仲間として加わりそうなのかについて、全般的な見通しがつくようになる。

もちろん一〇〇パーセントの調査は不可能であろう。部隊があまりにも大規模で手が回らない場合もあるし、頻繁《ひんぱん》に配置換えが行われている部隊のように、そもそも調査するのが不可能な場合もあるからだ。

ところが、このような「不明」な部隊については、仲間に加えられないとしても、技術的に中立化してしまえば、あまり気にする必要はない。とは言っても、たとえば近代的で脆弱な設備などに依存していないためにそもそも中立化できない部隊がいると、クーデターに介入してきて危険になる場合もある。

ただしクーデターは、仲間の取り込みや中立化という手法だけが重要というわけではない。事前にまったく浸透できなかった部隊が、突如現場に現れたとしても、彼らを物理的に孤立させることは可能だからだ。（a）仲間に加えること、（b）中立化すること、に続く第三の手法は（c）武力によって対処することであり、これは三つの方法の中では最も避けたいものだ。ただしこの第三の手法を考える前に、まずわれわれは、必要な情報が揃《そろ》っている部隊内の人員をいかに仲間に引き入れるかという点を集中的に考えるべきだ。

計画および情報収集の段階を終えて本格的な活動が始まると、急激に危険性は高まることになる。すでに述べたように、われわれが近づこうとしている相手は誰でも、われわれの秘密をそっくり上官に報告する「内通者」となって、クーデターを失敗させる可能性をもっていると考えなくてはならない。

とりわけ最も危険なのは、各部隊でわれわれが一番はじめに接触する相手である。なぜならこの人物の協力がなければ、その部隊に関する詳しい情報はまったく得られないからである。よって、最初に近づく相手は、その部隊に長く勤務する将校で、できれば参謀レベルか、部隊の司令官本人であることが望ましい。

最初に接触する人物が決まったら、まず会合の手はずを整えて、「政治改革が起こりうる可能性」について、あいまいかつ一般的な表現で「打診」してみることだ。その打診を行う人物は、クーデターの中心人物から信頼を得ている協力者であるべきだが、クーデターの計画の中心人物が行ってはいけない。いいかえれば、この「使者」の役割は重要なのだが、同時に「使い捨てできる人物」でなければならない。

もちろん計算通りにことが運ぶとは言い切れないが、とにかく目指す相手が裏切って、上官に通報する危険があることを考えれば、クーデターの中心人物が直接乗り出すことは致命的である。シリアのようにクーデターが頻発している国家では、政治家がみずから兵舎に出かけていって「クーデターを（軍事的に）支援してくれ」とおおっぴらに演説していたものだが、これはシリアだからこそできたことであって、他の国で同じようなことができるわけではない。

とにかくこの狙った人物にクーデターの実行計画を打ち明ける段階まで話が進んだら、以下の三つのことを話すべきである。（a）クーデターの（実際ではなくとも表面的な）政治面での狙い、（b）他の部隊や将校たちもすでに仲間に加わっていること、（c）本人がクーデターの中で果たすべき役割。しかしこの段階でも相手（公安機関のスパイの可能性もある）が裏切るような最悪の状況を考えて、われわれはその伝え方や言い方を慎重に選ばなければならない。

また、クーデターが特定の（政策の方向性が知られている）政党、あるいは（指導層の顔ぶれが知られている）政治派閥と関係がある、という印象を与えないように用心すべきである。クーデターの目的を話すときは、政策や人物のことは一切口にせず、政治思想についてだけ話をすべきだ。政策や人物についての話だと内容が具体的なものになってしまい、無用な反発を受けやすいからである。

さらに、その表現の仕方だけでなく、話し方も十分計算されたものでなくてはならない。つまりその国が直面している関心事について、国民の大多数が感じているように語り、なおかつそこには解決法があるかのように話すべきなのだ。

たとえばラテン・アメリカの場合であれば、「社会と国家の発展をもたらしつつ、財産と個人の権利は尊重される」状態を達成するためには「政治家たちがつくりだした混乱を解消」すべきであり、このためには「軍部への神聖な信頼」が必要とされていると訴えてもいい。もし打倒しようと狙った政府そのものがクーデターで成立したものであれば、クーデターの目的を「政治を元の状態」に戻すためであると言ってもよいし、もしわれわれが極左側であれば、「民主主義を回復する必要がある」と説いてもよい。

スローガンの作成は簡単なように思えるかもしれないが、クーデターのために使うスローガンというのは、その時々の政治的な状況にうまく合うように、注意深く計算して作成しなければならない。たとえば具体的な内容は避けるべきだが、だからといってあまりにも一般的で漠《ばく》然《ぜん》としたものであると、相手にかえって疑念を起こさせるし、協力しようという熱意をわかせることもできない。

また、ここで覚えておかなければならないのは、多くの国の軍隊は、一般社会とは政治的・心理的に異なったり、ときには対立した考え方を持っているものであるということだ。たとえば軍人であっても、一人の国民としては政府の支出に無駄遣いが多いと感じていても、同時に軍事予算が少なすぎることに不満を持っていることもありえる。また、敗戦や平和が長く続いたおかげで軍人の社会的地位が低下している国では、「国を守っている人々は正当な社会的地位を回復すべきだ」と強調されることも多い。

クーデターの目的を話す場合は、その相手に調子を合わせつつ、柔軟な態度で接するべきである。ただしそこで「ひどく一貫性のない人間だ」と悟《さと》られるのも危険である。クーデター計画者が与えるイメージにかなうような考え方が実際に存在するか否かは、それ以外の条件が整っている限りは全く問題にならない。「わざわざやらなくてもすむのであれば、私もクーデターなどやりたくはない。それはあなたも同じであろう」といった態度をとることが望ましい。

相手がクーデターの目的に理解を示したと判断できたら、次に彼らがその実行の中で果たすべき役割を説明することになる。だが、作戦計画の詳細を話す必要はなく、以下の点を明確にすればいいだけだ。

(a) 彼の役割は、いくつかの具体的な行動に限られていて難しくないこと
(b) 彼の所属する部隊のほとんどが、すでにクーデター側についていること
(c) したがって、彼の任務は安全なものであること

ただし、相手に実際の任務の内容を教えるのは、彼が明らかに仲間に加わる意思表示をしてからでなくてはならない。そうなったらかなり詳しい内容を話してもよいが、それはあくまでも「彼の任務」についてだけであって、全体のなかで彼の任務がどのような意味合いを持つのかまでをわからせる必要はない。

たとえば、彼の部隊が道路を遮断する任務を与えられているとすれば、部下にはどのような武器を持たせるべきか、人数はどれだけあればよいか、どのようにして「作戦開始」の連絡を受けるか、などについて話せばよいのであって、クーデターをいつ起こすのか、道路を遮断するのはどの地点か、他の部隊は何をするのかということについて教える必要はない。

われわれの最大の資産は「情報」である。クーデターを計画している段階で、われわれが非常に有利な立場にあるのは、われわれがその国家の防衛組織について詳しく知っているにもかかわらず、それを支配している側の人間がわれわれについてほとんど何も知らないからだ。だからこそ、われわれは必要以上の情報を他人にもらさないよう、最大限の努力を払わなければならない。

いずれにせよ、仲間として参加することを決めた彼らは、できるだけクーデターの計画について多くの情報を知りたがるかもしれない。ところが必要以上の情報を与えないことは、かえって彼らを安心させることにもなる。なぜなら、すべての作戦がそれだけ厳格に秘密を守られている中で進められていると知らせることができれば、彼ら自身も自分たちの安全はそれだけ確保されていると感じるからだ。

それぞれの部隊で最初の数人が仲間に加われば、残りの人間を仲間に加えることははるかに楽になる。最初に仲間に加わった連中が「説得係」になって、さらに仲間を増やしてくれるからだ。逆にいえば、苦労して最初の仲間をつくった狙いはここにあったとも言える。上手くいけば、彼が「雪だるま式」に、さらにいえば「雪崩《なだれ》式」に仲間が増えていくような雰囲気をつくってくれるからだ。

こうして「重要人物」たちに接触し、説得の効果が現れ始めてからようやく、彼の部隊を最終的にクーデターで積極的な役割を果たすために使える可能性が出てくる。こうした部隊は軍全体からみればほんの一部であろうが、重要なのは、彼らがクーデターの実行の時と場所において積極的な役割を果たせる唯一の部隊になるという点だ。

　したがって、われわれはまず狙いをつけたその部隊への浸透をさらに深めることに集中すべきであり、残る部隊を中立化することに余計なエネルギーを使うことはかえって危険である。理想的には、浸透できなかった部隊をすべて中立化させてしまうことが望ましいが、実際にはそれは不可能であろう。浸透できなかった残りの部隊の中立化については、第4章で検討することにしたい。

　浸透がどの程度の効果を挙げるかは、その国の軍事・政治・地理的な条件によって左右される。浸透具合が同じでも、それだけで十分な国もあれば、不十分な国もある。

　たとえばわれわれが例として使った一九六七年のポルトガルの場合は、優秀な部隊を遠く離れたアフリカの領土に展開させており、本国には訓練も装備も不十分な部隊しか駐屯させていないため、最小限の浸透で実行することができるだろう（表3・8参照）。

　そもそもポルトガルは本土が小さくて貧しく、アフリカ

表3・8　ポルトガル軍への浸透（架空上のもの）

総兵力（陸海空軍）	150,000名
積極的に協力する部隊	3,000名
「主要な技術者」たちの協力で中立化した部隊	12,000名
不適切な訓練や装備不足で中立化した部隊	45,000名
辺地に配置されていて実質的に無力化した部隊	
アンゴラ	45,000名
モザンビーク	25,000名
ポルトガル領ギニア	20,000名

にある植民地を徹底的に守らざるを得ない極端な例である。このため、本国の首都に非常に小規模な部隊しか残せなかったのだ。よって、全軍のわずか二パーセントを仲間に加えただけで、クーデターに抵抗する部隊はいなくなる。アフリカにある植民地に配備されている部隊が、首都リスボンに到着するまでに制圧してしまえばよいからだ。ところが、輸送網が発展していて、海外に領土を持っていない先進国の場合は、ポルトガルと同じ割合の浸透では必ず失敗するだろう。

その一例として表３・９に旧西ドイツを挙げたが、これを見てもわかるように、大規模な部隊がクーデターに介入してくるのを防ぐ方法は全くなく、クーデターの中心人物が軍の最高幹部でもないかぎり、成功する見込みはほとんどないことがわかる。

ただ、ポルトガルと西ドイツは非常に極端な例であって、ほとんどの国はその中間にあるものと考えてよい。したがって、一部の部隊を仲間に引き入れ、大部分を中立化し、さらに残りのごく一部を通信・輸送施設を切断することによって外部と「孤立」させるという原則は有効である。

表3・9　旧西ドイツ連邦軍への浸透（架空上のもの）

総兵力（陸海空軍）	450,000名
活発な参加者としての取り込み	9,000名
籠絡して無力化する「重要技術者」	40,000名
装備不足で実質上無力化された部隊（主に海、空）	180,000名
政府支配下にある部隊	221,000名

民間の通信施設や輸送機関が発達した人口密集地帯でこれだけの兵員を中立化させるには大変な努力を要する。

政府というのは軍隊だけではなく、警察やその延長である機動隊のような準軍事的な組織によっても守られているために、次にはそうした組織を無力化させるための方法について検討してみよう。

警察の中立化：戦略その2

軍隊の場合、国によって旗と制服は実に様々であるが、その構造や組織はどの国もよく似ている。その理由は、世界中の国々が近代技術の恩恵を同じように受けているからである。兵器や装備とも似たようなものが世界中で使われているため、クーデターを実行する側としても、ある程度の一般原則のようなものを研究することができるようになる。

ところが警察力というものは、その国の社会・政治的な状況に応じて組織されているために、その違いというものが大きくなる。たとえば重装備のところもあれば、ほとんど何も装備を持たないところもある。機動力と攻撃力を中心とした部隊が組織されている国もあれば、小さなグループに細分化されているところもある。国防省に属しているために訓練や任務が軍と同じような国もあるかと思えば、地方政府が統括していて、極めて市民警察的な性格を持っている国もある。

このようにその構造は様々だが、警察に与えられた任務はいずれも変わらない。それは、犯罪防止・摘発*13と、社会秩序の維持である。社会秩序の維持については「憲兵」のように、独立した準軍事的な組織が担当する国もあれば、そのような組織がないところでは、警察の中に特別な組織をつくっているところもある。

警察の仕事の中には、公安機関としての役割も含まれている。情報は、警察組織全体（そして密告者）を通じても集められるが、一般的には情報収集を専門とした部署が設けられている。警察の諜報活動をいかにして無力化するかについては、公安機関とも関連があるために、次の項でまとめて検討することにしたい。

イギリスには憲兵のような準軍事組織は存在しないが、これは国民に奉仕することが軍隊の建前となっているからだ。アメリカでも各州に予備兵的な「州兵」が存在し、彼らが治安維持にあたることになっている。ところが、その他の国では大規模な準軍事組織を持っているところが多い。たとえばフランスでは、一般的な警察業務を担当している「国家警察」（the Police Nationale）があるが、主に地方圏での警察力として「国家憲兵隊」（the Gendarmerie）という準軍事組織が存在する。国家憲兵隊はフランス国防省の管轄下にもあり、隊員たちは軍人としての資格も持っている。隊員たちは軽度の軍事訓練を受けると同時に、警察としての訓練を受けている。総数は九万人ほどであり、小グループにわかれて各県に分散配備されている他、「機動憲兵隊」は大規模な部隊（軍団）にまとめられている。

各県に分散されている部隊については無視してよい。彼らはクーデターが起きても短時間で介入することはできないはずだからだ。ところが問題は、トラックで移動する七個中隊と、装甲車で移動する一個中隊で構成される「機動憲兵隊」である。いずれもクーデターを実行する側にとっては手強い相手であり、中立化させるか孤立させる必要がある。

機動憲兵隊は兵舎と同じような建物に住んでいて、小型機関銃、あるいは歩兵程度の重火器を持っている。彼らの持つ装甲車（重量一三トンの装輪車で四〇ミリの装甲）を破壊、もしくは動けなくするには、通常の対戦車兵器が必要になる。

国家憲兵隊は、国家警察などとは違って諜報部門を持っていなかったが、アルジェリア戦争の時に内部に諜報組織が設置され、一般的な官僚機構と同じように、戦争が終わってからもそのまま残されて活動している。

国家警察は一万人以上の都市で警察活動を行っており、その大部分は捜査にあたる警官によって構成されているのだが、その中には独自の準軍事組織もある。これは一般にＣＲＳと呼ばれ、その数は一万三五〇〇人になり、装甲車を持っていないだけで、訓練も装備も国家憲兵隊と変わらない。ＣＲＳは思想的に厳選された人員から構成されていて、内務省の局次長クラスによって指揮されている。国家警察にも諜報部門があり、知能犯罪、スパイ活動の取締り、政治犯、外国人の監視などにあたっている。どちらの諜報部門も、フランス全域で活動している。

パリ周辺の都市圏における警察業務のすべては、パリ警視庁（現在は国家警察の一部門）が独占的に管轄している。この組織が世界的に有名なのは、小説家ジョルジュ・シムノンによる「メグレ刑事」のおかげである。この警視庁は、南欧や中東にある多くの国家の警察組織に影響を与えてきた。パリ警察については、フランスの他の警察組織よりもさらに詳しく見て行く必要があるだろう。

警察組織の詳細分析：パリ警察の場合

われわれがクーデターを起こそうとしている国の首都の警察は、おそらくパリ警察ほど強力ではないと思うので、計画を考える上で参考にはなるはずだ。パリ警察は三万四〇〇〇名の警察官から構成されており、いくつかの命令系統にわかれているが、直接クーデターに関係してくるのは以下に挙げる部署である。

（a）警察部門

各部門の中でも最大の陣容をかかえ、おなじみの制服を着た警官を統括している。警官の持つピストルは有名だが、実際に使われるのは警棒のほうだ。パリ市内の二〇区と二六の郊外の地域にある署に分散して配備されている。訓練や規律は年ごとに厳しさが異なるが、そもそも個人の暴力に対抗するために組織されているため、クーデターを実行する側にとってはあまり手強《てごわ》い相手ではない。

大規模な暴動などが発生すると民間用のバスで移動するので、道路を障害などで遮断すれば簡単に介入を妨害できる。受けている訓練や考え方から推察すれば、彼らの集結を阻止さえできれば「中立化」させることができるだろう。

（b）刑事部門

パリ警察の捜査部門で、世界にさきがけて科学捜査を取り入れたことで知られる。犯罪捜査の段階でたまたまクーデターの情報が引っかかってしまえば別だが、基本的には無視してよい。

（c）情報部門

国家警察の諜報部門と同じように、知能犯罪（薬物、売春、高級賭博）などを主として扱っているが、政治犯についても監視活動を行っており、最近はイスラム過激派によるテロに集中している。この部門については、次の項で他の情報部門と一緒にその適切な対抗策を分析することにする。

（d）外事部門

少人数であり、主に外国人の居住許可証を発行したり調べたりするようなお役所的な業務を担当しているが、旅行客や外国からの一時的居住者、そして移民のコミュニティという慎重な扱いが必要とされる人々を監視するのも彼ら（旅行の際にホテルで記入する名簿を集めているのはこの部局）である。彼らが関係してくるとすれば、それはクーデターを実行する側が外国との関係、とりわけ暴力的な政治活動を行ってきた歴史がある外国人のコミュニティと関係している場合である。

（e）大統領護衛部門

大統領の身辺護衛を担当する部門だが、それに関係する諜報活動も行う。一九六〇年代初期のド・ゴール大統領時代にはＯＡＳ（the Organization of American States）やそれと関係のある団体から暗殺未遂事件が続いてからというもの、全公安機関から思想的にも厳しく選抜された優秀な人材を集めて強化されており、この選抜の伝統は続いている。エリゼ宮を占めるこの部門は、クーデターの際には大きな障害となるだろう。

（ｆ）共和国親衛隊

県警の支配下にあるが、国家憲兵の一部であり、一般的な歩兵並みの装備と輸送手段を持っている。式典では羽つきのヘルメットをかぶり、馬に乗って大統領の護衛にあたることもあるが、そのうちの二個連隊は重装備の機動部隊である。クーデターの際には必ず中立化しておく必要がある。

警察組織はこのように多岐《たき》にわたって存在しているため、彼らを中立化させることだけでも大きな問題となる。たとえばイギリスの場合、その組織は主に地域ごとに分かれており、その支配権は地方自治体にゆだねられている。ただし地域別の警察（大規模組織に統合されて久しいが）の他にも、以下のように機能的に特化された警察力も存在する。

海事警察隊
空軍警察隊
原子力公社警察隊

独立した五個の港湾警察
英運輸委員会警察
民間航空警察隊
国防省警察隊

イギリスの場合、これらの警察の任務は、それぞれ担当の施設の警備だけに限られているが、他国の同じような組織で、とりわけ官僚の力が弱い場合には、こうした組織が力を伸ばしている。

フランスの警察制度はとりわけ広範囲にわたるものだが、その基本的な構造はアフリカやアジア、そして中東の、ほとんどの警察組織で共通的に見られるものだ。憲兵のような準軍事組織も、通常の警察に付属する「野戦部隊」や「装甲部隊」という形で存在する。中東では暴動鎮圧のための専門部隊がつくられており、小規模ながら極めて優秀なものが多い。

アジアではほとんどの国が深刻な暴動を経験しているので、フランス式の警察組織の構造は各国の実情に合わせて、国内の治安維持と行政的な機能を統合した形で運用されている。かつての南ベトナムはその極端な例であり、警察機能を持つ防衛組織がそれぞれ五つも存在したことがある*14。

イギリスの警察組織は地域別にわかれており、フランスでは機能別にわけられているが、アメリカの場合は憲法の事情によるところが大きい。連邦政府の各省庁に属する警察組織の特殊な業務を除けば、アメリカ全土を管轄《かんかつ》にしているのは、FBIと麻薬取締局、そしてアルコール・タバコ・火器及び爆発物取締局という三つの組織だけであり、しかも扱われているのは「連邦政府管轄対象」と法的に定義された犯罪だけである。ほとんどの警察活動は、州、郡、市などの自治体に委《ゆだ》ねられている。

このようなシステムの分断*15が意味しているのは、アメリカの警察は莫大な武器と通信装備の備蓄をもっているにもかかわらず、クーデター鎮圧に関しては極めて限定的な介入能力しかないということだ。もちろん州兵という組織はあるが、これまでの経緯を見ても、現実的な介入能力が与えられているとは言い難い。たとえば米国における暴動では、州兵は効果的な鎮圧に失敗するのが常であり、訓練されていない一般的な国民相手でもあまり効果を挙げられていない。

以上の説明でわかるように、警察組織に対するクーデターの戦略は、それぞれの国の警察組織の構造の特殊性に合ったものでなければならない。以下でその詳しい検討を行っていこう。

準軍事組織

憲兵のような準軍事組織というのは、普通は軍と警察の両方の機能を兼ねているものだ。そのため、その勢力は急速に伸びてきており、一つは国家全般の治安状態を改善する面で経済的であるという理由、もう一つは通常の警察よりも予算がとりやすいという理由があるからだ。野党や世論は警察の予算増額に反対しても、国防費にはあまり反対しないものであり、それは準軍事組織が行政的に国防省の管轄であることが多いからだ。

新たに独立した新興国では、準軍事組織はクーデターの際の大きな障害となる。なぜなら、軍というのは独立後に組織された歴史の新しい組織であるのに比べ、警察（これには憲兵のような準軍事組織も含まれる）は以前からの歴史と権威を持った組織だからだ。つまりここから考えられるのは、警察の方が軍より大規模で、訓練や装備の点でも優れている可能性があるということだ。こうした場合、軍の一部を仲間に「引き入れ」ただけでは、準軍事組織に対抗して支配することはほぼ不可能となる。

ただしクーデターを実行する側にとっては幸いなことに、多くの新興国の政府は、軍の拡大・増強に最大限の努力を払っているため、独立して数年もたてば、両者のバランスが逆転することだ。アフリカでは多くの国が独立してから数年後にあたる一九六六年から六七年にかけて、突如としてクーデターが続発したわけだが、これはまさにこのような軍の急速な拡大が理由の一つとなっている。

余談だが、植民地時代に宗主国の「冷酷な弾圧」を実行したのは、軍隊の体裁をなしていない村落の警察隊であることが多く、その一方で、新たな自由の時代を迎えるためには重武装の準軍事的な警察力の創設が必要となることが多かったというのは興味深い点だ*16。

たとえばガーナでは、独立後の一九五七年に警察組織が拡大され、すでにあった機動隊に加えて、装甲車部隊が新設された。通信システムも、民間のものとは異なる、警察独自のものができた。護衛隊も、それまではトルコ帽に裸足《はだし》という出で立ちの無学で人の良さそうな連中ばかりであったが、それも優秀な暴動鎮圧部隊へと変わった。

準軍事組織が、われわれがクーデター側に取り込もうとしている軍の部隊と比べて大規模な場合、軍についてやったのと同じ分析作業と浸透作戦をもう一度行う必要がある。その場合、軍隊については技術的に中立化させるだけでよいのかもしれない。ところが現実の力関係にもよるが、準軍事組織に力を集中させる必要はなく、クーデターが行われている最中には、軍を使って警察を無力化させることも可能となる場合がある。

このような部隊を中立化させるための第一歩は、憲兵のような準軍事的な警察部隊の、規模や配備状況を調査するところから始まる。この作業は、軍の場合よりも簡単だ。なぜなら彼らは兵隊のようには移動せず、常設の兵舎に駐屯しているからだ。

次に、彼らが現政権にどれだけ忠実かを調べなくてはならない。しかしこの場合も、軍隊の時のように深く調べる必要はない。個人的にどれほど忠誠心を持っているかまで調査する必要はなく、組織としての忠誠度がわかればよいのだ。憲兵のような準軍事組織の忠誠度は、国によって差があり、イタリアの公安や機動部隊のように官僚的な考えを持っていて、たとえ介入してきたとしても最小限の介入しかしないと思われるところもあれば、ソ連のＫＧＢやハイチのデュバリエ政権時代の私設憲兵隊であるトントン・マクートのように、忠誠心や名誉心が強く[17]、政治的なつながりの深いところもある。

もしその準軍事組織が、装備、配備、考え方などからクーデターに強く介入してくると想定できるのであれば、軍部の強硬派と同じような方法で手を打たなくてはならない（彼らをどのように孤立化させるかについては第5章で触れる)。ただし一般的にいえば準軍事組織の考え方というのは必然的に官僚的であり、見かけや装備が軍隊式であるにもかかわらず、軍の主導するクーデターに介入してくることは考えられない。私は過去二〇年間の例を調べてみたが、クーデターの際に準軍事組織が現政権を支持して動いた例はまったくなかった。逆に、クーデター側に有利な形で介入した例は数件ある。

地方警察

ほとんどの発展途上国では、警察力のなかでも地方警察の数が最も多い。人口のほとんどが農村に住み、農業に従事しているからだ。しかし、地方警察は数が多いだけで、クーデターの際に介入してくる可能性はまったくない。警官は下士官出身の退役軍人が多く、自分の住んでいる地域社会の生活に完全にとけ込んでいるし、たとえ招集がかかっても、大部隊を編成して装備を与え、準備が整うまでに時間がかかるから、介入には間に合わない。さらに、その地方警察官というのが「法」の刻印がある古代の拳銃をもった人物か、中東の村落のボスを務める憲兵だろうが、彼らの気持ちを考えれば、それほど親近感のない政府を守るためにわざわざ遠くから駆けつけたいとは思わないものだ。

都市・国家警察

都市警察や国家警察は、地方警察のように散在してはいないが、クーデターへの介入能力という点では、地方警察とあまり変わらない。都市警察は、（a）犯罪捜査、（b）警備、（c）交通業務、の三部門からなっている。犯罪捜査部門は、人員の数も少なく、考え方も官僚的なので、すでに述べたように、彼らの捜査中にたまたまクーデター計画の情報*18が網《あみ》にかからない限り、クーデター側としてはあまり問題にしなくてもよい。

警備部門は人数も多く、適当な人数が集まれば暴徒の鎮圧には力を発揮するが、クーデターのような政治危機において武装した相手には刃向かおうとはしないだろう。

交通業務部門は、主に定年間近の高齢の警官で占められており、装備といっても錆《さ》びついて使い物にならないような小さなピストルを持っているくらいである。ただし、スペイン・フランコ体制における、武装交通警察のような例外もあり、彼らは政治的にも厳しいふるいにかけられ、装備、輸送手段、通信システムもきちんとしていて、大規模な政治危機には介入する能力（そして意図）を持っているケースもある。

狙った国の警察システムを詳細に分析すれば、組織編成上の問題が見つかるはずだ。警察組織をいわゆる「ハードな部門」と「ソフトな部門」に分けると、ソフトな部門の中にもかなりハードな下位組織がみつかることもある。

以上の簡単な分析によってもわかるように、クーデターに介入しそうなのは警察力のごく一部であり、しかも熱心に介入する意図を持っているのは、さらにその一部でしかない。警察という組織の自然な考え方としては、危機をなんとか乗り切ればよいのであり、さらに個人としては、将来自分の雇い主になるかもしれない相手にわざわざ反発して地位を危うくすることは避けたいという気持ちも働く。

また、クーデターは当然ながら軍事作戦として計画されるものだが、うまくいけば実際の戦闘は行わずにすむものだ。よって「警察は重装備ではない」ということは事実でも、だからといって「軍隊よりも介入する可能性が少ない」ということにはならない。むしろ両者の違いは、一般社会にどれだけ密着しているかの差によるものだ。軍隊は、市民生活とはまったく違った、場合によっては対立するような考えさえ持つことがあるものだが、警察のほうはそうした考えを持つにはあまりにも市民生活に密着しすぎているのである。

こうした両者の性格の違いは、クーデターを実行する側にとって有利な条件にもなり、同時に不利な条件にもなりえる。

たとえば先ほど述べたように、軍隊は一般社会とかけ離れた特殊な考え方を持っているため、政府としては一般社会からの支持を失っても、軍という閉鎖的な社会からは依然として支持を得られることがある。そうなると、クーデターの仲間に引き入れることが困難になるため、われわれにとっては不利な条件となるのだが、それが逆に働く場合もある。つまり、一般市民の支持の上に成り立っている政府に対して、軍は基本的に対立する立場にあるということである。その場合は、政府を倒すという理由で軍を仲間に引き入れることが容易になる。

警察を仲間に加えることは、軍の場合と比べて常に難しい。第一に、警察の規律は軍に比べて緩《ゆる》やかであるために、警察の幹部の一人を仲間に引き入れたとしても、その部下たちまでがついてくるかどうかは疑わしい。第二に、警官は一般市民の中に暮らしていて、いわば「普通」の考え方を持っているので、閉鎖的な社会にいる軍人のように、指導者を仲間に引き入れることによって雪だるま式に仲間が増えるようなパターンは考えられない。

以上のことから、次のような結論が導き出せる。つまり、軍隊というのは介入してくるおそれも大きいのだが、同時に仲間としても役に立つ。逆に、警察は介入のおそれも少ないが、仲間としては頼りない存在だ。したがって、軍に対して事前に深く浸透しておかなければならないが、警察はクーデター後に注意深く対応すればいい。

公安機関の無力化：戦略その3

公安機関は規模の点では軍や警察よりも少ないが、これらのうちでは最も危険な存在となることが多い。軍や警察と違って、このような組織はクーデター計画を積極的にあばこうとするだろうし、クーデター側からいえば、軍や警察のように、配備、陣容などを外部から調べることができない。公安機関の存在自体が外部には知られていない場合もあるほどだ。

ほぼすべての国がこのような「秘密の機関」を持っており、中には複数の組織のネットワークを国の内外に張りめぐらせていることも多い。われわれはそうした様々な組織を総称して

「公安機関」(security agencies)と呼んでいるが、ここではその実態をもう少し詳しく検討してみよう。

官僚組織には、一般的に一つのパターンが見られることはよく知られている。それは「外部からの制約がないかぎり、その規模や扱う仕事の範囲が際限なく広がっていく」という性質だ。通常このような制約を課すのは財務省のような組織であり、財布のヒモを握る財務官僚は、他の官僚組織の拡大に反対することによって自らの本能を満足させるという性格を持っている。もう一つの制約は、省庁間の縄張《なわば》り争いの意識によっても生じる。全体としてみれば、このような制約が官僚組織の際限ない拡大を抑える力として働いているのであり、これらがなければ先進国の国民は全員が国家公務員になっていたはずである。

ところが公安機関の場合、こうした制約はまったく効かないか、効いたとしても弱いものでしかない。その予算についての秘密が守られているので、外部の者が審査することはできないし、削減するなどはもってのほかである。

他の官僚組織は、公安機関が自分たちの縄張りに侵入してくるのを阻止できない。なぜなら彼らの活動は気づかれないものであり、そもそも立ち入り禁止であると彼らに対して宣言できないからだ。さらに、公安機関には特権が与えられているため、他の官僚なら当然従わざるを得ないような規則を破ることもできるし、社会のあらゆる分野で活動することができる。こうした無制限に近い自由が与えられているおかげで、その結果は目にみえている。多くの国で公安機関は急速に規模を拡大させており、互いに活動範囲が重なるような現象が起こっているのだ。

動物学者が新しい動物を発見すると、彼らはそれを研究する前にすでに知られている種と一番近い動物の分類に加えるが、われわれも彼らのやり方に従って、公安機関の機能（すべての国家に応用可能である）や組織（それぞれ特殊なもの）について分析してみよう。

純粋な諜報活動

ここでの任務は、公表、あるいは未公表のあらゆる情報を、収集・分析することである。高度な専門知識が要求されるため、多くの異なる政府機関の、実に様々な専門家たちが、この分野の仕事を行っている。

戦術レベルの軍事情報（例：敵は何をしているのか）は、陸・海・空の三軍などに所属する諜報組織がそれぞれ集めている。海洋国では海軍の諜報組織が伝統的に最も規模が大きく、技術的にも進んでいる。戦略レベルの軍事情報（例：敵は何を計画しているか）については、統合参謀本部、国防省、そして外交を担当する省庁などが別個に収集にあたる。

科学に関する情報は、科学問題を担当する省庁のほか、原子力、宇宙、通信など、それぞれの専門分野の政府機関が収集にあたる。経済に関する情報は、重複という点で考えると最悪の分野の一つだ。経済問題全般を担当する省庁と並行して、人口、エネルギー、農業などを担当する省庁も手を出しているからだ。国際政治に関する情報は、表向きは外交を担当する省庁が在外大使館などを通じて集める他に、各省庁も出先の機関を通じてこっそりと集めている。

対敵情報活動（counter intelligence）

これは上述したような敵側による諜報活動を阻止するための活動であり、それを担当する政府機関は大きな省庁の一部であったり、特化された専門機関であったりする。軍が独自の組織をもっている場合もあるし、各軍種の憲兵隊も同じことをする場合がある。内務省に相当するような省庁は、ほぼ必ず「スパイ狩り」組織（英国内務省の保安局は「MI-5」として有名だ）を持っているし、各機関は自身の施設を防護するための組織を持っている（ただし、こうしたものが通常の警察活動を超えることはほとんどない）。

クーデターを実行する側としては、この分野を最重要視すべきである。もしクーデターの計画が漏れた場合には、以下のような組織を相手にしなければならなくなる。

（a）警察の中の対スパイ組織：英国の公安課や米国のＦＢＩ
（b）政府各省の組織
（c）軍の組織

クーデター計画の作成と浸透に関わる活動の大半は、外国の公安機関が実行するものと区別が付かない。このため、クーデター計画は対敵情報組織の任務となるのだ。

防諜活動（counterespionage）

公安組織の中で最も高度な技術を要する任務が、この防諜活動である。敵側の諜報機関と接触し、わざと間違った情報を流したり、相手の組織に浸透したり、分断したりもする。こうした活動を複数の組織が並列して行うことはありえない。極めて正確に作戦を統制することが求められるからだ。これを担当する組織は、これまで述べた政府機関のどれかに属することもあるが、活動を効果的にするには他の競合するあらゆる組織、とりわけ対敵情報組織の上に立つ必要がある。この二つを並列させてしまうと、防諜組織が外科医のように繊細な手術を行っているのに、肉屋のような対敵情報組織がその努力をぶち壊してしまうような結果につながるからだ。

国内の治安維持活動

クーデター側からすると、この部門も最大の脅威となる。この組織の具体的な役割は、正にわれわれがやろうとしていること、つまり「政府の転覆」の防止にある。多くの国には「政治警察」があり、制服と私服の両方の警官がいる。内務省や、政治指導層の一部の管轄であり、一党独裁の国では党の直轄《ちょっかつ》になっている。フランス、イタリア、そしてドイツのように、多少なりとも民主的な国では、普通の警察の中には政治犯罪を担当する部門があり、その主な役割は、過激派組織の監視にある。軍事独裁国家では、この分野も軍の諜報機関の管轄に入り、国によっては国家指導者の護衛に当たる機関が、諜報活動を兼ねることもある。

国内の諜報活動

この任務に当たるのは、警察や準軍事組織に所属する情報機関である。たとえばイタリアでは、警察（Pubblica Sicurezza）にも政治犯罪を担当する部門がある。準軍事組織となる国家憲兵（Carabinieri）は、軍事関係の対情報組織としての役割もあるが、主に国内の政治犯罪の情報収集を行っており、近年はイスラム過激派によるテロ活動に目を光らせている。

こうした公安機関に対して、クーデターを実行する側としてはあくまでも防戦的にいくしかない。たまたま公安機関のどこかに信頼のおける相手がいて、直接パイプがつながっているような場合は、公安機関という特殊性がかえってわれわれの側に有利に作用する可能性がないわけではないが、そうした「幸運」に恵まれていない場合は（そしてほとんどの場合が恵まれていないのだが）、わざわざパイプを通そうなどと無駄な努力をしないほうが安全だ。そんなことをすれば、まさに「やぶ蛇《へび》」となり、逆にそのパイプを利用されて相手から浸透されてしまう。よって、公安機関に対しては「守り」に徹するほうがよく、軍への浸透の際に使われる初歩的な手段（相手の分断や、一方的な連絡で相手に正体をつかませないなど）は失敗する可能性が高い。

したがって、クーデター計画を安全に進めていくためには、まず「われわれの活動に関する情報が一部の限られた中心グループ以外に漏れることは危険である」という基本原則を忘れてはならない。そしてこの基本原則から、以下のようなルールが導き出されることになる。

（ａ）情報のやり取りは口頭に限る
（ｂ）必要最小限以外の情報は伝えない
（ｃ）中心グループから仲間への情報伝達は一方的であること
（ｄ）外部のもので用が足りる場合は、決して中心グループの人間が表に出て活動してはならない

このようなルールは単純で、誰でも知っているものだ。ところがここでの最大の問題は、このルールを、任務の緊張感や特殊な雰囲気の中で本当に守っていけるかどうかという点にある。われわれの活動の中で最も注意を必要とするのは、新しい相手に近づき、その相手を説得するときである。ただでさえ難しい上に、どこに公安機関の手が伸びているかわからないとなれば、危険性はいっそう高まる。多くの国家では、平凡に見える政府組織の中に、諜報員がいたりする。アメリカの財務省にある「シークレット・サービス」のように、行政上の必要からその存在が公然になっている場合もあるが、最も安全だと思って近づいた政府機関の中に諜報員がいて、知らずにやり取りしていたりすることも多いのだ。よって、われわれがせめてできることと言えば、どこに公安機関が手を伸ばしているかをあらかじめ検討しておくことであり、さしあたって注目しておくのは、人口統計や地図担当の部署、中央銀行の偽札担当部門、郵政関係、広報、税関、入国管理、税務担当などの機関であろう。

ただし公安機関にかぎつけられたからといって*19、計画のすべてがダメになったと考えて

はならない。しかるべき措置さえとっておけば、われわれの計画のごく一部はわかっても、その全体像が発覚する確率は低いからだ。

もしクーデター計画があるとわかっても、公安機関のほうでは首謀者たちを全員逮捕するためにしばらく様子を見て泳がせるだろうから、その間に計画を実行することもできる。クーデターの実行段階に入ってしまえば、公安機関がいくら「情報」を集めてみたところでもう手遅れであり、彼らの持つ戦闘力は、われわれが仲間に加えた軍の部隊のものと比べても取るに足らないものだ。

最後につけ加えるとすれば、公安機関はその性格からして政治的な動向にきわめて敏感であるため、クーデターの計画を知ったとしても、それが確実に組織され、政権を握る可能性が大きいとみると、クーデター計画の中心グループに加わることもありえるということだ。

註

1 政治が力のバランスの上に立っているという現実を、理想論におぼれて見失ってはならない。

2 旧暦によるもの。現在では三月と一一月にあたる。

3 これについては、政治勢力の中立化について論じた第4章を参照のこと。

4 R. Atallah, "Six jours d'irresponsabilit?." *Jeune Afrique* 343 (August 6, 1967): 13?15. 他にも以下の記述を参照。 *Der Spiegel,* October 23, 1967.

5 アラウィー派は除く。

6　新政権が最終的にあきらめた「マレーシア対決政策」のために、この軍隊をボルネオのジャングルに配備しておいたのは、なんとも皮肉なことに前の終身大統領であるスカルノであった。

7　この「指導者」は該当部隊の作戦将校であることが多いが、必ずしもそうであるとは限らない。次の脚注を参照のこと。

8　将校というのはあてにならない代物である。フランス・ロシアの両国でそれぞれ革命が起こった時も、多くの将校たちが部隊を去ったが、軍の効率は急激に上昇した。その証拠に、一七八九年以降のフランスの軍隊の記録はそれ以前の三〇年間のものに較べて大幅に改善されているし、一九一七年以降のロシアについても同じことが言える。

9　この最大の問題は、そもそも開発計画というのは国民の注目（と資金）を集めやすい、一つか二つの大計画に集中するという事実にある。しかも「資金提供をする側」の国は、現地の人々の感情をなだめるために産業プロジェクトを細分化させることに反対することが多い。こうして、政治問題がさらに込み入ってしまうのだ。

10　ナイジェリアは例外である。たしかに沿岸部の部族ははるかに発展しているが、内陸部のハウサ人より人口が少ないからだ。

11　危険な一つの兆候として挙げられるのは、カーシムが反対派を「ファシズムのヒトラー主義者たち」と呼び始めたことだ。アドルフ・ヒトラーはアラブ圏において人気があり、ソ連の慣習を深い考えもなしに取り入れたことで、こうした罵倒《ばとう》につながったのかもしれない。

12　もちろん大佐が重要な役割を果たした軍事クーデターはいくつもあったが、その場合は彼らが自分の利益のために起こしたものである。ところがわれわれの目的は、軍の将校たちを利用することにある。大尉よりも上の階級の将校たちのほうが、われわれの手から指導権を奪う可能性は大きい。

13 ここでの「犯罪」とは、現地の法律を犯すことを意味し、国によって意味することは変わってくる。トルコ（二〇一五年現在）では、エルドアン大統領を「侮辱」したことで国民が逮捕されているが、その大統領自身は毎日国民を侮辱している。

14 これらの内訳は、地方警察、人民警察、民間非正規戦グループ、通常警察、そしてエリートとされる警察野戦部隊である。

15 もちろん米国における警察組織の分散化が、連邦政府の独裁の道具として利用されないようにするという意図から出ていることは言うまでもない。

16 ただし補遺Aを参照のこと。

17 もちろん組織としての考え方は、ここで単純化してみせたようなものではなく、実際はもっと複雑である。

18 次節の「公安機関の中立化」を参照のこと。

19 ロシア帝国時代の秘密警察「オフラーナ」は非常に有能で、ボリシェビキをはじめとする革命政党にも、その活動をさまたげることなく浸透していた。たとえば一九一四年当時にロシア国内でボリシェビキ組織の指導者だったロマン・マリノフスキーは、オフラーナのために働いていた。党機関紙「プラウダ」の編集を行ったのは彼らだったのであり、同紙の主席編集者の一人はその工作員だった。

第４章　クーデターの計画

蜂起においては単なる機械的な要素でしかないバリケードでさえ、現実には士気を高めるものとして何よりも重要な役割を果たしている。

レフ・ダヴィードヴィチ・ブロンシュテイン（レフ・トロツキー）

一九六一年四月二三日の早朝、駐アルジェリア第一外人部隊空挺連隊の兵士たちは、モーリス・シャール、アンドレ・ゼレール、エドモン・ジュオー、ラウル・サランという将官の名の下で、アルジェ市の要所を占拠した。この四人の将軍は、フランス軍内での権威と地位とを利用して、すぐさま現地軍司令部の指揮権を握り、これをアルジェリア駐留軍全体に広げようとした。

当時のド・ゴール政権は、すでにアルジェリアの民族主義者との交渉に入っていたため、将軍たちはド・ゴール政権に代わる指導者を立てて、最後の勝利まで戦争を続けようとしたのである。アルジェリア駐留フランス軍は、フランス本国や西ドイツに駐留していたフランス軍よりもはるかに強大であり、将軍たちは彼らの忠誠を把握してしまえば、フランス政府を簡単に実効支配できると考えた。なんといっても、ド・ゴール自身が同じような経緯で一九五八年五月一三日に権力を握っており、この有名な「五月一三日の政変《トレーズ・メ》」の再現を阻止するものは何もないように思えたからだ。

この四人の将軍がアルジェリア放送のラジオでその通告を宣言すると、第一、第一四、第一八植民地空挺連隊がすぐさまクーデターに参加している。一部の歩兵部隊や海兵隊、それに空軍の大半はド・ゴール側についていた(一九五八年五月に第四共和政への忠誠を続けたのと同じだ)が、アルジェリア駐留軍の大半は「様子見《ようすみ》」を決め込んでいた。

このような「様子見」というのは、通常はクーデター側に有利に働く。アンリ・ド・プイィ将軍は、クーデター側と戦うか参加するかという微妙な立場に追い込まれないようにするために、アルジェリアの司令部をオランからトレムセンへ移してしまったが、客観的にみれば、彼はクーデターを支持していたといえる。

この四人の将軍たちの勝利はほぼ確実であった。アルジェリアに入植した白人の子孫《ピエ・ノワール》たちは、いずれもこの四将軍を一〇〇パーセント支持していたし、精鋭の空挺部隊はクーデター側の強力な武器であり、おまけに軍の大半は支持、もしくは中立の立場だったからだ。ド・ゴール政権に忠実な部隊でさえ、クーデターには積極的に抵抗してはいない。

クーデターの主導者側が支持をとりつけはじめた頃、フランス国防相はモロッコを訪問中であり、パリ警視総監のモーリス・パポンは休暇中であった。首相にして「政権の火消し頭」であったミシェル・ドブレは病気で療養中であった。ド・ゴール自身も、セネガルのレオポール・セダール・サンゴール大統領の接待で忙しかった。他の閣僚たちはちょうどアルジェ訪問中で、他のフランス政府代表たちと共に即座に拘束・拘禁された。

どうみてもクーデター成功は間違いなかった。ところがその数日後、シャール将軍はパリに身柄を移送され裁判を受けることになり、他の将軍たちはアフリカ内陸へと逃亡し、途中で捕らえられたり亡命することになった。第一外人部隊空挺連隊も、士官たちは逮捕されて部隊は解散させられたあげく、兵士たちはエディット・ピアフの『水に流して《ジュ・ヌ・ルグレット・リヤン》』を歌いながら兵舎に引き揚げてしまった。

このクーデターはなぜ失敗したのだろうか？　おそらくその最大の理由は、四人の将軍たちが「政治」勢力をまったく無視し、軍の直接的な力を重んずるあまりに、軍が演じうる「間接的だが決定的な力」という役割を忘れてしまったことにある。一九五八年五月のド・ゴール派のクーデターでは、軍やアルジェ市民の行動は、政府内に浸透したド・ゴール派の役人の力や、第四共和政の解体に反対する他の政治集団の意志が長年にわたる幻滅のおかげですでに失われていたことによっても助けられた。ところが今回は、将軍たちが国民や文民たちを頭から無視してかかったのだ。

ド・ゴール大統領はテレビに出て「親愛なるフランス国民の皆さん」と支持を呼びかけた。その次に出てきたドブレ首相も「空港に向かってください……兵士たちに騙《だま》されるなと説得してください……」と具体的に訴えた。さらにド・ゴール派の民兵の武装さえも指示したのである。

それにも増して重要なのは、共産党系の労働総同盟（CGT）や、キリスト教系の民主労働連合（CFTC）、そして「労働者の力」のような労組が、いずれも政府支持で結集し、諸政党の大半もこれにならったことであった。左派のカソリック系の団体はアルジェリアの官庁内で座り込みのストライキを行い、全体として、フランスの政治団体のほとんどはクーデターの反対に回ったのである。これが効いて、軍の中の「様子見」派の兵士たちは態度を変え、ド・ゴール支持を宣言したことによって、クーデターは失敗に終わった。

将軍たちの犯した決定的な誤りを繰り返したくないのであれば、われわれは軍だけでなく、政治勢力をうまく中立化させなければならない。直接的な権力というのは常に政府に集中しているのだが、すべてのあらゆる政治体制の国で、政府（政界）以外にも政治力を持った集団が存在する。彼らの力の源泉は（民主制国家の場合のように）特定の有権者に影響を与える力であったり、国内における政治活動において重要となる特定の組織への統制力であったりする。

ここでの「政治勢力」が、圧力団体であろうと、政党であろうと、その他の集団であろうと、それは大した問題ではない。それより重要なのは、その集団が政権の組閣《そかく》に影響を与え、政権発足後には政府の政策決定に影響を与える力を持っているということだ。

一国の政治活動に大きな位置を占める勢力の性質は、その国の経済・社会構造を反映するものだし、その国独自の政策決定のやり方によっても違ってくる（米国を例にした表4・1を参照のこと）。たとえばイギリスの政治にとって最も重要な

表4・1 米国で中東政策に影響力を発揮する集団（公式なものと非公式なもの）

〔公式なもの〕
- 合衆国大統領と大統領府の職員
- 国務省
- 国防総省
- CIA（情報の供給者として）
- 連邦議会の主な委員会

〔非公式なもの〕
- 選挙区に多数のユダヤ系を含む政治家（議会での投票やスピーチ内容は、必然的に親イスラエル的になることが多い）
- ユダヤ系からなる親シオニスト団体
- ユダヤ系も含んだ反シオニスト団体
- アラブ・中東研究に特別な関心を持つシンクタンクやロビー活動家（アラブ側の価値観に同調し、その主張に同情的なことが多い）

勢力を挙げるとすれば、以下のようなリスト（といってもかなり見慣れたものだが）を示すことができるだろう。

主要政党
地域政党
主要労働組合
英国産業連盟
高級官僚と学界の複合体
都市とその公共企業体
報道機関

ところが、中東に関する対外政策の意思決定において重大な影響力をもつ勢力を特定したいのであれば、これとはまったく違ったリストができるはずだ。

英国資本の（または英国資本が一部参加している）二つの石油会社
英外務省と学会が構成する「アラブ屋」の集団
武器を輸出している英国の防衛企業

複雑な産業・社会構造を抱えている先進国では、その主な目的がどのようなものであれ、圧力団体として行動する組織が無数にある。そして自分たちの利益に役立つように政治の意思決定に影響を与えようとするのだ。これらの組織は複雑な社会情勢を反映して、実に様々な態度をみせることになる。

しかし経済的に貧しい発展途上国では社会の仕組みは単純であり、たしかに利害の対立は同じように激しいとしても、その対立はもっと狭い範囲の少数の当事者たちの間で繰り広げられる。

サハラ以南のアフリカでは、わずかな例外をのぞけば、宗教的な集団は分裂しており、政治にも無関心だ。現地のビジネス界も弱小なので、大きな政治勢力は以下のようなわずかな数の団体に限られてくる。

部族やその他の民族的な集団
労働組合
学生とＯＢの団体
公務員と軍の将校
与党の活動家

アフリカ西部のほとんどの国では、これに現地の市場の商業団体を加え、サハラ周辺の地域では、伝統的なイスラム教指導者層を加える必要があるだろう。アジアの場合には、宗教団体とその指導者たちを加える必要があるだろうし、台湾、タイ、韓国、そして香港では、地元の実業界がかなり重要になってくる。

以上のリストから抜けているのは海外資本の存在だ。彼らは確かに重要な時には決定的な役割を果たすが、それらはすでに第2章で詳しく説明したので、ここでは触れない。しかしわれわれが狙う国で平時に政治権力を握っている勢力がどのようなものであれ、クーデターという緊急時に重視しなければならないのは、そのうちのごく一部だけだ。このような政治勢力がクーデターを阻止してくるやり方としては二つある。

（a）大衆、またはその一部を扇動《せんどう》して、クーデター後の新政権に反対させる

（b）新政権の権力強化を阻止するために、支配下にある技術的な施設や設備などを活用する

より具体的にいえば、政治家や宗教家、もしくは知識人のようなリーダーたちが、自ら率いる政党や組織を利用してわれわれに反対するやり方が前者であり、テレビやラジオなどの放送局の局員たちによるストは後者である。大規模なストライキというのは、実質的にこの二つの方法を組み合わせたものであるといえる。

政治勢力の中立化 Ⅰ：全般的な計画

経済と同じように、政治にもインフラが存在する。工業や商業に、道路や港、そしてエネルギー源など、それを支える施設が必要とされるように、直接的な政治活動にも、ある種の専門的な施設が必要とされる。

アルジェリアのクーデター未遂事件の際のド・ゴール側のフランス世論の動員（これこそがクーデター失敗の主な原因だったが）は、このような専門的な施設を全面的に利用できなければ不可能であった。政府が世論に訴えかけるために利用したメディアは主にラジオとテレビだったが、今日では当然ながらインターネット上のソーシャル・ネットワーキング・サービス（SNS）が使われるはずだ。労組やその他の団体は、その連絡網を通じて組合員に檄《げき》を飛ばし、電話などを使って本部と緊密に連絡を取らせていた。また、公共の交通機関がマヒしていたら、あれほどの規模の反対デモは展開できなかっただろう。

われわれが「政治」勢力を全国規模で中立化するのであれば、このインフラがカギになる。われわれの目的達成のためにはこれらの施設を奪取し、一時的にせよ他の人々の行動を不可能にしなければならない。交通網や通信網を掌握するか、とりあえずマヒさせておけば、「政治」勢力からの潜在的な脅威はほぼ中立化させておくことができる。クーデター前の政権の指導者たちはこのインフラの一部であり、クーデター反対派の中心的な存在になる可能性があるので*1、あらかじめ逮捕しておくことが肝心だ。

われわれはさらに、指導者の孤立化や組織の解体などによって、一部の政治団体を中立化しなければならない。ただしこれは、インフラを中立化してもまだわれわれに歯向かってくるだけの力と闘志を持っている場合に限る。いずれの中立化の場合も、占拠、または活動不能にすべきいくつかの目標を選ぶことになる。そして中立化の実行は、われわれが完全に落とした、つまりわれわれの言葉では「仲間に引き入れた」者たちの中から編成したチームによって行う*2。

われわれの狙う国が、とくに小国であり、政治体制などが極めて単純にできていないかぎり、政府の構成は基本的に複雑なものであることは間違いない。その施設は大掛かりなものであるのが普通だ。政治勢力の数も多いし、それぞれの持つ抵抗力については予測しがたいものがある。

したがって、われわれはまず、クーデターの実行期間中に誰を孤立化させ、誰を無視していいのかを知るために、政府の指導層を分析することから始めるべきだ。次に実際の政府関連の施設や装備を調査し、クーデター実行中に極めて重要となる、占拠、もしくは中立化の必要のあるものを、あらかじめ選択しておかなければならない。そして最後に、われわれが「全般的」な手を打ったあとも抵抗力を持ちうる政治勢力の実態を見極め、その団体の指導者の中立化の下準備をしておかなければならない。

政府要人：戦略目標その①

われわれのクーデターがいくら流血とは無縁であり、またわれわれの目標がいかに進歩的でリベラルなものであったとしても、クーデターの実施中、もしくはその直後までは、特定の人物を拘束しておかなければならない。そのような人物の中で一番重要なのは、クーデター前の政権の指導的な人物、つまり公式な政治家であるかどうかに関係なく、政府の実際の指導者と、その側近たちである。

その中にはかなりの数、つまり一〇人から五〇人くらいの閣僚たちも含まれるだろう。これにその側近やアドバイザーたち――これだけいれば立派にわれわれに対する反対勢力になりうるが――を加えると、実際の人数はその四～五倍にもなりうる。人数の多さばかりでなく、この連中は極めて強硬で危険きわまりない集団だ。彼らはその名声・権威・存在によって、すでに崩壊した国の元関係者や国民たちを集めて、われわれに対抗しようとしてくるかもしれない。彼らを逮捕しに向かった隊員たちを寝返らせ、味方に引き入れることもありうる。

たとえばシャール将軍は、アルジェリア駐留仏軍（ＮＣＯ）の守護神のように考えられていたため、パリ政府はクーデターが完全に失敗した後も、彼の身柄の護送を軍に任せる気になれず、シャール将軍の軍における名声をまったく知らない保安機動隊（ＣＲＳ）＊３を使わなければならなかったほどだ。ようするに、通常の任務以外にほとんど経験のない若い兵士が、常に人を従わせることを計算に入れて行動している政治的な人物に直面したら、相手に感化されずに命令を忠実に実行できるかどうかの保証はないのだ。狙う人物の数の多さと、彼らの「感化力」とを考慮すれば、逮捕に差し向ける隊員は厳選し、なおかつその数を多くすべきである。

しかしわれわれの手勢には限りがあるので、最重要人物だけに的《まと》を絞《しぼ》り、残りは後に「様子見」派を味方に引き入れて、手勢が増えたところで開始すればよい。危険になりそうな人物を全員逮捕するわけにはいかないが、本当に危険な人物、つまり公式な序列には関係なく、政府の指導層の中で実質的な力を持つ最重要人物だけは、必ず逮捕しなければならない。

表4・2 政府の様々な形

〔大統領型〕	
実際の意志決定者	国王（例：17世紀のイングランド）
	大統領（例：20世紀の米国）
	皇帝（例：20世紀のエチオピア）
	首長（例：20世紀のクウェート）
首相・総理大臣	
閣僚・大臣	
閣外相と官僚	
〔首相型〕	
儀礼的な国家元首	国王（例：ベルギー）
	大統領（例：イタリア）
実際の意思決定者	首相（例：英国）
	閣僚評議会議長（例：イタリア）
閣僚・大臣	
閣外相	
高級官僚	

現代の政府の構造は、大きくわけて二つの種類に分けられる（表4・2を参照）。一つは「大統領型」であり、国家の首長がそのまま政策の意思決定者となっている（アメリカ、フランス、ロシア、そしてアフリカのほとんどの国々）。もう一つは「首相型」であり、国家元首は主に象徴的な存在や儀礼的な役割にとどまり、実際の政策の意思決定は、形式的に下の地位にある人物によって行われている（イギリス、インド、ヨーロッパのほとんど）。

第三の型――といってもこれは構造ではなく、むしろ構造の否定だが――は「ワンマン政府」である。この「ワンマン」は、その国の首相であるとは限らないし、そもそも正式な役職についておらず、政府を隠れ蓑にして実際の采配《さいはい》を握っているような場合もある。このようなタイプの国家は、国家の官僚組織が極端に衰退し、軍や警察の中の実力者でなければ情勢をコントロールできなくなったときに出現するものだ。

もしその人物に政治指導者としての素質が少しでもあれば、正式なポストに就任したり、国家元首になったりすることもありうる。エジプトのナセル大統領やレザ・シャー（イランの故パーレビ国王の父）は、いずれも短い移行期間のすぐ後に表舞台に出てきた人物である。ただし人種的、あるいは宗教的な理由から、このような「ワンマン」が公職につけない場合がある。軍人は政治家としては完全に不向きなのかもしれないが、それでもいざとなれば武力制裁を加えるという脅しをかけて、公式な政治指導者を操り、間接的に支配することはできる。

一九六六年前半のことだが、バース党穏健派が主導するシリア政府（指導者はミシェル・アフラク、サラー・ビータール、そしてハーフィズ・アル＝アサド将軍）は、同党の極左派に打倒されている。この時、新政府の指導者たちは、軍や省庁をコントロールできたが、それを公に統治できないということに気づいた。クーデターを実際に指導した軍の将校たちは年齢的にも若すぎたのであり、無名であり、おまけにアラウィー派の人間だった。

指導者だったサラーフ・ジャディードはいかにも胡散臭《うさんくさ》い人物であり、彼を知る一部の人々から恐れと憎しみを買っていた。しかもシリアの部族の中で、アラウィー派は最も軽蔑《けいべつ》されていた。植民地時代のフランスは、暴動鎮圧部隊である「レバント特殊部隊」の大半を、少数部族、とくにアラウィー派から集め、シリア北部のアラウィー地区には自治権を与えていた。そのため、シリアの民族主義者たちは、アラウィー派を「シリアの国としての統一を乱すもの」として批判していた。独立後、国民の多数を占めるスンニ派は、アラウィー派を裏切り者と見なしていた。それだけに、アラウィー派の人物を国家元首にするとなれば、そう簡単に世論が納得するわけがなかったのである。

ジャディードはこの問題を、次のような形で解決した。つまり、まず一方で各部族間のバランスを考えつつ、閣僚全員を厳格に選定し、もう一方では自らが率いる独立機関である「革命指導国民評議会」を創設し、そこに実際の意志決定能力をもたせたのである。こうしてシリアには、大統領（ヌーレッディーン・アル＝アターシー）、首相（ユスフ・ズウェイーン）、外相（イブラヒム・マホウス）がいるにもかかわらず、主な政治的意志決定はすべてジャディードが担っていた。閣僚は外国を訪問したり、公式の場で演説し、あらゆる式典に出席はしても、実際の権力は持っていなかった。アサド（父子）はこのモデルに忠実に従って、スンニ派を名目上は

図4・1「社会主義」国と「人民民主主義」国の政党政府

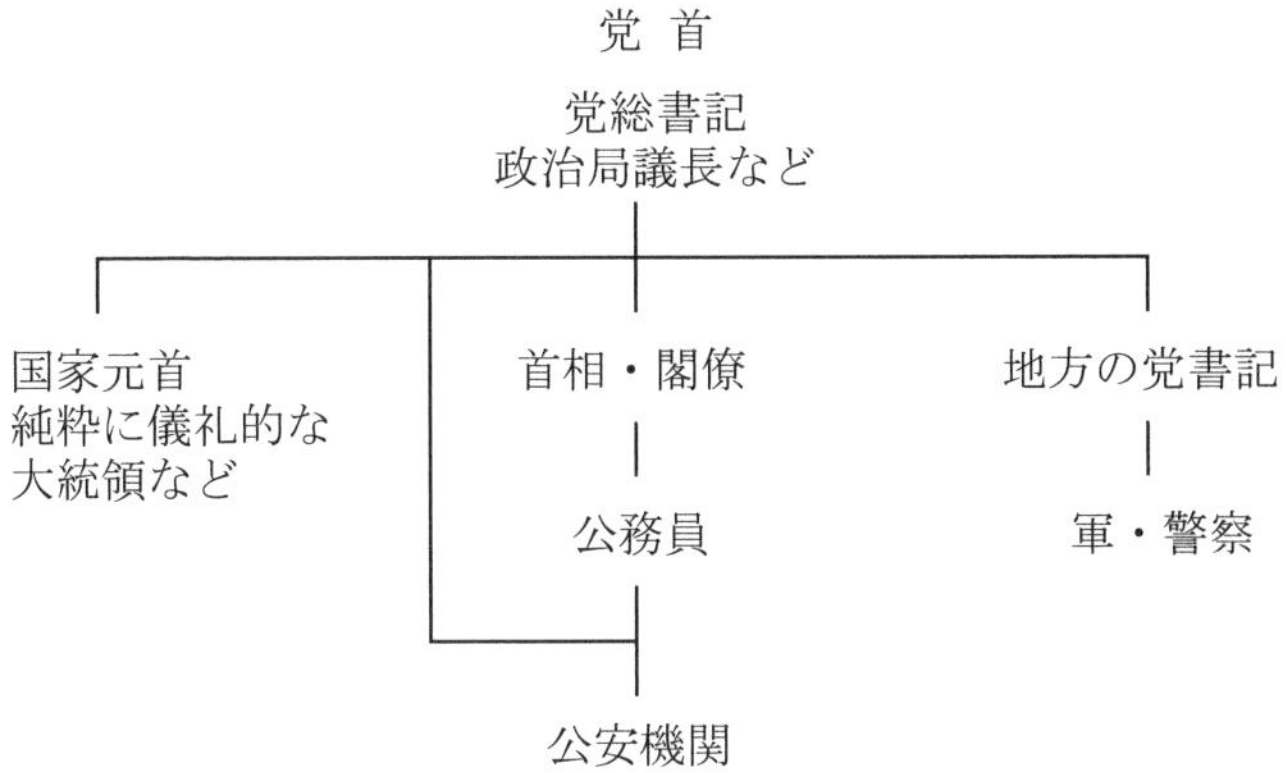

重要な地位に置きつつ、主要な地位はアラウィー派やドゥルーズ派、イスマーイール派（「七イマーム・シーア派」）に割り当てている。

かつての社会主義国の政府は、公式には政党政府によって支配されていたが、基本的には二つのうちのどちらかのタイプに当てはまっていた。その当初は、図4・1で示したように、政治の実権は党中央委員会、あるいはその上の党機関の手に集中していた。

純粋に儀礼的な役割を果たす人物を除けば、実際に対処すべき人間の数は減るし、クーデターの時間枠を基準に考えると、その人数はさらに減らせる。たとえば経済企画相などは政府内の要職であり、テクノクラートとしての地位は揺《ゆ》るぎないものだ。しかしこの人物には世論を扇動してわれわれに反対させるだけの力はないし、軍を動かすだけの権威もない。クーデターの劇的な性質からして、政府は究極の原理、つまりむき出しの権力に還元されるので、われわれはもっぱらその力を発揮できる政府内の要人だけ狙えばよいのだ。

第一に狙うべき要人とは、以下のような人物である。

（a）（警察を支配している）内相とその側近
（b）（軍を支配している）国防相とその側近
（c）（政党が支配する民兵が存在する場合は）政党の指導者
（d）（上記のとりまとめ役である）首相や中心的な人物

政府の役職や肩書が必ずしも見かけ通りのものではないことも忘れてはならない。そこには様々な理由があるからだ。たとえば一見無害にみえる文相が有力な学生民兵を牛耳《ぎゅうじ》っていたり、労組が強力な労働者民兵を牛耳っていたりするケースがあるからだ。それ以上に重要なのは、内閣内部の集団が国家の実権を握っており、彼らが国家の強制手段をコントロールして

図4・2 公式の政府と実際の政府
（閣内で力を持っている集団のメンバーは太字で表示）

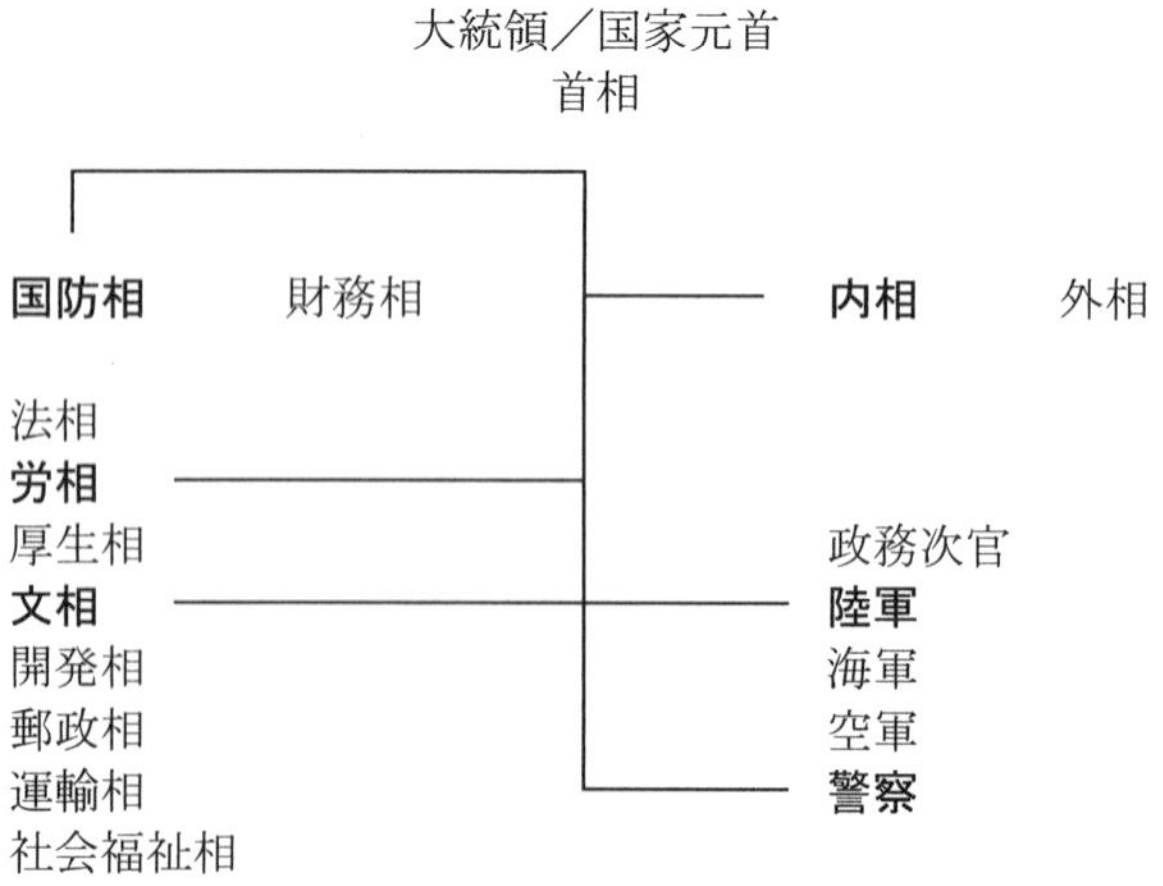

いるような場合だ。

たとえば、一九四六年五月の選挙から一九四八年二月の共産党による政権奪取まで、チェコスロバキア政府はいくつかの民主的な政党同士による連立政権で運営されていた。ところが共産党員の閣僚たちは、警察や保安機関のような強制手段を巧みに掌握してしまったのだ。このような政府の公式の組織構造を越えた閣内の集団の構図を示すと、図４・２のようになる。

この場合、一八名前後の政府要人のうち、首相、国防相、労相、文相、軍と警察の事務次官が、閣内の特別な集団を形成して実権を握っていることがわかる。ただし彼らが常に団結した存在であるとは限らない。

以上の分析の結果から、クーデター以前の政府要人は、以下の三つのカテゴリーに分けることができることになる。

儀礼的な人物

この人物は逮捕しない。国家元首に人望がある場合には、われわれの望み通りに動かせる場合にかぎり、われわれの正統性を実証するのに役立つ象徴的な存在として、引き続き利用したほうがよい。他の飾《かざ》りの連中は無視してかまわない。

閣内の集団と強制手段を支配している閣僚たち

この小集団は逮捕し、われわれの権力が確立するまで隔離しておかなければならない。閣僚以外でも、とくに大衆的な人気のある政府の指導者たちはこのカテゴリーに入る。

他の閣僚と高級官僚

この集団は、さらにいくつかの小グループにわけて優先順位をつけるべきだ。われわれの勢力を増やす場合に役立つし、優先順位の高い任務が終わった後に利用することもできるからだ。

政府外の要人：戦略目標その②

大規模な政治社会における個人がもつ政治的な影響力というのは、通常はその人物が率いたり操ったりしている組織の枠内でしか意味を持たないものだ。ところが大衆に支持されている特定のイデオロギーや政策と自分とを同化させることによって、一人の人間が政治的に大きな影響力を持つこともないわけではない。

たとえば一八四八年から四九年にかけての革命期にハンガリーの民族運動の指導者となったペテーフィ・シャーンドルは詩人であり、自分を支えてくれる政党を持たなかったが、（少なくとも都市部の）大衆が彼とハンガリー民族主義を同一視していたおかげで、大きな力を持っていた。ガンジーはインドの政党の枠組みの外で活動することが多かったのだが、多くのインド人にとっては彼こそが民族主義の象徴であったために、個人でも大きな力を持つことができたのである。

しかし、こうした例が少ないという事実そのものが、この種の人物がめったに現れないことを教えている。もしわれわれが狙った地域にこのような人物がいる場合は、先ほど示した政府の「儀礼的な人物」と同じように扱うべきだ。

物理的施設・装備：戦略目標その③

マスメディア

個人の間をつなぐソーシャル・メディアや、より全般的にはインターネットの利用が広がっているにもかかわらず（ファイヤー・ウォールで完全にブロックされている場合は除く）、マスメディアの統制というのは、われわれがクーデター後に権威を確立する際の最も重要な武器であり続けている。したがって、主なマスメディアを押さえることは、われわれにとって死活的に重要な課題となる。

一九六七年の秋に、ギリシャ国王は反クーデターを企《くわだ》てて失敗しているが、この時の理由の一つ（というか唯一の理由だが）は、大衆とのコミュニケーションを確立できなかった点にある。ラリッサ放送は国王のメッセージをラジオで流したが、その放送を聞くことができたのはごく一部の人だけだった。送信器の出力が弱く、波長も不安定で、その内容も権威ある人間の響き渡る声というよりも、助けを求める弱々しい訴えのように聞こえたのだ。われわれはこのような間違いを犯してはならない。

クーデターの実行期間が短いことや、標的となる国の社会的背景などから考えると、新聞は必ずしも主要目標とはならない。新聞に対しては、国民生活の他の分野と同様に、クーデター後に支配を確立すればいいだけなのだ。そして当然だが、識字率の低い国では新聞が社会的に果たせる役割は小さい。いずれにせよ、政府の声と結びついているのはラジオやテレビの放送なのだ。

表４・３のアラブ世界でのマスコミに関する大雑把《おおざっぱ》なデータを見れば、第三世界の一部における、様々なメディアがもつ重要性が分かる。この数字だけをみても、ラジオとテレビの重要性は明らかだ。新聞の場合は発行部数、つまり実際に売れた部数ではなくて、推定読者数を示したものだが、ラジオ・テレビはカフェなどにも必ずあるので、貧困層を含んだはるかに多くの大衆に視聴されていることになる。

われわれの観点からみれば、ラジオやテレビの関連施設について、二つの問題がある。（ａ）放送局の数が多いこと、そして（ｂ）占拠しにくくできているということだ。国内の治安状態が不安定な国では、政府系のラジオ局は厳重に警備されていることもある。たとえそうでない場合でも、こうした施設は占拠するのは難しい。放送局の職員は警報を出す手段を色々と持っているからだ。ハイチのようにちっぽけでひどく遅れた国でさえ、一九六七年の時点で放送局は一八局もあったのであ

表4・3 中東と北アフリカにおけるマスコミ（1967年頃）

日刊紙の発行部数（推定）	150万部
テレビ台数（推定）	100万台
ラジオ台数（推定）	700万台

り、政府からは独立した民間のネットワークを通じて放送されていた。

われわれの狙いは、情報の流れを規制するだけでなく、独占することだ。したがって、すべての放送局に対処しなければならない。ところが味方の勢力を分散させてしまうことにもなるため、放送局をすべて占拠することは困難だ。そのため、われわれの戦略としては、政府に最も近い一局だけを占拠し、あとは中立化する方法をとるべきだ。このためには、内部から施設をマヒさせることのできる放送局の技術スタッフを味方に加えておくと一番都合がよい。協力してくれる技術スタッフが一人でもいれば、しばらくは放送を中断させることができる。さもなければ、全面攻撃をしかけて占拠するためのチームが必要になる。

局内に協力者が見つからない場合は、次善の策として、外部からの破壊工作を行う。ただしここでは何も大がかりな破壊はいらない。小さいが決定的に重要な送信機器を取り外すか壊してしまえば、放送は止められるからだ。

占拠しつづけなければならない局については、大きな問題が一つある。それは、この放送局がわれわれにとっても絶対に必要であるのと同時に、政府側も必ず奪回を試みるだろうという点だ。したがって、放送局を占拠するチームには選抜された人員と十分な装備を用意しなければならないし、局員の協力を得ないでもすむように、最小限度の技術要員も連れていかなければならない（様々なチームの構成の仕方についてはクーデターの軍事面にふれた「補遺B」の項であらためて扱っている）。

電信・電話

インターネットやソーシャル・メディアの登場にもかかわらず、技術面での進歩はわれわれクーデターの実行側にとってますます有利になっている。たとえば我がチーム同士のすべての連絡には、どこでも格安で入手でき、信頼性も高く、盗聴されにくいトランシーバーなどが使える。しかし、敵側には彼らの持つ通信システムを絶対に使わせてはならない。彼らの対処をマヒさせ、まだ支配下にある兵力をこちらに向かわせないようにするためだ。図4・3でもわかるように、通信関連の施設の数はそもそも多いために中立化は困難だが、それでも完全を期す必要がある。インターネットによる通信量を「減少」させるには、電源を断つしかない。特定のSNSを封鎖できたとしても、その通信量は徐々に減るだけだ。

一九一八年七月のボリシェビキに対する左派社会革命党のクーデターは失敗に終わったが、その原因の一つは、彼らがすべての電信・電話を完全に独占する必要があることを理解していなかったからだ。左派社会革命党は、ボリシェビキ側の最大の武器であるチェーカー（ソ連の秘密警察の前身）や、軍の中に党員を潜入させ、彼らの手でチェーカーの長官であるジェルジンスキーを逮捕させ、多くの政府のビルやモスクワの電信局を占拠している。ところが彼らは電話局を占拠できておらず、ロシア全土に電報を打って自分たちへの支持を求めている間に、レーニンは電話を使って味方の戦闘部隊を動員し、あっという間にクーデターを鎮圧してしまったのである。

国内の治安当局というのは、優れた通信の必要性をよくわかっている。そのため、図4・3

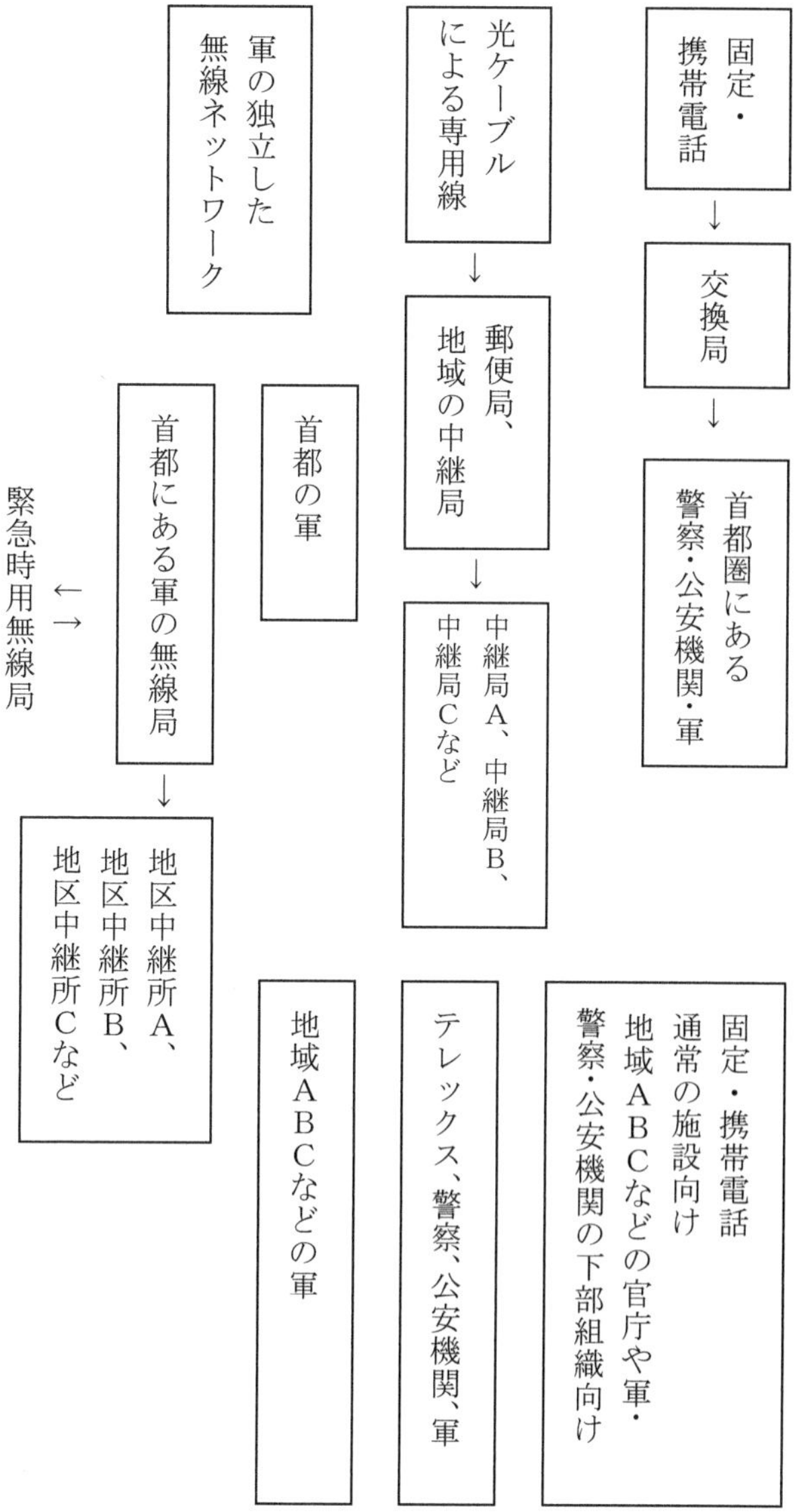

図4・3　政府が利用できる電気通信施設

に示した施設以外にも、保安当局の独自の通信網を持っている場合がある。フランスの国家憲兵は、一般用の電話や有線通信網とは無関係の、地域にまで拡大した通信網を持っているし、ガーナのような小国でさえも、警察は独自の通信網を持っているものだ（表4・4参照）。アメリカの警察には全国的な通信網はないが、国防省には全米ならびに全世界にまたがる通信網があり、単一のものとして世界最大のネットワークとなっている。これで世界中の米軍施設はすべて結び付けられている。

もちろん、警察と軍の手中にある送受信両用通信器をすべてわれわれが押さえるのは無理な話であるが、内外からの破壊工作*4によってつきとめられる限りの施設や装備は中立化しておかなければならない。これらの施設や装備は、わざわざ占拠・保持する必要はない。単に破壊工作に必要な短期間だけ、妨害すべき必要のあるそれぞれの通信システムの中枢に浸透できればよいだけの話だからだ。ただしこの場合も、内部からの破壊工作のほうが簡単だし、安全でもある。

表4・4 ガーナの警察通信施設（1967年）

固定無線局	63局
いずれも短波・超短波の無線電話を備える	
送受信両用移動ラジオ局	6局
携帯用無線局	多数

都市の出入り口となる道路網

クーデターの実行中に、予想に反して政府側の軍や、われわれが浸透しきれていなかった部隊が突然あらわれると、たとえそれが小規模な部隊であったとしても、われわれの計画はすべて吹き飛んでしまうことがある。

政府は、首都で起こったクーデターに政府軍が参加しているのを知ったら、当然のことながらクーデターに参加しているのは首都の駐留軍だけであると見て、地方の各部隊に非常招集令をかけるだろう。もちろん全国各地の部隊にまんべんなく浸透するのは容易ではないため、政府の見方もまったく根拠のないものとはいいきれない。

したがって、われわれが為すべきことは、政府に忠誠を誓う部隊が首都に入ってくるのを阻止することだ。彼らを首都に呼ぼうとする人物をまず逮捕し、彼らのところに通じる通信手段を遮断し、彼らを直接的な軍事手段（ただし純粋に防御的なものに限る）を用いて、孤立させなければならない。首都の境界やクーデターの現場という最終線を固めて、彼らの介入を阻止しなければならないのだ。

もし政府に忠誠な軍隊がすばやく介入してくるとすれば、主要道路か空輸に頼るほかない。したがって、われわれが適当な場所で道路を封鎖し、防御陣地をうまく構築できれば、クーデターに必要なほんの一時期、つまりわれわれが新政府を樹立して、官僚と軍の大半の支持をとりつけるまでの間だけ、彼らの首都への突入を阻止することができる。こうすれば、彼らが現場に到着しないうちに反乱軍扱いして孤立させることができる。

少数の人員と限られた武器で道路封鎖を行うのに最適な場所については、道路封鎖の技術や意義とともに、補遺Bと、政府側の部隊の直接的な無力化を扱う第5章で検討する。図4・4

図4・4 クーデターの実際の目標

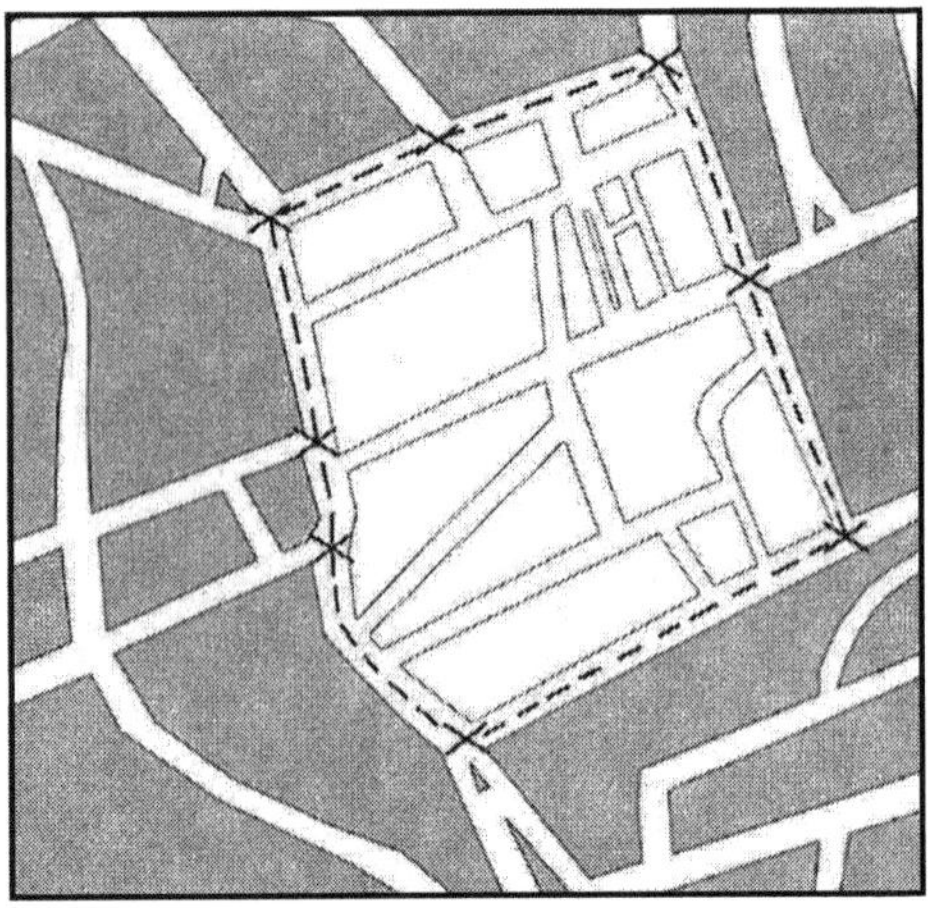

――― ：クーデターの実行部隊が安全に活動できる範囲
×：道路の封鎖地点

は、その一例を示したものだ。

ただし、首都への道を制圧することは、他の目的にも役立つ。たとえば、新政権が成立したことを実際のプレゼンスとして示すことであったり、逮捕をまぬがれた政府指導者や要人の逃亡を阻止することだ。われわれが直面する危険の一つは、たった一人でも政府要人が首都から逃亡し、首都の外の政府支持派の中に身を投じてしまうと、反クーデター派の勢いを復活させてしまうという点だ。

内部からの工作や、輸送・通信システムへの妨害など、中立化のために万全の方策をとったつもりでも、すべてが失敗に終わる危険は残る。政府派の部隊が首都に入れなかったとして、逆に政治指導者が彼らのところへ逃亡する可能性があるからだ。

われわれが利用できる手段だけでは、首都を全面的に封鎖することはできない（もちろんこれはその首都の大きさにもよるが）。たとえばブラジリアは四方八方に広がっているが、空港さえ閉鎖すれば簡単に封鎖することができる。地上の道路は整備されておらず、各地から迅速に駆けつけるには不向きだからである。その反対に、ヘルシンキはどこからでも簡単に駆けつけられるが、海と湖に囲まれているので、道路をいくつか閉鎖すれば効果的に封鎖できる。

交通の要衝

首都の大通りに並ぶ戦車の姿はまるでクーデターのシンボルのようであるが*5、そこには実際的な事情がある。国の政治活動の中心地に、新政府側の具体的な存在を示す必要があるからだ。

どこの国の首都にも、イギリスのホワイトホールや、アメリカのホワイトハウス近くのペンシルヴァニア通り一帯のように、議会や政府、官庁などが集中している地区がある。われわれはこの地区の周辺、そして内部の適当な場所を選んで固め、それによって以下のような狙いを達成しなければならない。

（a）その地区を取り囲むような布陣を敷き、その内部でわれわれのクーデターの実行部隊が活躍できるようにするとともに、首都に突入してくる敵の手から実行部隊を守る。
（b）われわれの権力が存在するという証拠を具体的に示し、権力の確立に役立てる。
（c）同地区の出入りをチェックし、最初に逮捕できなかった要人を逮捕する。

こうした目的を達成するため、封鎖の布陣はいずれも強力でなければならない。さもなければ

図4・5　海岸沿いにある都市の実際の目標

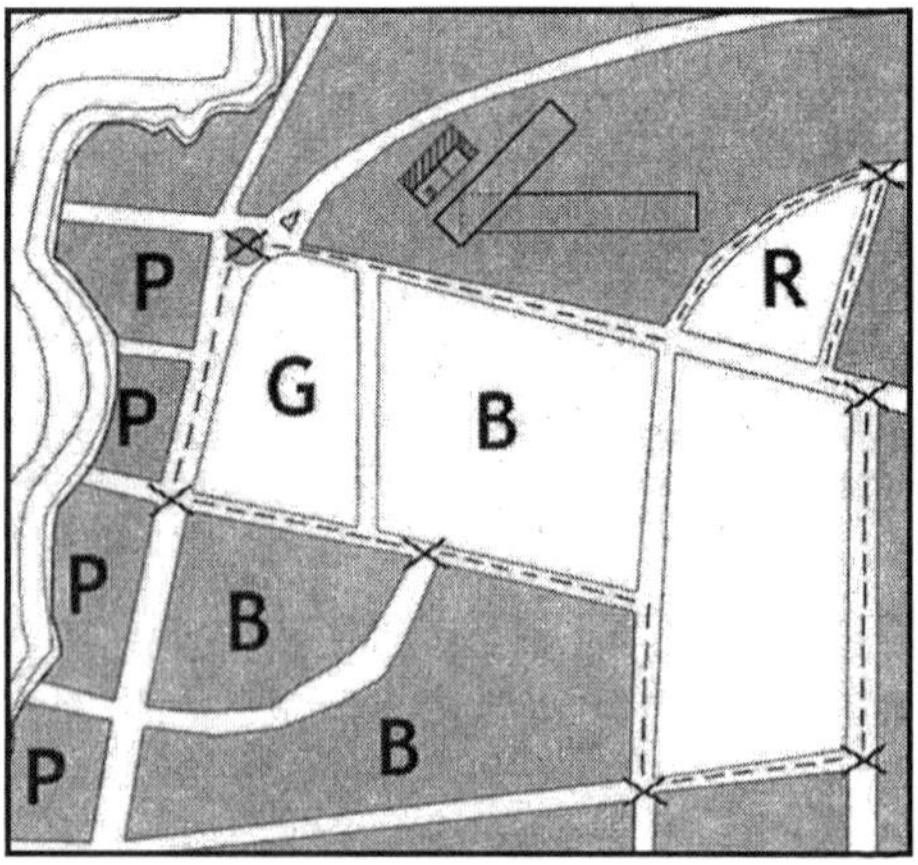

×＝バリケード（交通の要衝と都市の出入口）
Ｐ＝海岸沿いの人口密集地区
Ｂ＝商業と住宅の混合地区
Ｇ＝政府・官庁街
Ｒ＝政府要人の居住区
— — —：クーデターの実行部隊が安全に活動できる範囲

ば政府軍の残存部隊による反撃を招きかねないからだ。いずれにせよ、十分な人数が確保できなければ、水も漏らさぬようなチェックをすることは不可能だ。ただしここで心に留めておかなければならないのは、「たとえ兵力を分散させることになっても、あらゆる拠点を封鎖しなければならない！」という誘惑に負けないことである。実際にはほんの一握りの拠点しか押さえられないのだから、その選択にはとくに慎重になるべきである。

交通の要衝であるが、海沿いや川沿いの都市の場合は選びやすい。地理的な事情から都市の形は決まっているし、交通の流れも決まっているからだ。図４・５を見ていただきたい。いずれの場合も、政治活動や官公庁などの中心地は地元の住民たちに知れ渡っており、したがって広いまっすぐな道路の交差点を選び、そこに布陣し、封鎖線を敷くのである（この点から言えばパリの大通りは理想的だ）。

空港などの運輸施設

クーデター直後に行うべき行動の一つとして挙げられるのは、空港の封鎖と、すべての航空機の離発着の禁止である。こうすることによって、人と情報の勝手な流れを阻止し、情勢を「凍結」することを狙うのだ。

ところがこれには他にも特別な狙いがある。空港を閉鎖することにより、まだ逮捕できていない政府要人が逃亡するのを阻止することだ。さらに、政府側に忠誠な部隊が空から首都へと侵入してくるのを防ぐのにも役立つ。

クーデターの実行期間はいたって短いため、空輸はきわめて重要となる。われわれか政府側のどちらかが、わずかな数の兵力でも空輸すれば、それで勢力のバランスをくつがえすことができるからだ。もちろん空輸できる兵力の数はわずかであるが、クーデター実行中の微妙なバランスを考えると、たとえ少数であっても決定的な役割を果たす可能性がある。

しかし空港は、そもそも長い滑走路を備えているので防御しづらいものだ。したがって、クーデター側はできるだけ空港をあてにしないほうが良い。空輸されてくる兵力に頼らずにすむ場合には、首都内部やその周辺の飛行場は、すべて使用不能にしてしまうべきだ。

飛行場の中には軍用のものもあるだろうが、軍用でなくとも警備が厳重なものもある。そうなると、もし政府が首都以外でかなりの兵力を持っていて、しかもその兵力を首都に送り込む輸送機を持っている場合には、非常にやっかいなことになる。警備された飛行場を占領するのはむずかしいが、使用不能にするのはいたって簡単だ。相手にわからないような手段か、内部のちょっとした協力を得て、数台の車両を滑走路に並べ、数名の狙撃兵《スナイパー》をひそかに配置して、車両がどかされないようにすれば、それで空港は完全に中立化できる。また、適当な場所から数発ほど警告射撃をぶっぱなせば、それで着陸を阻止するには十分だ。

他の交通機関はほとんど問題にならない。たとえば鉄道は、多くの発展途上国では大きな役割を果たしておらず、経済的に大きな役割を果たしている国でも、大都市から離れた場所を走っており、鉱山や農園を港と結んでいることが多い。植民地時代からの輸出経済にとっては、大都市間を結ぶよりもそのほうが重要だからだ。ヨーロッパや南米の一部の国では、時間的要素という点で、やはり鉄道は重要ではない。

いずれにせよ、鉄道の中立化はきわめて簡単だ。たとえばポーランドでピルスズキーが一九二六年に起こしたクーデターでは、その実行の大半が鉄道の周辺で行われたにもかかわらず、鉄道部隊の動きは遅く、事態に影響を及ぼすことはまったくなかった。両軍の鉄道部隊とも、相手側の動きを阻止することは簡単にできたが、自分たちの動きも封じられていたからだ。エチオピアのように鉄道が重要な場合——といってもアディスアベバとジブチの間の路線だけが重要なのだが——は、技術的な面から中立化すべきだ。鉄道が単一の統制システムで運用されている場合には、線路や信号の一部を破壊するだけで全部を止めることができる。破壊した線路の区間は徒歩でも進めるが、その先には車両がないため、それ以上は列車では進めなくなる。

政府の建物

クーデターを計画する際にわれわれが決して忘れてはならないことの一つが、「クーデターの現実と権力を、官僚や国民に対して実際に目に見える形で示す必要がある」ということだ。われわれが必ず占拠しなければならない建物というのは、そもそもその選択がむずかしいのだが、まずは逮捕する予定の政府指導者たちの住居であり、放送局のような施設である。

政府指導者たちの住居については、単に踏み込んで住人を逮捕するだけでよいので、短時間で終わる。ところが放送局のような施設は、建物を占拠するだけでなく、場合によっては相手が奪還しようとしてくるのを阻止し続けなければならない。しかしこの他にも、占拠して相手が中に入ってくるのを制限すべき政府系の建物がある。定義がやや大雑把だが、それは「政治権力を保持していることの証明になる」ような建物だ。

世界のほとんどの国には、何かしらの選挙で選ばれた代議士たちの集う、議会や集会場のようなものがあるが、政治権力そのものは、大統領や、その他の支配者（または党中央委員会）のいる建物から生じることが多い。われわれは憲法上の虚構に騙されてはいけない。真の「政治権力」と、単なる「象徴」との違いをよく見極めて、元々限られた数の実行部隊を「象徴」のほうに差し向けてしまうような愚を犯してはならない。

しかしそれでも、クーデターを実行中の微妙な時期に、重要な役割を果たし得る象徴的な建物は確かにある。どちらが権力を握っているのかがわからないような混乱期に、どちらか一方が占拠すれば、国民や官僚に対する一つの大きなシグナルとなるような建物だ。われわれがこの象徴的な建物を占拠すれば、どちらの側につくのか決め兼ねている人々の支持をもとりつけることができる。よって、直接的な利益はなくとも、有力な象徴的意味を持っている建物を占拠するのは価値のあることなのだ。

一九六六年にガーナのエンクルマ政権を倒したクーデターでは、有能で現実主義的なクーデターの指導者たちは、エンクルマもいなければ重要な施設もない「大統領官邸」(Flagstaff House)を占拠することが必要だと考えた。彼らはこの建物が空疎《くうそ》な象徴にすぎないことを知っていたのだが、アクラの民衆の支持をとりつけるためには、ここを占拠することが決定的に重要であることを見抜いていた。民衆の間では、政治権力の保持と大統領官邸の間には切り離せない関係があると感じられていたからだ。

幸いなことに、このような象徴的な意味合いからぜひとも占拠しなければならないような建物は、国の中に一つか、あっても二つくらいしかない。こうした象徴的な建物の他に、なるべく占拠しておきたい建物は他にもある。軍の司令部、警視庁、保安当局などのビルである。したがって、こうした目標としては、以下のようなものを挙げることができるだろう。

(a) 実質的な政治権力の座：王宮、大統領官邸、議事堂、または党幹部会や中央委員会の入る建物が考えられる。

(b) 主要官庁：独立している場合は、国防省、内務省、警察、そして軍の司令部など。

(c) 象徴的な建物：前記の二つのうちのどちらかに該当する場合が多い。ただしその国の政治の発展と伝統との間に「文化的」な面で落差がある場合には、大衆はいぜんとして政治権力を「時代遅れ」の建物と結びつけて考えがちだ。

クーデター（の実行段階）は、国民が朝になって目を覚まし、象徴的な建物などをはじめとするビルが誰に支配されているのかを探り始めたときには、すでに終わっているものだ。したがって、これらの目標のいくつかの占拠は、もっと後の段階に入るまで先延ばしにしてもかまわない。われわれには直接的、そして現実的な要件から、他にも重要であったり、緊急を要するターゲットが存在するはずだ。よって、象徴的な建物や官庁などへの対処の仕方として最適なのは、主な任務を完了させた実行部隊の集合場所にすることであろう。

政治勢力の中立化　Ⅱ：特定の集団

政府からのメッセージが途絶え、首都が明らかにわれわれの手中に落ちたあとも、なおわれわれに抵抗するほどの力をもった集団はどのようなものなのだろうか？

おそらくその数は少ないはずだ。ただしここで覚えておかなければならないのは、よく組織されたデモや、タイミングよく行われるストが一つでも起こると、実行中という微妙な段階にあるクーデターにとっては深刻な脅威になり得るということだ。したがって、そうした集団を見極めて、クーデター前に中立化しておくことが不可欠となる。

クーデターの発生が知らされると、政府側の軍事的な組織はただちに行動準備を開始するはずだ。そうなると、彼らを逮捕するのはいっそう難しくなる。なかば地下に潜行することにもなりかねないからだ。政治的な対立が議論の領域にとどまっている国では、政治面での激変に対するこの種の劇的で素早い反応は見られない。しかし政争が暴力をともない、組織的な勢力（政治的なものであるなしにかかわらず）がこのような争いに巻き込まれやすい国では、この種の反応は必ず起こることになる。

中東のイスラム系軍閥と南欧の労組の間には、（a）この種の反応を起こす能力、（b）武器がなくとも（もちろん持っている組織もあるが）クーデター側にとって脅威になりうる点、という二つの面をのぞけば、共通点は少ない。しかし以下で紹介する三つのタイプの「政治勢力」（労組、宗教団体、政党）の特徴は、他の組織的な集団が持つ特徴にも通ずるところがあるので、次にこの三つの分類を元に分析してみよう。

たとえばアメリカとイギリスでは、労組も宗教団体も政党も、当初の目標を占拠したクーデター勢力に抵抗できるような軍事力を持つわけではないが、抵抗できる集団（極右の民兵組織など）には、この三つのタイプの集団の特徴が備わった形で組織されている。

ここで必ず覚えておかなければならない点の一つは、平時に政治的に重要であるとされる集団のすべてが、クーデターという非常事態において重要になるわけではないということだ。それどころか、平素は大した重要性を持たない集団が、クーデターを実行する側にとって本物の脅威となることもある。

たとえば、アメリカの全米ライフル協会（ＮＲＡ）や、イギリスの全学連（ＮＵＳ）のような団体を中立化するのに失敗すると、彼らの反発は――それ自体は大した効果はないとしても――政治状況の安定化のプロセスを遅らせたり、新たな紛争を引き起こしてクーデターのやり直しを迫ることにもなりかねない。そうなると、他のもっとおとなしい集団でさえ、われわれに対抗できる方法はないかと考え始めることにもなるし、われわれが軽視していた集団の扇動を阻止するために武力を使ってしまえば、クーデターに対する警戒心と敵意が増し、反発がますます広がることにもなりかねない。

最後に、われわれを支持する集団を除いた、「中立化してはならない政治勢力」がいくつかあることも覚えておかなければならない。それは、一般的には「過激派」と見られているが、実際はそれほど力を持っていない集団のことだ。彼らに対してある程度の行動の自由を認めることは、われわれに反対するチャンスを与えることを意味するが、彼らに反対させることによってわれわれに有利になることが二つある。それは（ａ）われわれクーデター側よりも、過激派のことを恐れる政治勢力の支持を得ることができる、（ｂ）その過激派と他の集団との結びつきを見せつけることによって、この「他の集団」を弾圧する口実ができる、ということだ。

ただし、これはかなり危険な火遊びになりかねない。クーデターという混乱したドラマチックな状況の中で、この過激派が権力を握ったり政治的な支持を得る可能性もあるし、さらには反対派を制圧するために与えた時間が、逆に過激派側に有利に働く可能性さえあるのだ。

宗教団体：戦略目標その④

先進国では、宗教団体は社会勢力としてはそれほどの力を持っていないが、それでも社会的には重要な役割を果たしていることがある。宗教団体の指導者には社会的にある程度の影響力があり、政治的な力を持つ場合もあるのかもしれないが、信者たちの忠誠心が政治の分野で直接的かつ強力な形で表面化することはほとんどない。

ところが発展途上国で、とりわけその発展が限定的でごく最近のものである場合は事情が異なる。人類の新しい技術が最近になって導入されたか、まだ全然採用されていないような国々では、「神による古き技術」が、いぜんとして圧倒的な重要性をもっている。このような事実が、その信仰を奉《たてまつ》る宗教団体に対して、信者の感情を通じて大きな政治力をもたらすことがある。もちろん小さすぎて国政に影響を持たないような非政治的な土着の宗教団体もあるが*6、実際は国際的な宗教ですら、各国の政治への関与の度合いはそれぞれ違うのである。

戦後のイタリアにおけるカトリック教会は、宗教的には不利な状況でも、よく組織化された宗教団体がどこまで権力を獲得できるのかをよく表している。ほとんどのイタリアの男性は教会へ行かないが、女性はきちんと出かけて参拝する。イタリアは婦人にも参政権のある民主制国家であるため、教会が信者に特定の党に投票するよう指示すれば、その党は選挙運動をするまでもなく、大量の女性票を獲得できるのだ。教会は一九六〇年代後半までそうした指令を与えることが多く、その恩恵を受けてきたのがキリスト教民主党（Democrazia Cristiana）である。

女性票の大半に助けられる形で、同党は一九四八年に始まり、一九九〇年から九一年にかけての崩壊まで、単独、もしくは連立で、長年にわたって政権を握ってきたのであり、これができたのはカトリック教会から受けてきた支持のおかげだった。ちなみにこの政権崩壊は、検察判事からの攻撃によるものだった（穏健派の連立与党として政権交代が行われない腐敗が進んでいた。イタリアには組んではならない共産党が存在するため、政権交代は長年にわたって彼らの選択肢にはなかった）。

したがって、教会がキリスト教民主党を動かし、これを通じてイタリアの国民生活のあらゆる面に影響力を及ぼしてきたことは驚くにあたらない。ところが一九九一年以降になると、国内経済の舵取《かじと》りにおいて、キリスト教民主党の成功を再演できるような党派は存在しないことが明白になってきた。キリスト教民主党亡きあとの時代を担ったテクノクラートたちは、混沌のイタリア経済をユーロというあまりにも清き水の中に連れ込むという、致命的な失敗を犯してしまった。

一九九四年になるとベルルスコーニが登場し、イタリア人に対して腐敗よりも悪いことがあることを教えることになった。それは、最高指導者が自分のビジネスや、快楽的な個人生活に気を取られ、国家機関がマヒするという事態である。こうしてイタリアは、長きにわたって経済が停滞し、若者が慢性的に失業するという、社会にとって悲劇的な展開を経験することになった。本書が執筆されている二〇一五年の時点でも、ベルルスコーニ後の指導者たちはこの悲劇を癒《いや》せていない。

カトリック教会の持つ影響力は明確であり、地方では司教を通じ、中央では法王やその側近を通じて、たえず政治活動を監督するという形をとっている。国家の官僚では上から下まで、すべてのレベルで直接・間接的に影響力を行使している。たとえばそれは、公務員の役職や昇進、財政投融資の配分、様々な補助金、特別規制地区の指定や、建築基準の行政上の決定にまで及んでいる。

こうした影響力にはそれだけの効果がある。たとえば活気ある民間や半官・半民の施設に比べると国営の施設は朽ち果てる一方だが、教会の教育施設や宗教施設は着々と発展している。建設資金や当局の許可についても、決して困ることはないのだ。

イタリアでカトリック教会の組織の中立化に失敗したら、反対勢力は地区の教会の強固なネットワークを通じて意気を揚げ、われわれに団結して抵抗してくるだろう。教区の人々は司祭から政治的なメッセージを聞き慣れているし*7、聖職者は政治についての詳細な説明を司祭から聞かされ慣れている。そして司教たちは、バチカンの法王庁から指令を受けているのだ。われわれが電話のような通信施設を中立化できたとしても、こうした指令が伝わるのを阻止することはできない。バチカンは独自の放送局をもっており、これを通じて国中の教会組織に直接連絡がとれるからだ。

他にも、国民の名目上九九・九パーセントがカトリックの信者である国や、それを「国教」としているような国でも、事情は似たようなものだ。ところがフランスは当然として、スペインやポルトガルのように国家の構造が強い国々では、カトリック教会はイタリアほど飛び抜けた地位を持っているわけではない。しかし、南米を含むカトリック圏の世界では教会は有力な勢力の一つであり、とくにクーデターが反カトリック的な性格をもっている場合は、それに対する反発は強くなる。

イスラム教は、宗教と政治制度、そして文明のすべてを包括した性格を持っており、文化的にはかなり衰えていると言える。ところがエジプトのカイロにあるアル＝アズハル大学は、イスラム世界での主要な神学校の一つであり、この学校の「博士たち」は、時の支配者たちから定期的に政治的な声明を発表させられている。イスラム教にはローマ法王のような中央集権的なシステムは存在しないのだが、それでも各国の指導者は、それぞれの国できわめて重要な地位を占めていることがある。

かつて喧伝《けんでん》された「アラブ社会主義」も、それが突然消滅する前ですら、イスラム教の地位にはまったく手を出せなかった。あらゆる内政・外政の問題について極左路線をとった政府ですら、国教としてのイスラム教の地位には手をつけようとしていない（というか手をつけられない）。このような事実を、（名目上は非宗教的だった）シリアのバース党政府の目立たない閣僚の一人がほのめかしたとき、政府指導部は彼を公式に非難せざるを得なかったほどだ。

このような国に有力なイスラム教指導者が存在することと、彼らが政治勢力として実際に積極的な活動を行えるかは、当然ながら別問題である。組織的な宗教としてのイスラム教の構造は、すでに化石化してしまっている。かつての流動的で活発な活動に代わり、いまでは独善的で超保守的な信仰が居座っており、その融通性のなさが今日のアラブ世界の苦労のタネになっているほどだ。

それとは対照的に、公式、または伝統的な宗教制度の外にあった暴力的なイスラム主義には、柔軟性と活気が溢れている。この一例が、エジプトで一九二八年に始まり、一九六〇年代にシリアに広まった歴史を持つ「イスラム同胞団」(アル・イフワーン・アル・ムスリムーン)であり、一九七九年以降にアフガニスタンで広まったパキスタンにおける「ジハード運動」には、オサマ・ビンラディンに率いられ、一時は世界中に主張を投げかけていたアルカイダも含まれる。最新のものとしては、二〇一五年の時点では独自の「カリフ」の地位、つまり全世界のイスラム教徒にとっての唯一正統な支配者を誇示する「イスラム国《ISIL》」がある。彼らはスペインのアンダルシアなど、かつてイスラム教徒が一度でも統治した地の支配者だと主張するのだ。

イスラム系の「ジハード運動」の団体に共通しているのは、かなり奇妙な四つの特徴である。第一の特徴は、彼らはどうも説明しづらい理由から、社会における女性の役割について強迫観念をもっている点だ。これはむしろ社会からの女性の排除を狙っていると言えそうでもあり、彼女たちを家畜(といっても価値は高いが)とほとんど同じような地位に貶《おとし》めようとしているのだ。これはつまり女性の役割を、生殖(子牛生産用の牧場のようなものか)と、ベッドの内外での奴隷的な奉仕に限定しようというものだ。

もちろんそこまで過激ではない宗派もあるが、女性になんらかの政治的な役割を担わせようとする聖戦運動は存在しない(女性も戦闘可能だが、あくまでも自爆テロ要員としてだ)。そして女性には、なんとかコーランを読める程度の教育しか許していない。未婚女性が職業を通じた存在感を持つことは全く考えておらず、自動車の運転すら認めていない。ただし、未亡人が洗濯などをして働くことまでは禁じていないようだ。

第二の特徴は、彼らが「イスラム教の時代」を口にしながら、実際はスンニ派のためだけに行動しており、支配下においた非スンニ派のイスラム教徒を日常的に迫害、もしくは単に殺害している点だ。それがアフガニスタンやイラン、レバノン、パキスタン、そしてシリアの十二イマーム派のシーア教徒であろうが関係ないのだ。イエメンのシーア派である五イマーム派（ザイド派）、さらには世界中に広がり、シリアにも住む七イマーム派（イスマーイール派）に対しても容赦ない。こうなると、たとえばイランにとって「大悪魔」とは米国のことになるが（実のところ、救いようもなく親米的な教育をうけたエリートを統治しなければならないイスラム僧たちにとっては、確かに大悪魔であろう）、ジハード戦士にとっての「大悪魔」はイランになる。その代わり、イランにとっては互いに凶暴なシーア派のヒズボラとスンニ派のジハード戦士が殺し合ってくれている状態は、それほど悪いものではない。

第三の特徴は、イスラム聖戦運動団体は当然のことながら反西洋であり、欧米の文化（服装など）を、その思想と共に拒否している点だ。しかし彼らは欧米メディアのやり方を非常に熱心に、しかもかなり上手く真似《まね》している。

第四の特徴は、イスラム系ジハード戦士たちが常に志願者を惹《ひ》きつけている点だ。志願者たちは著しく思い込みが強く、したがってイスラム圏では敵となる給料取りの兵士や警官たちよりも優秀だ。また、欧米メディアのやり方をそっくり真似ることができるので、ジハード運動の参加者たちは欧米からも志願者を集めることができるし、その志願者たちがまた貴重な欧米の新しいスキルを持ち込んでいる（たとえばニューヨークへの同時多発テロを行った指導者は、エジプト出身のドイツの技術者だった）。

◆◆◆

政府は政治的な宣伝のためにイスラム教をダシに使っているという部分はあるが、それでも現代の「公式」なイスラム教が政治的にあまり有益なものを生み出せていないという事実は、一体何を示しているのだろうか？

実際、イスラム教の指導者たちは、宗教としての権威に直接的な攻撃があった場合にしか動きを起こしていない＊8。よって、われわれのクーデターがはっきりとした反イスラム教的な雰囲気を持たない限り、イスラム諸国の宗教指導者たちが率先してクーデターに対抗する行動を起こすことは決してない。それと同時に、反対派がわれわれに対して反イスラム教的なイメージを押しつけてこようとするのを、絶対に防がなければならない。

一九六〇年代から七〇年代にかけて、中東では「アラブ社会主義者」と王族たちの間で、断続的に政治闘争が発生していた。そこで王族は「シオニストと帝国主義者と石油独占資本の手先」であると非難されていたのに対し、アラブ社会主義者たちは「無神論的な思想でイスラム教を抹殺しようとしている」と糾弾されていた。ただしいわゆる「進歩主義者」でさえ、イスラム教に挑戦しようなどとは夢にも思っていなかったというのが実際のところだ。そして今日、「アラブ社会主義」が死滅して久しい。国の統治者と過激派イスラム系ジハード戦士との競争は、結果的にアラブ世界のさらなるイスラム化につながっている。

こうした現象はトルコでも見られるが、その事情はかなり特殊なものだ。まず、軍を基盤とした徹底した世俗的なエリート層が失墜したことで、地方のイスラム教徒である下層階級のアナトリア人の大衆が民主的に声をあげるようになったことが挙げられる。彼らの望みは「オスマン帝国時代の慣習への回帰」であり、完全に反リベラル的なものだ。その手始めとして、彼らは全ての女性にスカーフを課すことなどを求めはじめている。

このような「回帰現象」は、以前から「公正発展党」（ＡＫＰ）が実現しようとあからさまに狙っていたものだ。これまで厳正に世俗性が保たれていた大学キャンパス内にわざわざモスクを建設しようとする熱狂的な動きや、スンニ派のイスラム的な考えを、対外政策をはじめとして全ての政策に適用していこうとする動きは、まさにこれと同時に起こっている。

トルコのＡＫＰの無学なリーダーたちは、民主主義とは多数派による絶対支配のことだと本気で信じていて、少数派の合意を取り付けることや、個人の権利、法の支配などにまつわる様々なことは目に入らないようだ。彼らは獲得票数がギリギリ過半数になれば独善的にものごとを決定できるものとして、世俗派の深刻な悩みについては全く無視している。少数派ながら大きな割合（一五～二〇％）を占めるアレヴィー派なども、イスラム教への信仰心がＡＫＰにとってはあまりにも穏健すぎるとして、同じように無視されている。

ヒンズー教も、イスラム教と同じように、中央集権的な権威や階層を持っていない。実のところ、ヒンズー教は同じ古代文書の数々（中には素晴らしい文書もある）と同じ神々を共有する、様々なカルトの集まりである。各カルトによって強調する文書や神は異なるが、彼らは統治下において初めて一つの宗教とされたのだ。

インドの政治勢力の中には、ヒンズー教の信仰を巧みに利用しようとするものもおり、実際にヒンズー教系の武装グループも存在する。中にはヒンドゥー教徒のほとんどに共有されている穏健な寛容性を否定し、キリスト教の伝道者を殺害したり、反イスラム暴動を組織したりするものもある。牛の屠殺禁止は主流派からの広い支持を集めており、いくつかの地域では法制化されている（米国資本のハンバーガー・チェーンは鶏肉か、単にベジタリアン向けの食材を使っている）。しかしクーデター側が牛や寺院と関わらなければ、ヒンズー教は無視してもかまわない存在だ。

活動的な宗教が政治面で発揮するリーダーシップの力を示す極端な例として挙げられるのは、一九七五年に共産主義の北ベトナムが侵攻して政治的に排斥される以前の、南ベトナムの仏教団体である。それ以前の一五年間にわたる絶え間ない戦争と、ゴ・ジン・ジエム政権とその後に続いた軍事政権がもたらした政治面での荒廃《こうはい》は、南ベトナムの社会・政治構造を崩壊させ、地方は農業中心の自給自足の経済となり、都市部は米国の援助と米軍の軍事支出に依存せざるをえなくなった。

不安定な情勢のおかげで、南ベトナムの近代的な経済、政治、そして社会的な活動は弱体化した。そしてベトナム社会で唯一の有力な民間の政治勢力として代わりに台頭してきたのが、古くからある宗教団体だったのである。ベトコンと北ベトナムによる「テト攻勢」は、最終的に米国をベトナム放棄にまで追い込むことになったのだが、その直前となる一九六八年初頭までは、僧侶であるチ・クアン師のような地域指導者に率いられた仏教運動以外にも、以下のような団体が南ベトナムにはあった。

ホアハオ教：革新派の仏教徒であり、南部のメコン・デルタ地帯に多数の信者を持つ。指導者たちの政治志向が強く、地方で手を組む場合を除けば、基本的に「反ベトコン」的な態度をとっていた。初歩的な武装兵力を持っていた。

カオダイ教：仏教の有力な一派で、昔から政治に関与してきた。

ビン・スエン派：小規模だが非常に活動的な一派であり、秘密結社的な組織でもある。地盤となっているのはサイゴン地区であり、ジエム政権に弾圧されるまではサイゴン警察と裏社会の「オーナー」であると噂されていた。サイゴンとは川を一つへだてたショロン地区（サイゴンの広大な中華街）の中国系秘密結社の影響を受けており、ジエム政権による弾圧でも破壊されるに至らず、むしろ彼らは地下に潜行した。

カトリック：少数派でありながら、ジエム政権崩壊までは多数派である仏教徒を支配してきた。南ベトナムのカトリック教徒の多くは北ベトナムからの難民で、そのために過激な反共主義者であった。彼らの多くはフランス統治時代に宗主国側に協力しており、フランス軍にも入隊していた。南ベトナムが弱体化し、北による占領の見込みが強まってくると、彼らは絶望的な袋小路に追い込まれた。親ベトコン（というか、ただの親和平だが）のクーデターへの反対行動はすぐに発生するだろうし、かなり効果的なものとなるはずだ。

このような宗教団体は、いずれもクーデターに反対して立ち上がる可能性を持っていた。彼らの教会や寺院は、クーデター反対派の集合場所や隠れ家として使えただろう。僧侶や司祭たちは大衆を扇動し、クーデターへの反対を呼びかけることもできたはずだ。彼らの軍や下級役人に対する強い影響力も、われわれの権威の確立を邪魔するための抵抗力として使えた可能性がある。

有力な宗教団体というのは、教義や信条の面ではそれぞれ大きく異なるものだが、組織の面ではかなり似ているため、その中立化にはほぼ同じような手口が使えることになる。まず当然のことながら、宗教団体によるＳＮＳへのアクセスは、封鎖できなくとも、せめて妨害しなければならない。また、バチカン放送や米国の伝道系の団体の小さなラジオ局のように、宗教団体が私有の放送局を持っている場合は、一時的に放送不能にすればよい。教会や寺院のような集合場所は閉鎖しないほうがいい。反対派を抑えるどころか、さらに煽ることになるからだ。むしろ道路封鎖によって「偶然に」教会や寺院に行けなくするように仕組むほうが得策である。

宗教団体の指導者たちの中立化は、その扱いに注意しなければならない問題だ。彼らが熱心な信者たちの考えに及ぼす心理的な効果を考えれば、指導者や著名な伝道者を逮捕するのはきわめてまずいやり方だ（そうした者はSNSにアクセスできないようにすべきなのは当然だ）。

幸いなことに、宗教団体で実際に意思決定を行っているのは普段は人目につかない若い人物であることが多い。われわれにとって重要なのは、むしろこの種の人物である。実際の意志決定者が最上位の指導者でない場合には、その人物は逮捕してもかまわない。しかし地位も高く、実権も握っている人物の場合は、手を触れてはならない。たとえばチ・クアン師のような人物の場合、実権を握っているが地位は高くないので逮捕できるし、逮捕すべきである。ところがローマ法王のように、組織の象徴でもありつつ実権も握っている場合は、逮捕でもしようものなら大反発を喰らわずにはいられないし、逮捕による利益よりも、失うもののほうが大きい。

＊　＊　＊

「ジハード運動」では、軍・警察・宗教の指導者が同一人物であることが普通だ。その指導者は、最も穏健な派閥を含む、あらゆるイスラム教徒がイスラム共同体の統治として理想視すべき「カリフ国」の建設を呼びかける。彼らは「この理想実現の過程で、すべての人類は自発的にイスラム教に改宗していく」と主張し、頑固で改宗できないものは殺されるというのだ。

しかし現代においてカリフ国再興を主張する者たち（多くの国では半ば公的な運動として大きなものになっている）は、歴史上の有名な「カリフ国」にあまり触れることはない。雄大なウマイヤ朝は、より長い治世期間を誇るアッバース朝に滅ぼされ、そのアッバース朝は一二五八年にモンゴルによって滅ぼされた。その合間にはエジプトを本拠地として寛容《かんよう》だったファーティマ朝も存在した。オスマン帝国は一九二四年まで存続していた。ましてや多くのイスラム教徒が異端として非難する、真の穏健派として有名なアフマディーヤ朝のカリフ国については言うまでもないだろう。

カリフ国復興の支持者たちは、歴史ではなく、ムハンマド以降の四代にわたる「正しく導かれた」後継者（正統派カリフ）による統治について熱く語る。この後継者とは、六三二年のムハンマドの没後にその役割を継いだものたちだ。ところが彼らはムハンマドのような預言者的な役割を果たせず、ムハンマドが定めた信者たちの「後継者」として、イスラムの布教活動を支配した。その後継者たちは「フラファァ」（khulafaa）と呼ばれ、英語の「カリフ」（caliphate）という呼び名はここから来ている。

カリフを盛大に讃《たた》えるとき、イスラム世界の難問に悩む現代のイスラム教徒たちがやることは、いつも決まっている。「カリフ国」という制度につきものの、暴力による不安定さには目をつぶるのだ。彼らが讃えているのは、現在の自分たちを常に打ち負かしている異教徒（イスラム教で約束された勝利を貶める存在だ）に対する、大勝利にほかならないからだ。

しかしそれが始まった時から、カリフ国は暴力に悩まされていた。初代カリフ（六三二～六三四年）のアブー・バクル・アッ＝スイッディークは自らの支配権の確立のために、その短い在任期間において、部族間を分離しようとする動きを抑えることに集中せざるを得なかった。その戦いは、ムハンマドの娘婿《むすめむこ》であるアリー・イブン・アビー・ターリブの一派（最初のシーア派）によって、さらに強まることになった（ファダクのナツメヤシ農園をめぐる苦々しい財産争いもあった）。

アブー・バクルは病死し、特権を否定された二代目カリフ（六三四～六四四年）のウマル・イブン・アル＝ハッターブは、憎悪に燃えたペルシア兵に殺害された。三代目（六四四～六五六年）のウスマーン・イブン・アッファーンは、マディーナの自宅でリンチに遭った。四代目にして最後のカリフ（六五六～六六一年）のアリー・イブン・アビー・ターリブは、ムハンマドの娘婿だったが、より激しい過激派であるハワーリジュ派に暗殺された。ハワーリジュ派の要求は「全ての非イスラム教徒への終わりなき戦争」であり、意見を異にする者はすべて死に値《あたい》する背教者であると非難していた。ムハンマドも同じことをしており、背教者や無礼な詩人を断頭するために、暗殺者を送り込んでいた。

〓　〓　〓

したがって、世界中でイスラム教徒が起こしている暴力沙汰は、彼らの伝統に完全に合致したものであり、もしクーデターを計画している人間がイスラム教国家にいるイスラム教徒である場合、この伝統を利用して行動できるのだ。現代のイスラム系ジハード主義の創始者であるサイード・クトゥーブは、エジプトの軍事独裁者であったガマール・アブドゥル＝ナセルによって絞首刑にされた。しかし絞首刑にしたナセル自身は幅広い層から人気があった。二〇一五年の時点でのこのエジプトの軍事独裁者は、誰に訊《き》いても好評価であり、ムスリム同胞団（イフワーン）の指導者に死刑判決を下しても、その人気を大きく損なっていない。よって、イスラム教徒からのクーデター側への信頼が崩れない限り、クーデターを邪魔するようなイスラム教指導者は単に排除すればいいだけの話だ（あなたの額に黒くなっている部分があると、彼らの信頼を得る上で助けになる。地面に平伏して熱心に祈るときにできる傷によるものだと勘違いされるからだ）。

政党：戦略目標その⑤

クーデターの反対にまわる可能性をもつその他の集団とちがって、「政党」というのは、われわれの直接の競争相手になる。われわれと同じく、政治権力の蓄積を目指しているからだ*9。もちろんだからと言って、政党が必ずしも最大の、重要な、もしくは潜在的な脅威になるわけではない。それでも政党のクーデターに対する反応は、とくに素早いはずだ。この反応が、ただ単に口先だけのものか、それとももっと直接的・具体的なものかは、その政党の指導者、組織、党員の性格など、実に様々な要因で決まってくる。政党は国によって様々だが、それぞれをどのように中立化すべきかを検証するための手始めとして、まずはそれらをいくつかのカテゴリーにわけてみよう。

「集票《マシーン》」政党

政治が普通の仕事と同じであるとすれば、政党は特定の物理的な報酬と引き換えに有権者からの票を集める「結社《けっしゃ》」という形をとる。地元の「ボス」は、自身や自分の息のかかった者にカネや役職を譲《ゆず》ってもらうのと引き換えに、選挙の際にその政党への票を確保するのだ。議員たちは自分たちが明確に利益にあずかるのと引き換えに、政府への支持票を投じることになる。そしてその利益の一部を自分の懐《ふところ》におさめ、残りは投票してくれた有権者に還元するのだ。

このような「集票政党」は、二〇世紀初期のアメリカ、戦間期のエジプト、そして現在の南米など、実に様々な社会で盛り上がりをみせた。「集票」政党が成立するためには、二つの大きな要素が必要になってくる。それは、選挙による議会民主制度と、社会的に未熟な有権者である。

たとえば二〇世紀初頭のアメリカの移民社会は、経済的、さらには政治的にも遅れた母国を持つ、東欧や南欧の出身者によって占められていた。そのため、新入りの移民たちには社会福祉法や労働法の形で、政府から直接譲歩を勝ち取るだけの政治意識をもっていなかった。ところが彼らはすぐに、政党の地元組織を支持し、間接的に利益を得る方法を学んだ。つまり、選挙で投票し、その候補者が当選すればその見返りを得られるのだ。

今日の集票政党は、かつての米国の政党ほど利益を分配してくれるわけではない。このような政党は、産業がまだ未発達の「雇用主義」（若者向け雇用を優先する政治）が支配的な社会でこそ本領を発揮する存在だからだ。このような社会では、中流階級の人々にとって、政治とそれに関連した公共事業に関する職業こそが出世のための最大の方法となり、しかも政党は、その中流階級の人々が政府関連の仕事を得るための（しかも法的な面で訓練をほどこしてくれる）唯一の手段なのだ。

集票政党のそもそもの存在意義は、貧しくてしかも「民主的」な国々の中の、国家の構造と社会秩序の間の、そのギャップの中にある。その活動は、あらゆるレベルにおける「票と報酬の交換」を軸に行われていて、いいかえれば、議会制度がしっかりと機能していて、しかも定期的に選挙が行われていることが必須となる。

クーデターが起こると、このような制度は機能不全に陥り、集票政党も力を失う。この政党が大衆に支えられた支持基盤を持っていても、組織の指導者たちは国家レベルでの存在感を持たない地方の権力構造の寄り合いに過ぎないため、結局のところは大衆を動員できないのだ。そのため、われわれは集票政党を無視してもかまわないし、そのために特別な措置をとる必要もない。

「反乱」政党

このタイプの政党は＊10、われわれが狙う国の政治に公式に参加している場合もあれば、していない場合もある。いずれにせよ、このような政党の主な目的は、その国の体制を働かせることよりも破壊することにある。一九一七年以前のボリシェビキのように、このような政党は半合法的な存在が多く、細胞組織や「地下活動」を好むような考えを持ち、準軍事的な部門を持っていることが多い。このタイプの政党の特徴は、はっきりとしたイデオロギー的信念に忠誠心をもち、厳格に中央集権化された組織によって構成され、政治目的の達成のために直接的な手段に訴えることに専念している点などにある。

西欧や北米における社会・経済的な状況下では、通常では反乱政党の党員数は少ないし、体制への挑戦の仕方も非現実的なものが多い。それでもごくたまに国民生活の主流から外れた一部の民衆の間で支持を集めることはある。その一例がアメリカの「ブラック・パワー」運動である。これは反乱政党の特徴をすべて備えているが、社会・経済状態の遅れた黒人居住区でしか活動できていない。ところが「第三世界」では経済面で搾取《さくしゅ》の圧力をたえず受けているために、民衆の間で革命的な機運が一気に広がる可能性があり、反乱政党はこの動きにつけこもうとするのである。ただし反乱政党はかけ声だけで、実際の実務担当能力には欠けるものが多い。

反乱政党がクーデター側に抵抗するやりかたには三つある。（ａ）支持を得られる範囲まで大衆を扇動する。（ｂ）暗殺や破壊活動などの直接的な手段をとる。（ｃ）労組の煽動を使う、である。反乱政党は、通常は独裁主義的な組織構造をもっており、クーデター後の混乱期に発揮されるその力の多くは、まさにその独裁的なリーダーシップによるものなのだ。したがって、われわれはその中の重要な意志決定者を特定し、孤立させることに専念すべきだ。

党の規律を強調したり、上層部からの指示待ちをする習慣などから、反乱政党の多くは指導部が動かないと、完全に機能不全に陥ることが多い。反乱政党は、その力の源となる社会的な圧力によって復活することもあるが、クーデターが起こっている短期間の間に復活することはありえない。

反乱政党のこうした脆《もろ》さの典型的な例は、イスラム同胞団である。この団体は戦後エジプトの政界における有力組織の一つであり、大衆の支持も強く、経済・教育活動、準軍事的青年団などを通じて、かなり大きな行動力をもっていた。しかしその実効性は、主に創設者であるハサン・アル＝バンナーの一貫した指導によるものであり、一九四八年末のクーデター失敗の直後に彼が（不審な状況で）死ぬと、その運動は急激に衰退していった。

したがって、反乱政党を率いている委員や指導者たちは、もし必要であれば逮捕し、クーデターの期間中は隔離《かくり》しておくべきだ。リーダーのいなくなった反乱政党は、われわれが権力を握った直後の不安定な期間にはまったく行動を起こすことはできなくなる。党の規律というものを強調しすぎているからだ。

準官僚的政党

中国のような一党独裁国家では、党そのものが大衆の支持を取り付けるという重要な役割を失ってしまっている。そもそもこの党は独占状態にあるために、単なる名目上の存在になってしまう危険性もある。

しかし、他の官僚的な組織と同様に、たとえその基本的な機能を失っても、この党は掠奪組織として、あるいはまた国家の官僚組織の補佐、もしくは監督的な存在として存続できる。たとえば独立前の政治闘争の期間に結成されたアフリカの諸政党たちは、独立後、ただちに法的に独占体制を確立したところが多い。「タンザニア・アフリカ民族同盟」（TANU）のように、社会や国家の開発計画の建設的な推奨者となった組織もあれば、ガーナのエンクルマ率いる与党のように、個人独裁の補助機関や、彼の「活動家的」な支持者たちのはけ口となった組織もある。しかしその大部分は（軍事独裁に一掃されるまで）、現地の主要産業である「政治」の、主要代理店として活躍したのだ。

準官僚的政党は、国の官僚組織を従僕《じゅうぼく》のように扱う。官僚の活動を調査し、その様子を上層部に報告し、彼らに対して特権や譲歩を要求することも多い。こうした政党は、大衆の支持を必要としないものだ。ただし例外はある。それは、国家の指導者たちが通常の政治の枠組みの中で「自分たちの立場を支持するデモを組織してくれ」と頼んでくる場合だ。指導者たちの権力基盤がゆらぎ、警察組織が政府の「手足」としての働きをやめてしまうと、準官僚的政党はたちまち崩壊する。

したがってクーデターの実行段階では、われわれはこのタイプの政党を無視してもかまわない。しかしその二次的な役割、つまり情報活動や保安活動などは重要であり、そのような組織に対処する場合と同じように、一般的な対抗策を講じておくべきであろう。

先進国の政党

アングロ・サクソン系の国々のように、二大政党制を持ち、政党が実質的に圧力団体の連合体のようになっているところもあるし、ヨーロッパ大陸の国々のように、階級や宗教を基盤とする政党を持っているところもある。いずれにせよ、先進国の民主制国家の大政党は、クーデターの実行にとって直接的な脅威とはならない。

このような政党は、選挙中は大衆の支持を得ているものだが、政党もその支持者も、大衆を大々的に扇動する技術を熟知しているわけではない。政治が比較的安定しているせいか、直接的な行動をとるために必要となる経験そのものが失われており、彼らの政治活動は「定期的に行われる選挙」を軸にしたものでしか考えられなくなってきている。フランスやイタリアのように名目上は「革命政党」が残っているところですら、議会政治が数十年間続いたおかげで、彼らの革命的な手段への熱望が冷めてしまっている。

それでも下部組織や地区の支部などを抱えた政党は、情報収集を行ったり取りまとめたりする役割を果たすことができるため、潜在的には危険な存在となる。その党の首脳部が何も行動を起こさなかったとしても、党組織がクーデター反対を煽《あお》る機能を果たすこともあるからだ。そのような理由から、われわれは行政措置によってこのような党の下部組織のネットワークを閉鎖すべきであり、こうすることによって脅威を未然に防ぐことができる。

この方面からの唯一の重大な脅威は、左派の大衆政党とつながっている労働組合の存在である。ストを起こした経験を持っているおかげで、労組はクーデターに大衆的に抵抗するすべを自然と身に付けているのだが、労組への対抗策は、以下においてもう少し詳しく説明してみたい。

労働組合：戦略目標その⑥

産業が発展しているかどうかに関係なく、労働組合が政治的に大きな力を持っている国は多い。そもそも工場などでのストの経験は簡単に政治目的に応用できるものであるため、クーデターに対する労組の反応は、われわれにとって深刻な脅威となりうる。

労組への大衆の支持は、政党へのものとちがって持続的である。選挙は五年に一度しか行われなくても、工場は毎日稼働しているからだ。労組が及ぼしてくる脅威の度合いは、その規模や団結力、そしてどれほど好戦的なのかによっても変わってくる。たとえばイギリスのように労組が分裂しており、選挙向けの活動しかしていないところでは、たとえばイタリアのように中央集権的で政治ストの長い歴史を持つところに比べて、それほどの脅威はない。

一九五二年四月にボリビアで起こった革命は社会秩序を転覆させたのだが、これは単一の労組とその活動がどれほど一国の政治を支配しうるのかを示している。ボリビアは南米でも最貧国の一つであり、その経済は自給自足の農業と、大規模なスズの生産で成り立っていた。革命ではパティーニョ、アラマヨ、ホッチホルドの三家族が保有していた鉱山の国有化が行われたのだが、それ以前の鉱山労働者たちの労働環境や経済状況は、実に悲惨なものであった。

革命が起こると、彼らは当然のように自分たちの労働条件の大幅な改善を即座に要求し、国営のスズ鉱山会社であるボリビア鉱山公社（Comibol）も、それに応えてすぐに改革に着手した。ところが彼らが地理的・経済的な条件を見直した結果として判明したのは、生産性を高め、しかも最新の機械を大量に導入し、労働力を削減する必要があるということだった。ところが資本の出資者はアメリカだけだったので、鉱山労組の指導者たちは「ヤンキー資本主義反対」と「首切り反対」という二つのスローガンの下に、改革に反対したのである。

このような労働問題は、アメリカの周辺国のものとしては毎度おなじみのものといえるのかもしれないが、その最大の違いは、鉱夫たちが「兵士」でもあったという点だ。鉱山所有者の取り巻きによって支配された旧政権の政府軍に対抗するため、彼らは革命を掲げる「民族革命運動党」（ＭＮＲ）の中級指導者たちの手で武装されていたのだ。

革命によって政府軍は解体されたが、このおかげで鉱夫たちは政治や経済に圧力を掛けられるようになっただけでなく、さらに直接的な軍事手段もとれるようになった。ＭＮＲの指導部が、同じく武装されていた農夫（住み込みのインディオ）を組織した労働組合を使ってバランスをとるまで、鉱夫たちはやりたい放題だったのである。カタビ・シグロ・ベインテ鉱山の戦闘的な指導者に率いられた鉱夫たちは、まずボリビア鉱山公社を統制下に置き、この鉱山を通じて国そのものも支配した。鉱山は、ボリビアのほぼ唯一の外貨の収入源だったからだ。よって、首都ラパスの中央政府を奪取しても、鉱山にあった真の権力基盤は労組の指導者の手中にあったのだ。

ボリビアの事情はたしかに特殊だが、それでも労組は一大政治勢力になることが多く、とりわけクーデター直後の状況では強い力を発揮する。それでもその力の差は、労組の組織構造や、それがどれほど中央集権化されているか、さらにはどのような政治色を持っているのかという点にも左右される。たとえばイギリスでは、労組がかなり弱体化しており、意思決定の中心は個々の労組の執行部にあるのだが、現場が決定権を握っている場合も見受けられる。このような分裂状態は、少なくともクーデターへの対処速度を遅らせることになっているのだが、それ以上に言えるのは、イギリスの主な労組は直接的な行動に出るようには組織されていないということだ。

労組は、イギリスでは職能別、米国や北欧の大部分では産業別に分かれている。ところがフランスやイタリアでは、労組は政治志向で分かれて組織されているのだ。個々の労組は中央組織とつながっていて、その組織は特定の政党と結びついている。両国の最大の労組は、長年にわたって共産党の支配下にあり、その他にやや小規模な社会民主系やカトリック系の労組もあり、それぞれ該当する政党と結びついていた。イタリアとフランスの共産党系の労組は「労働総同盟」（それぞれＣＧＩＬとＣＧＴ）と呼ばれ*11、「政治スト」と「ゼネスト」など、以前から戦闘的な活動を盛んに行っていた。ところが両国において共産党が崩壊したおかげで、そうした活動が終了してから久しい。

われわれのクーデターが共産党と組んで行われるものでないかぎり、フランスやイタリアの労組の中央組織が反発するであろうことは目に見えているし、その反発の仕方もかなり予測のつくものだ。クーデターが発生すると、彼らはすぐさま、

（ａ）「反クーデター統一戦線」を結成しようとして、他の「民主勢力」と連絡をとる。
（ｂ）ゼネストを決行するために、全国の支部と連絡をとる。
（ｃ）「地下」活動や、非合法的に組織を存続させるための非常計画を実行に移す。

われわれにとって唯一最大の脅威となるのは、彼らがクーデター勢力と正面から「対決」することを狙って行う「ゼネスト」という戦術だ。われわれが通常の対抗措置をとれば、彼らがとろうとする非常手段をある程度抑えることができるはずだ。しかし労組側がしかけてくる「対決」を避けるには、やはり個別の対抗措置が必要になる。

ＣＧＴもＣＧＩＬも、戦時中にレジスタンス活動を行った経験をもっている。彼らはあからさまな弾圧がかえって情勢を悪化させることを知っており、われわれになんとかして暴力を使わせようとして挑発してくるはずだ。もちろん何らかの形での「対決」は避けられないだろうが、それでも流血の事態だけはなんとしても避けなければならない。流血事態は、軍や警察の連中に極めて悪い影響を与えるからだ。緊迫した情勢下で流血が回避できるかどうかは、ひとえにわれわれの持つスキルや、われわれの側についた軍や警察の部隊をいかにうまく指揮できるかにかかってくる*12。

一九六四年の夏にイタリアのレッジョ・エミリアでは、政治ストによって七人が死亡した事件があったが、これなどは本来守るべき政府の権威というものを、無能な警察がいかに貶めてしまったのかを示した一つの端的な例である*13。

もしわれわれが狙う国の労組が、フランスやイタリアのそれのレベルに近い政治力をもっている場合——もちろんわれわれのクーデターとその労組が政治的につながっていない場合だが——には、その指導者を特定して逮捕し、その次の指導者がわれわれの活動を妨害してくるのを防ぐために、その組合の本部を閉鎖する必要がある。それ以外の場合は、労組に対する一般的な対処措置を、その場に応じて使い分ければよいだけだ。

註

1　政府の指導者を拘束できれば、浸透できなかった軍や警察の一部を孤立化させる際にも役立つ。ただしそれにはもっと直接的な手段をとる必要が出てくることは言うまでもない。

2　クーデターの実行チームの性質と構成については、補遺Bで論じる。

3　フランス共和国保安機動隊は警察の傘下にある組織で、軍のコミュニティの外部にある。

4　電気で稼働する施設を無力化する通常のやり方としては、その施設と電力の供給源（もしくは自家発電設備）の間にある電線が結束した部分を、少量のプラスチック爆薬で爆破・切断するものだ。このような部分は、外からでも簡単にとどくものだ。

5　中東やラテンアメリカのクーデターでは、首都の大通りにおける戦車の出動がつきものになっている。ただしアフリカの場合は異なる。アフリカ諸国の軍の大半は戦車をもっておらず、持っていたとしても装輪装甲車くらいだからだ。

6　地方の土着の宗派は、地方政治のレベルでは大きな影響力を持つ場合もあるが、国政レベルでは重視しなくてもよい。

7　大ヒットしたあるイタリア映画では、ある教区司祭が教区民たちに対して、〝選挙前にはっきりとしたことを言うつもりはないが、「民主的」で「キリスト教徒的」の政党に投票して欲しい〟と訴える興味深い場面が出てくる。

8　イスラム教やアラブ世界に関するこれらの説明は、スンニ派に関するものだ。異端的なシーア派とその分派については別だ。後者の政治・宗教指導権は一人の人物に集約されていることが多く、政治的にも非常に活動的である。

9　これこそが彼らの目的である。ところがその役割は、利権をまとめる点にある。

10　「革命政党」という呼び名でも良かったのだが、これだと左派的な意味合いが強い。「反乱」であれば左右両方の過激派が含まれることになる。

11　イタリアのＣＧＩＬは Confederazione Italiana Generale del Lavoro、フランスのＣＧＴは Confédération générale du travail である。

12　一九六八年五月のフランスの事案を参照のこと。

13　群衆心理についての研究や、様々な小道具の研究開発は発展してきたが、それでもわれわれは暴徒を制圧するための基本原則を忘れてはならない。（ａ）群衆を常に広い場所に置き、狭い所に押し込めないようにすること。（ｂ）群衆の中から適当に人を選んで逮捕することで、暴徒の中に個々の人間が紛れて顔を見られないことを良いことに乱暴するのを防ぐこと。

第5章　クーデターの実行

代議制の道義的な力がひとたび破壊されると、立法機関は軍に対してたった五〇〇人の群衆にしかすぎなくなる。しかもこの五〇〇人は、同人数の一個大隊よりも訓練や規律の点で劣るのだ。

スタール夫人、ナポレオンのクーデターについて

私は戦車に乗って政権を奪った。だから私を追い出すことができるのは戦車だけだ。

アブー＝ターヒル・ヤフヤー、イラク首相（一九六八年）

クーデターの実行段階は軍事作戦と似ている。というか、むしろそれ以上に軍事的かもしれない。もし戦術の一般的な原則が「正しい場所で武力を行使すること」であるとすれば、クーデターの戦術の原則は「国家の組織中枢に正確無比な一撃を加えること」であろう。軍事作戦ではスピードが重視されることが多いが、クーデターではまさに必須の要素である。

ところがクーデターには軍事作戦と根本的に異なる決定的な一面がある。戦争の場合、後の（しかも決定的な）戦局に備えて、一部の戦力を温存しておく方が有利になることが多いが、クーデターの場合は一度にすべてを投入することが求められる。実行段階そのものの時間は短く、部隊を温存しておいても、明日には無駄になるだけだ。したがって、たった一度の決戦のために全兵力を一気に使わなければならない。

クーデターには実質的にほとんど時間的な余裕というものがないのだが、この事実は、その実行段階で犯した間違いを修正するチャンスがほとんどないことを意味している。戦争では、戦闘経験にもとづいて戦術を変更し、兵器を取り換え、細かい計画を練り直し、兵員を再訓練できる。ところがクーデターでは、作戦上のフィードバックは時間的に許されるものではない。そういう意味で、クーデターというのは現代の戦いのほとんどや戦略ミサイルの撃ち合いなどと似ており、それだけにクーデターの計画段階における意思決定においては、時間的な要素が最大の重みを持つのである。すべての襲撃目標はクーデター前に詳細に検討されるべきであり、襲撃担当のチームは、その任務に合うような規模や編成を持たなければならない。それらの行動はすべて事前に計画され、実行段階における戦術の変更は許されない。

このレベルまで計画を練れれば、いざ実行段階になったら司令部のような組織は必要なくなる。意思決定が必要なくなるため、意思決定者やそのための組織も必要なくなるからだ。というか、司令部を持つことはむしろ深刻な不利になる。なぜならそれは、反対派にとって格好の攻撃目標――つまり脆弱で簡単に特定できるもの――になるからだ。

クーデターが始まると、支配者である政権側の人々は、すぐに何かが起こったことに感づくはずだ。しかしクーデターが頻発する国でなければ、何ごとが起こっているのかは正確にはわからない。反乱、暴動、ゲリラ戦の開始、さらには外国勢力の侵入の可能性もある。この種の事態は、政権側にとってはすべて脅威となる。しかしその性質は、その事態の緊急性の度合いによっても変わってくるし、さらに重要なのは、その対処のために必要な手段が完全に異なってくるという点だ。そのためクーデターを実行する側は、自分たちが及ぼす脅威の性質を明らかにするような行動を絶対に避けなければならないし、政権側の防衛機能を混乱させ続けなければならない。

われわれクーデター側の部隊はそれぞれの基地から出発し、割り当てられた襲撃目標の奪取に向かうのだが、この間、各チームは独立した行動をとる。各チームの共通目的や協力体制は、政府側の反撃が手遅れになる時点まで明かしてはならない。また、クーデターの指導者たちは各チームに分散配備され、それぞれ襲撃目標に見合ったところに配属されている。こうして、クーデター側のスポークスマンはテレビ・ラジオ局を接収するチームに加わり、将来の警察のトップとなる人物は、警察本部を襲撃するチームに参加する。

基地から出撃し、割り当てられた標的を奪取するために進撃する。出撃したチームが全体として持つ目的や計画が判明する頃には、クーデターに反抗できる者たちにとって手遅れの状態になっている。クーデター側の指導者は、複数のチームへ分散する。彼らは指導者の存在を必要とする、最終的な標的を奪取するチームにそれぞれ参加するのだ。だからこそクーデターのスポークスマンは、テレビやラジオの放送局を奪取するチームに同行する。警察トップを予定されている者は、警察本部を標的とするチームに帯同する。

各チームは小規模で機動性が高くなければならず、しかも実行段階では司令部というものも存在しない。そのため、反対勢力から見れば、兵力を集中的に投入すべき単一の標的が存在しないことになる。その結果、政府側の数的優位は消滅し、個々の襲撃目標地点では、小規模なクーデター側のチームが局所的に優位に立つことになる。クーデターを成功させる最大のカギは、まさにこの点にある。

クーデターの前夜

本書の第2章と第3章で、われわれはクーデター計画を、国家の「プロ」の防衛機関をいかに中立化させるかという面や、「政治」勢力を中立化させるような攻撃目標の選定という面から考えてきた。また、軍やその他の強制機関の構造を分析し、その結果、軍の大半や警察のかなりの部分、そしてその他の公安機関が、どちらにつくにせよ、クーデターがいざ発生したら介入できないことを知ったのである。この理由は、彼らが遠隔地にあったり、分散配備されていたり、訓練や装備が不適当であったり、さらには専門化されすぎていることにあったのだ。

そこでわれわれは、介入能力をもった組織のごく一部に浸透し、その大部分を中立化し、そのうちのいくつかは完全に崩壊させるべきであるという結論に至った。こうすれば国家の防衛機能のほとんどが中立化できるし、その一部はわれわれに積極的に協力してくれるはずだからだ。軍と警察へ浸透できれば、われわれクーデター側にはひとつの手段が与えられる。つまり、部隊を味方に引き入れてクーデターの実行部隊にすることができるし、攻撃目標を選定すれば、彼らを使う準備もできるのだ。さらにわれわれは、奪取すべき施設や、妨害、または使用禁止にする施設も決定した。政府の内外を問わず、反対勢力の中心となる人物たちを選び、彼らを逮捕するためのリストも整えたのである。

ところが、クーデターの計画段階でまだ触れていない重要な任務がある。それは、政府軍の「中核」を強制的に孤立させることだ。もちろん、われわれが浸透できなかったこの部隊のクーデターへの抵抗能力が（もし介入できるとすればの話だが）低ければありがたいことであるが、いくらその能力が絶対的に低かったとしても、やはり彼らの存在は無視できない。もし彼らを無視してしまうと、われわれが首都（そしてわれわれ自身）を敵対勢力から隔離するために講じた、すべての措置が無駄になる。クーデターの実行段階では軍事力のバランスがわれわれにとってかなり有利であっても、他の状況ではあまり大した脅威ではないものが、実は悲惨な結果を巻き起こす場合がある。もし政府軍部隊の「中核」がクーデター側の部隊と比べて大きいものであれば、彼らを孤立化させるために、かなりの数の部隊を差し向けなければならない。

われわれはこの政府軍の「中核」に浸透することはできないが、以下の二つは可能だ。（１）部隊の規模やその質、そしてその配備状況を知ること。（２）こちらの中立化措置によって、相手の全般的な能力を低下させること、である。彼らの戦闘力は落ちないかもしれないが、表５・１に示したように、その介入の時間を遅らせたり、力を分裂させたりすることは可能だ。

表5・1　政府軍側の介入の仕組み

▼それぞれの段階	▼クーデター側のとった措置による影響
1．警察や保安機関の人間が最初の警報を発し、最高司令部に連絡をとる。	電話局は占拠され、携帯電話が使えなくなる。その結果、当局側は口頭で連絡せざるをえなくなる。
2．警察や保安機関は、受け取った報告を確認し、事態の深刻さを知る。当局は政治指導者に連絡をとろうとする。	上記の通り、通信・連絡手段は遮断済み。交通の要所が徐々に占拠されていくので、いくつかの伝令は物理的にも伝わらなくなる。
3．政治指導者が軍と警察に介入を呼びかける。	上記の通り、通信・連絡手段は遮断済み。兵舎から出て所在不明の部隊や、出動を拒否する部隊も

	いる。技術的に無力化されたため動けない部隊もいる。
4. 政治指導者が軍や警察にクーデター側の浸透工作がかけられていることを実感し始める。政府側の部隊が反応する。政府軍が要請に応える。	上記の通り、通信・連絡手段は遮断済み。軍の無線通信網を使えば政府側の部隊との連絡は可能。
5. 浸透工作の及んでいない部隊が集結し、介入の準備を始める。この部隊は政治指導者と連絡を取り、命令の確認を取ろうとする。クーデター側に寝返る部隊もいれば、中立を選ぶ部隊もいる。しかし政府の支配下に残る部隊もある。	多くの政治指導者が行動できなくなり、逮捕されるか身を隠す。
6. 政府側の部隊は首都圏に向かって進撃し、首都圏内にいる場合は市の中心部に出動する。	空港は閉鎖され、滑走路は遮断される。鉄道も運行休止。首都への出入口には検問所ができる。

結果として、首都にいる政府側の部隊は直接的な手段で孤立させることができる。

われわれの目的は、政府側の部隊を軍事的に壊滅することではない（なぜならクーデター成功後に彼らの幹部と政治的に取引できるからだ）。決定的な数時間の間だけ行動不能にしておけばいいだけだ。そしてそこで使われる戦術は、あくまでも防御的なものでなければならない。政府側の部隊が集まっている場所の周囲にチェックポイントを張りめぐらせて包囲するとか、それが無理なら、首都全体に包囲網を敷くなどだ。

このように、われわれは戦略的には（状況全般の変化を望むという意味で）攻勢な態度にありながら、同時に戦術的には防御を固めることになる。そしてこの防御的な態度が、技術面や心理面でわれわれに大きな優位をもたらしてくれる。たとえば道路を封鎖して政府側の部隊を孤立させることができれば、撃ち合いが始まってもその責任を相手側に押しつけることができる。また、われわれは封鎖を続けて待機していればそれで良いが、政府側の部隊はこれを突破しなければならないのだ。

たとえば政府側の部隊の一隊が、バリケードのある封鎖地点にぶつかったとしよう。この場合、その指揮官はそこで同じ軍服に身を固め、同じ軍に籍をおく「敵」と顔を合わせる。双方とも「命令にしたがっている」ことを主張するだろうが、ここで非常に興味深いのは、その命令がわれわれの側についている指揮官の「命令」のほうがもっと合法的に見える可能性が高いという点だ。こちら側には逮捕や施設の封鎖の権限が与えられているため、その「合法的」な命令は特殊な形をとることになりそうだ。その反対に、政府側の部隊の命令は、通常の指揮系統とは異なる人物から発せられることになり、しかもその中身は非常・緊急的なものになる。

しかもその命令の実態は、クーデター計画者が発した命令と全く変わらない可能性があるのだ。

したがって、政府側の部隊の士官たちは「市の中心部に出動し、国会議事堂と放送局を占拠せよ」との命令を受けているはずだ。さらに追加で「クーデター軍に対抗せよ」という指示を受ける可能性はあるが、それでもその命令には何か「物騒《ぶっそう》」な雰囲気が感じられることになる。軍の将校というものは、自分たちがいつもと違う行動をさせられていることに気づいても、それをなるべく「いつもの思考パターン」の中に落とし込もうとする傾向がある。その中で最もありがちなパターンが「政治家がまた『厄介事《やっかいごと》』を起こしやがった」という考え方である。そうなると、次に最も取られる可能性の高い行動は、「上官からの命令について説明を求める」ということになるが、われわれとしては、この上官たちが中立の立場をとり続けることを決断しているか、すでに逮捕されている状態が望ましい。そしていずれの場合も、命令についての「説明」を決して行うべきではない。

このような場合とは反対に、もし政府側の部隊が封鎖線を力ずくで突破しようとした場合でも、われわれは防御的な姿勢をとっていることによって、戦術面で有利に立てることになる。その有利になる点としては、われわれが封鎖地点（橋やトンネルなどの自然な障害）を選定できることや、兵器や兵員を配備したり偽装（カモフラージュ）するチャンスなどが含まれる。

このような心理・戦術面の利点を最大限に活用しようとするならば、封鎖線は二重に張り巡らすのが望ましい。たとえば（主に象徴的な）最初の封鎖線は、路上に装甲車のような車両を交互に停めた「物理的な障害」によって構成すべきであり、兵士は「通行禁止」を告げる少数の者を配備するだけでよい。この先に第二の封鎖線を張るのだが、こちらは侵入者を撃退できるだけのはるかに多くの兵員と兵器を備えた軍事的なものとする（作戦上の詳細については補遺Bで検討する）。

ここで重要なのは、最初の封鎖線を守る兵士たちの役割は、待ち伏せをして相手に最大限の被害を与えることではないという点だ。実際はその正反対であり、政府側の部隊がやってきたら「この先に第二の封鎖線があるぞ」と告げて、彼らの侵攻を抑止することなのだ。なぜならカモフラージュを施して待ち伏せしている部隊の強さを外から評価することは難しいため、待ち伏せする側は、相手に対して数的に劣っていても、抑止的な効果を発揮できる。

それぞれの封鎖地点には、その状況に対応したきめ細かい措置が必要になる。そしてクーデター側の兵士が理解しておかなければならないのは、彼らの最大の任務は「戦闘の回避」であって、「敵を撃退すること」ではないということだ。具体的に言えば、彼らの任務は相手の作戦行動を遅滞させることであり、決定的な結果を得ることではない。そして彼らが携行する兵器や使用される戦術も、この任務の目的に沿ったものでなければならないのだ。

タイミング、順序、機密保全：最終点検

理想を言えば、クーデターのタイミングは完全に臨機応変なものにすべきであり、たとえば政府首脳が首都を離れた時や、暴動が起こっている時のように、一時的に発生した状況でも有

利に活用できるようにしなければならない（表5・1を参照）。このような即応性というのは、たしかに極めて望ましいものでありながら、それを発揮させるチャンスはほとんどない。軍や警察への浸透工作は、常に変動する不安定なものだからだ。軍や警察の中からクーデター側につこうとする人々の数は「バンドワゴン」、つまり「勝ち馬に乗ろう」とする現象が発生すれば、どんどん増加するものだ。

ところがクーデターの成功が見えてこないと、中立、もしくは反対側に回る動きもでてくる。また、クーデター計画に気づいたり、「何かが起こっている」と感じる人間が増えると、それが密告されるリスクも増すのだ。

したがって、クーデターのタイミングは、軍や警察への浸透の進み具合に応じて決定されるべきであり、その浸透が十分なレベルに達した段階で、即座に決行されなければならない。つまりこれは、クーデター決行の日時をあらかじめ決定して、これを味方のチームに伝達しておくことは不可能であることを意味する。またこれは、クーデターの実行日を保安機関に漏らさないようにするためであることも意味する。

実際には、保安機関がわれわれに関する何かしらの情報を掴《つか》んでいる可能性は高いのだが、それを結果に影響させてはならない。クーデターの準備が進むにつれて、われわれに関する「情報《シグナル》」は流布されることになるのだが、同時に「雑音《ノイズ》」*1も増えて、情報そのものが不明確になる可能性もある。

図5・1 クーデター実行作戦の順序とタイミング

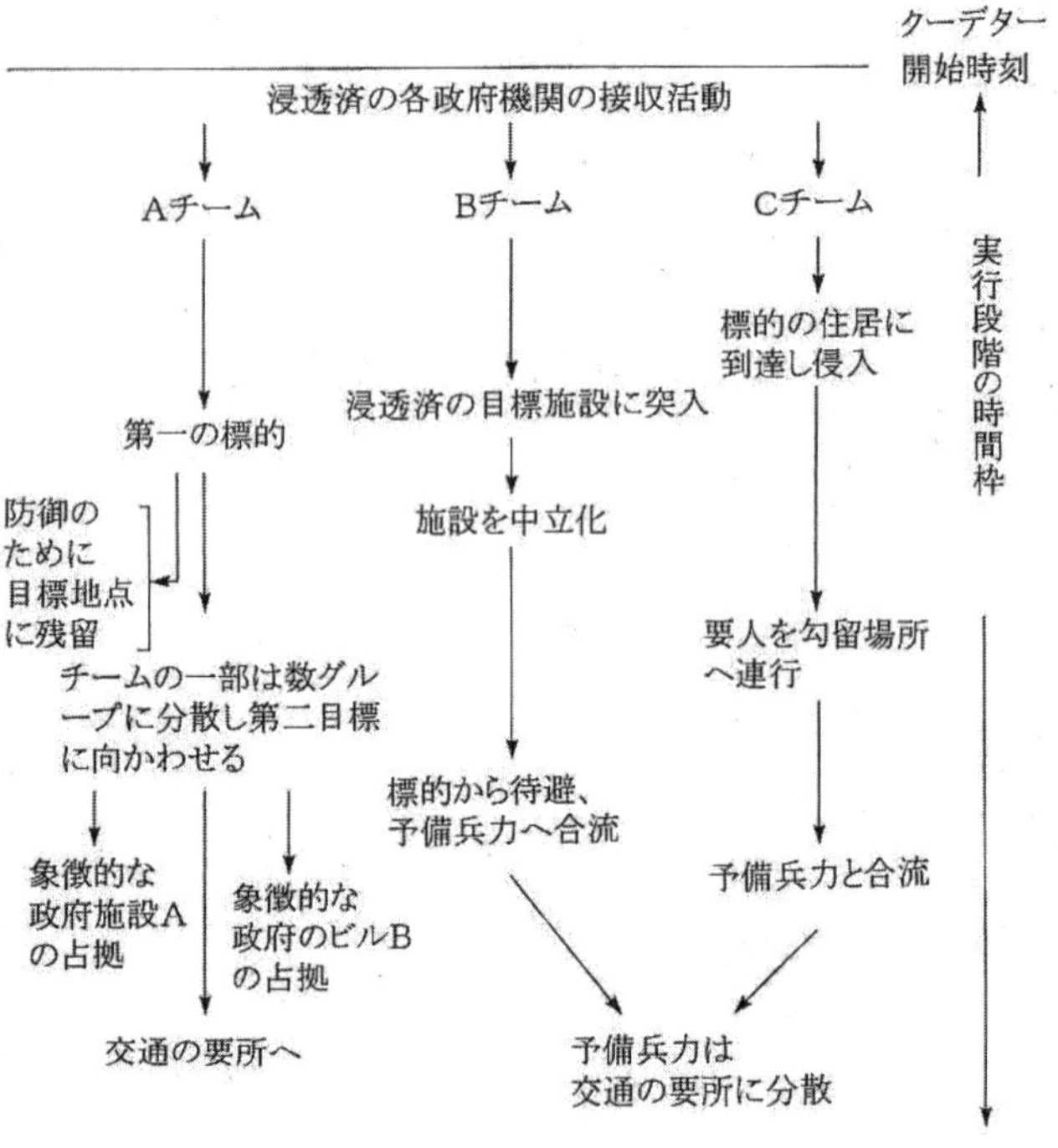

われわれの動きはすべて情報となって流れ、これが最終的には公安機関に知られることになるのだが、その行動の結果や誤読によって、入手した情報量と同等か、それ以上の「雑音《ノイズ》」が発生する。そのため、当局は脅威の実体をつかんで分析することがますます困難になる。なぜなら、彼らの情報処理能力には限界があるからだ。

この情報処理能力については図5・2で説明している。0—Zは当局が普段から受け取っている「雑音」のレベルを示しており、0—Aは当局のアナリストの処理能力であ

図5・2 情報と「雑音」の量の分析

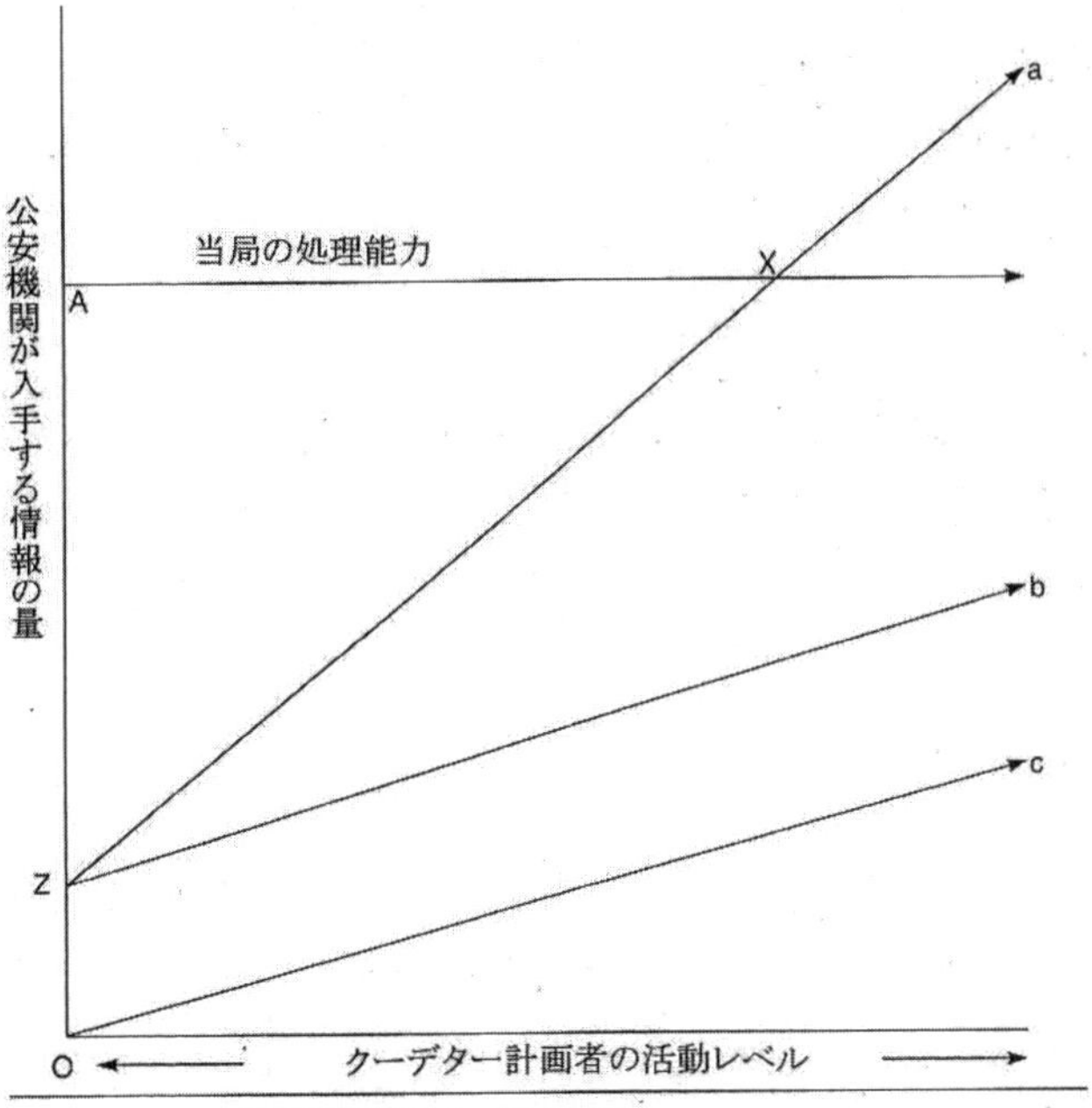

a＝全受信情報（データと雑音）
b＝雑音のレベル（あらゆる情報源から発生）
c＝計画者の活動で産み出された本物のデータ

る。X点を超えると、流入するデータ全体の量が処理能力を超えてしまい、これ以上の情報が入ってくると個々の情報に対する注意力は減少しはじめる[*2]。

たとえ保安機関が「正しい情報」と「雑音」をふるいにかけることができたとしても、ただちに行動を起こすことはない。彼らは職業的な本能として、計画の細部まで暴《あば》こうとするのであり、これは関係者を根こそぎ逮捕するためだ。そうなると都合のよいことに、当局がまだ捜査を完了する前にクーデターを実行できることになる。ところが公安機関の人間もこの「タイミングの問題」を認識している可能性があり、そのために彼らが潜在的な脅威に対して先手を打って、すでに特定済みのクーデター計画者を逮捕してくることもありうる。このような緊張感は、クーデター前夜に大きな問題を発生させることになる。われわれの最終準備が整うにつれて情報量が急増し、これが当局に察知されることになるからだ。この場合、「正確なデータ」と「雑音《ノイズ》」が区別されなくとも、彼らにとっては情報量の増大だけでも危険信号となり（優秀なアナリストであればそのように解釈する）、関係者の逮捕を誘発することになる。

実際の話として、われわれの部隊の機密が完全に守られることは極めて稀《まれ》であり、むしろ「われわれの方が保安機関の浸透を受けている」という前提に立ってものごとを進めていくべきである。だからこそ第3章で論じたような防衛措置が必要になってくるわけだが、これは同時に次のような作戦上の意味を持つことになる。

（a）各チームには、それぞれの襲撃目標を占拠するのに必要な装備と戦術について、あらかじめ充分に説明しておくこと。ただし襲撃目標の具体的な名前は、事前に知らせてはいけない。

（b）各チームに襲撃目標の名前を知らせるのは、実際に出動命令を受け取ってからにする。

（c）各チームには個別に発令する。これは任務とその準備に必要なことについての「事前注意」の場合も同じだ。全チームに一斉に出動命令を与えてはいけない。

各チームの行動開始時刻と襲撃目標は、それぞれ異なるものだ。したがって、出動命令を一斉に下してしまえば、あるチームにとっては遅すぎたり、またあるチームにとっては時間が必要以上に余るという事態が起こってしまう。クーデターの決行の発表と、実際の行動開始の間にある時間が長くなればなるほど、公安機関が情報をキャッチしてクーデターの実行を阻止できる可能性が高くなる。なぜなら、われわれの組織内に浸透している工作員が警戒信号を発することができるのは、まさにこの時間帯だからだ。

クーデターの発令時刻と、その所要時間についての問題は、図5・3に示した通りである。もし全チームに対して、クーデター決行の一〇時間前に警戒態勢をとるように一斉に命令を発したとすると、第一チームはちょうど指定時間に襲撃目標に到達できる計算になる。しかし他の各チームは「早すぎる警報」を受けたことになる。つまり実質的に、行動開始前に「決行」の情報が広く知れ渡ってしまうのだ。もし全チームに対して二時間の警戒態勢を与えれば「早すぎる警告」の問題は解消するが、第五チームは第一チームが到達す

図5・3　各チームが襲撃目標に到達するのに必要な時間

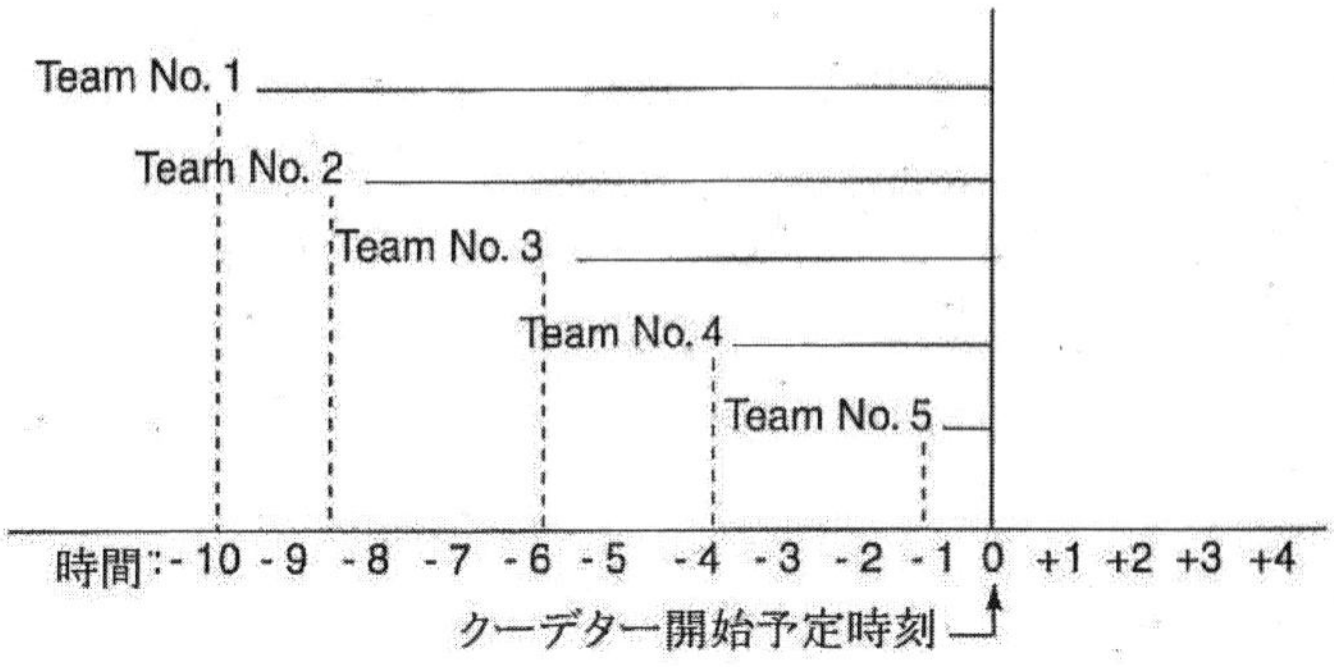

る数時間前に襲撃目標に着いてしまうことになり、敵側は実行される前に十分な防御体制を固めてしまうだろう。

このような時間的な問題を解決する方法は極めて簡単だ。各チームがクーデター決行時刻にあわせて襲撃目標に到着できるように、発令時刻をその所要時間に合わせるのだ。そうすれば各チームは、クーデター開始予定時刻に合わせて正確に標的に到達できる。

ただし、実際の問題はもっと複雑だ。なぜなら本当の課題は、各チームが襲撃目標に同時に到達することではなく、むしろ政府の公安機関の「早期警戒システム」が同時に浸透していく点にあるからだ。たとえば、第二チームが首都を縦断して襲撃目標に到着したとして、公安機関は第二チームが首都に足を踏み入れると同時に警報を発するので、第四チームがその襲撃目標に着く二時間前には、敵側は防御を固めるのにすでに二時間の準備時間を得ていることになる。われわれは公安機関の動きについてあまり多くの情報を得られないが、それでも首都に足を踏み入れた味方チーム（大規模であったり武装している）の動きがすでに相手に気づかれており、それがすべて報告されているという想定に立って作戦を練ることはできる。したがって、われわれは以下の二つの目標を守らなければならない。

（a）われわれの機密情報を内部の脅威から守ること。これは「早すぎる警報」の時間を短縮することによって可能となる。

（b）外部の見張りに対しても機密を守ること。これは各チームが一斉に首都圏に侵入するこ

図5・4 防衛システムへの同時浸透と、各チームへの発令時刻

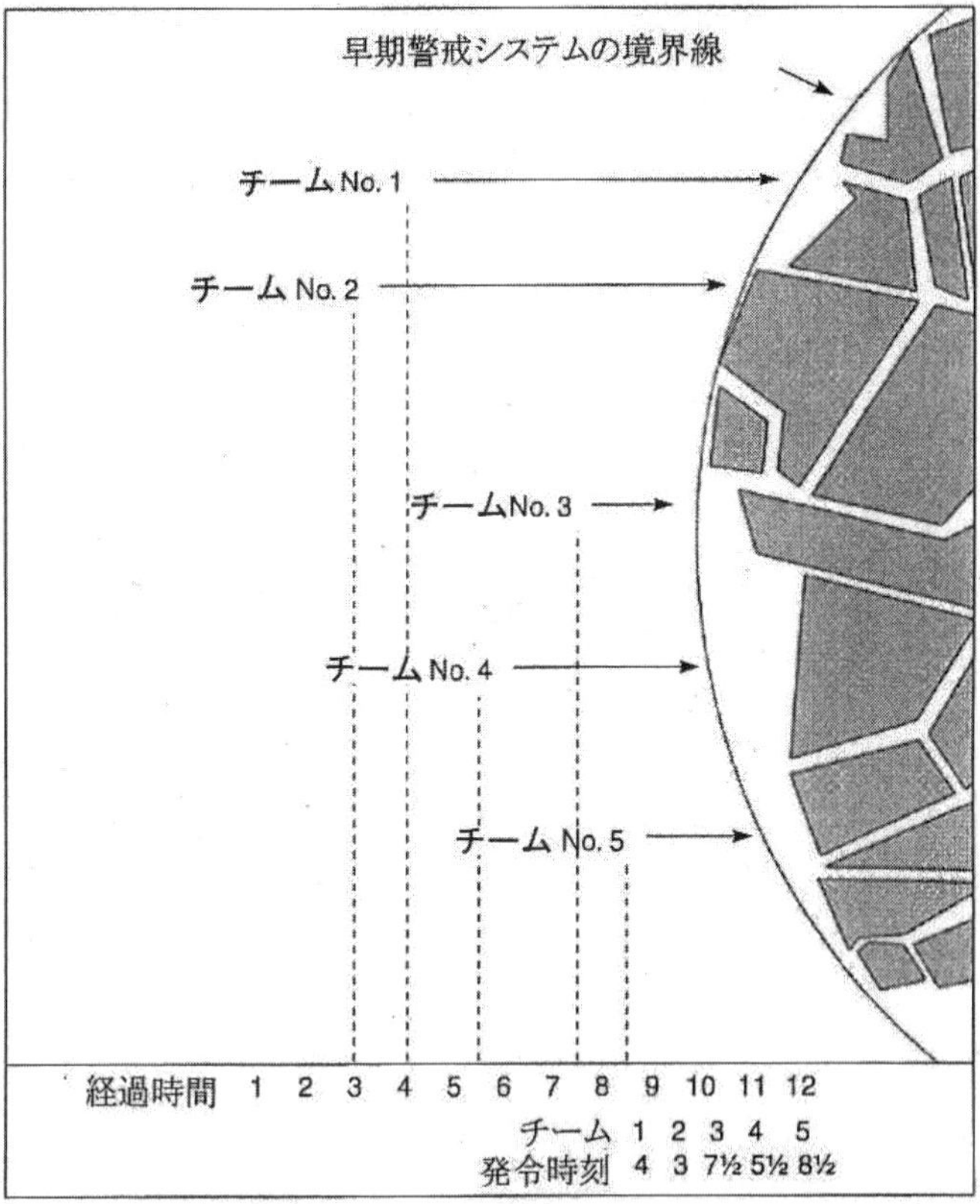

とによって達成できる。

この二つの目標を達成するには、各チームの「所要時間」に呼応した時刻に行動を開始させて、同時に首都の境界線（またはそれに相当するような場所）に到達できるようにすればよい。これについては図5・4で示した通りである*3。

行動開始：襲撃目標

クーデターの実行には、多種多様な才能が要求される。たとえばそれは、封鎖地点で政府側の部隊と対峙した際に求められる巧みな交渉術であったり、放送局の技術スタッフに協力を求める時の瞬発的な人間管理能力、そして防御の固い襲撃目標に直面した際の優れた戦術的な才能などである。しかもわれわれの手持ちの部隊や個人から立派な専門家チームを編成しようとしても、その人的資源はあまりにも限られている。それにもかかわらず、われわれは様々な襲撃目標に見合ったチームを配備しなければならない。こうした襲撃目標と、それに対応するチームというのは、以下のように大きく三つのカテゴリーに分けることができる。

Ａクラスの襲撃目標

このクラスの襲撃目標として挙げられるのは、武装した警備員やセキュリティー・チェックなどによって厳重に守られている施設だ。王宮、大統領官邸、警察本部、そして軍の最高司令部などがこれに該当する。当然だが、このような施設は危機が発生すると、完全武装の軍が警備につくことになる。しかもかなり多くの国にとって、このような危機は常に起こっているのだ。

こうした施設は、浸透・陽動・攻撃といった様々な手段を織り交ぜて使うことのできる、優秀なチームによって奪取しなければならない。そしてその目的は、情勢を不安定にしかねない「流血」を最小限に留めることや、必要とされる人員の量を減らすことにある*4。

このチームは、常に厳しい軍事作戦に備える準備が必要（襲撃目標のある地域で数的に大きな優位を持たないかぎり複雑なものにもならざるを得ない）だが、これは必ずしも実際の戦闘につながるわけではない。襲撃目標となる施設を守る敵側も、われわれの周到な準備に直面すれば、あえて激しく抵抗してくる可能性は低いからだ。われわれが全般的な中立化措置を行うことによって現場の部隊と最高指導部との連絡が遮断、または妨害されることや、内戦の場合には対外戦争とは違って「愛国心」に関する問題が存在しないこと、そして彼らが投降したり武装解除しても名誉ある降伏ができるようにわれわれが細心の努力をすること——以上のようなことによって、敵の抵抗の長期化は阻止できる。

たとえば多数の兵士を運良くクーデター側に取り込めたとして、しかも彼らが装甲車のような強力に見える装備をもっている場合は、実際に戦闘が起こる可能性はさらに低くなる。ただしそのような襲撃目標が、実際は間接的な形であるにせよ、深刻な問題を——軍事的というよりも政治的なものだが——もたらすこともある。つまり、襲撃目標の占拠に必要なだけの大部隊を編成することは、「クーデター勢力の内部でのクーデター」という微妙な問題を引き起こす可能性があるのだ。

クーデターの実行段階では、情勢は混乱し、極めて不安定なものとなる。その上、クーデターの実行に参加する他の部隊が小規模であり、そのリーダーが敵側に対して主導権を握れないような場合は、Aチームのリーダーは「誘惑」に負ける可能性がある。戦車隊を率いて大統領官邸を占拠した男は、自分こそが権力を握る存在であると過信しがちであるし、Aチームが十分強力であれば、それを実行に移そうという気を起こしてもおかしくはないのだ。

また、クーデターを成功裏に終わらせた満足感というのは、その後に権力を維持できなければ、それまで費やした努力に対する充分な見返りとはならない。したがって、Aチームのような大規模な勢力のリーダーがクーデター計画者に挑んでこないような予防措置をあらかじめとっておくことが必要だ。これはAチームをいくつかの小さな班で編成し、その班の指揮をわれわれクーデター計画者集団の内部の者にとらせることによって、ある程度は可能になる。もしこれが不可能であれば、Aチームが最初の任務を達成した直後に、同チームを小グループに分散させ、次の任務と目標を与えるべきであろう。

こうしてAチームがもたらし得る脅威は、その指揮官の情熱を他の任務に向けさせることで抑えることができる。Aチームの指揮官たちに「自分たちはもう危険極まりない任務に携わる孤独な人間ではない、今後のもっと野心的なことについて考えるべきだ」と感じさせるには、ある程度の時間的余裕が必要になる。こうした心変わりが起きる前に、われわれはAチームの持つ力を指揮官たちから奪いとっていくような措置をしておかなければならない。

Bクラスの襲撃目標

このクラスの目標とは、それほど厳重には警備されてはいない技術的な施設のことであり、占拠するよりは中立化すべきものである。これに当たるのが、主な電話会社や通信施設、そしてラジオ・テレビなどの放送局だ。これらの襲撃目標には小規模のチームを振り向け、そのチームの中に「技術者」を加えるべきである。技術者がいることによって、妨害行為にともなう設備上の損害を最小限に食い止められるからだ。

もし外部のちょっとした破壊活動でこれらの施設の活動を妨害できるようであれば、Bチームの編成は技術的に有能な数人のオペレーターだけでもかまわない。建物内への侵入が短時間で済むのであれば、Bチームの人員は少数でかまわないが、この場合は公然と行動する必要が出てくるため、Bチームの人間は軍服や警察官の制服を着て行動しなければならない。

Cクラスの襲撃目標

この襲撃目標は、クーデター実行の間だけ孤立させておきたい人物のことを指す。政府の主な指導者（たち）の場合、逮捕は大統領官邸のようなAクラスの目標を占拠した時に同時に行われる。したがって、その他のCクラスの目標（人物）は、浸透工作が必要な対象ではないが、彼らには「逃亡」というやっかいな問題が残る。放送局や王宮の占拠もたしかに難しいが、少なくとも逃走したり、正体を隠したりすることはない。ところがわれわれが逮捕しようとする人物は、逃げもするし、隠れもするのである。

そのためこれらの目標に対しては、クーデターの実行部隊が到着するまで確実に逮捕しておくことが必要で、そのためには前々から注意を払っておくことが不可欠である。こうなると、Cチームは他のチームよりやや早めに行動を開始しなければならないことになるが、それでも「早期警戒システム」を同時に浸透するという原則を破ってはならない。そして秘密裏の行動が可能なように、このチームは小規模で分散させておかなければならないのだ。

このクラスの目標はそもそも「人間」であるため、他の目標に比べてやっかいな問題が多い。たとえばその人間に魅力があると、逃げ隠れするという問題とは別に、逮捕に向かったわれわれのチームの人間を寝返らせようとしてくることもある。とくにその相手がカリスマ的な人物であることがわかっている場合、われわれのチームは厳選されたメンバーで編成されなければならず、場合によってはクーデターを計画したトップのグループの中心的な人物がそのチームに加わって、直接出向いて行く必要もでてくる。

Cチームの任務は、個人の住宅に踏み込んだり、数人の守衛をやっつけることにあるので、その編成はおのずから小規模になる。Cチームの具体的な人数は、われわれ側が持つ人的資源と全体的な任務とのバランスによって異なるが、たとえば一二人を超えるようなことはあまりない。

目標となる人物を逮捕した後は、それを確実に拘束しておかなければならない。彼らを逮捕するそもそもの目的は、その人物の持つ権威や指揮能力、そしてカリスマ的な魅力を封じ込めることにあるのだが、これは彼らをクーデターの実行期間の間、一般大衆から絶縁させておくことによってのみ達成できるのだ。

このような人物たちは、無血クーデターの場合を除けば、数少ない「犠牲者」となることが多い。それは、彼を捕虜として生かしておくよりも、抹殺してしまうほうが簡単だからだ。もし彼らを「特別の捕虜」として利用するつもりであれば、その拘置所は秘密の安全な場所にしておかなければならない。国民に人気のある人物を釈放してしまえば、クーデター反対派を勢いづかせることにもなりかねない。このような事態を防ぐには、物理的な障壁を築くよりも、その人物の所在を秘密にしておくほうが有効なのだ。

各チームがそれぞれ襲撃目標に向かう合間に、他のクーデターの協力者たちも行動を始める。軍や官僚組織の中でわれわれの側についた人々が、「技術的な手段による無力化」という控えめな任務を遂行するのだ。また検問所の仕事を割り当てられたグループは、政府側の部隊を孤立化させるために、それぞれ所定の地点に向かう。彼らの任務は極めて重要であるにもかかわらず、全体的にはほとんど目立たないものだ。

ただし彼らのような個人にはどうやって連絡をとれば良いのか、という問題が残る。彼らは国家の組織内に分散して配置されているため、われわれが個々と連絡をとることは難しいのだ。さらに、クーデターの実行チームや封鎖地点などの要員たちとは違って、彼らはあくまでも独立した個人として採用されているので、その中に政府側の工作員がまぎれ込んでいる可能性もある。したがって、クーデター側のチーム内で行っているような相互監視も、うまく機能しないだろう。

　このように、彼らにたいしてはクーデター決行の事前発令を与えることは危険であり、行動開始の合図は、われわれがテレビ・ラジオ局を占拠してから放送を通じて行えばよい。ただし、その放送局などを中立化するのにかなり早い段階から注意を払わなければならない場合は、この限りではない。

　このように、われわれに協力してくれるグループに対する作戦上の指揮・統制では、以下の二つの目標――（a）彼らの任務が常に最高速で遂行されること（b）武力の使用を最小限に抑えること――が狙われている。これらはすでに述べたような心理的・政治的な理由から重要であるだけでなく、さらに直接的・技術的な理由からも重要だ。なぜなら、クーデターという争いごとにおける両陣営は、他者から見ると外見がまったく同じだからだ。

　当然ではあるが、クーデター側のチームは外国人で編成されているわけではなく、しかもチームのほとんどは「敵側」とまったく同じ軍や警察の制服を着ている。こうした外見の同一性は、クーデター側にとって、防御的な手段となる。政府軍から見れば、誰が敵で誰が味方かを判断しづらくなるからだ。

　このような防御的な手段に疑いをいだき、クーデター軍に腕章を巻かせたり、目立ちやすい標識をつけさせることは、大抵の場合は間違いのもととなる。われわれにとって、利用できる防御的な手段はすべて利用すべきなのだ。

こうしてクーデター側のチームが首都の周囲に近づいても（おそらく夜間だろう）、こちらから先に発砲しない限り、敵側から攻撃を受けることはない。こちら側から先に発砲してしまえば、敵味方を識別する方法を敵に教えてしまうことになり、結果的に相手を手助けしてしまうことにもなる。そのうえ、その当初は工作員の潜入を防ぐため、そして実行段階ではクーデター側のチーム間の「同士討ち」を防ぐために、常に各チームを分離させておくべきだ。味方同士が争う危険もあるからだ。そのため、敵側を混乱させようとしたことが、かえって味方の兵士を混乱させてしまう可能性があることも忘れてはならない。

したがって、「武力行使を最小限にして、しかもそれは純粋に防御的な場合に限る」というルールを守らないと、極めて深刻な結果につながりかねないのだ。

クーデター直後の状況

襲撃目標を占拠し、政府側の部隊が孤立し、その他の軍部と官僚が中立化されれば、クーデターの活発な（そして機械的な）実行段階は終了する。ところがそれですべてが終わったわけではない。たしかに旧体制は国家の中枢機能を奪われたが、だからと言ってわれわれがそこを掌握したわけではなく、ただ単に物理的な面から首都という限定的な地域で支配権を確立しただけにすぎない。

ただし、われわれが占拠した施設などを保持しつづけることができれば、法と秩序の維持を最優先で求める政治勢力は、われわれに忠誠を誓ってくるはずだ。したがって、この段階でわれわれが狙うべき目標は、彼らが忠誠を誓ってくるまで状況を安定させることだ。クーデターの実行段階までは、われわれの狙いは情勢を不安定にさせることだが、実行後のわれわれの努力は、そのすべてを安定化、もしくは秩序の回復に向けなければならないのである。この安定化は、以下の三つの段階を経て行われる。

(a) 自軍の安定化：軍や警察がわれわれの指導部を転覆しないように防ぐことが目的。
(b) 官僚組織の安定化：彼らの忠誠と協力を確保することが目的。
(c) 一般大衆の安定化：彼らにクーデターを承認させることが目的。

この安定化のための三つの段階で重要なのは、一つの段階で得た安定を利用して、次の段階での安定化を図るということだ。しかし各レベルで安定化には、それぞれ個別の措置もまた必要となることは言うまでもない。

自軍の安定化

クーデターの計画段階で、クーデターに参加する仲間たち全員にしっかりと植え付けておかなければならないことが一つある。それは、クーデターの成功（と仲間全員の身の安全）は、われわれがどこまで協調して任務を遂行できるかにかかっている、という点だ。

ただし、クーデター直後のわれわれの努力は、自分たちの支配下にある部隊の掌握にすべて向けられるべきである。なぜならクーデター直後の状況では、指揮下の部隊の中から「自分たちのクーデター」を企み、すでにわれわれの側に引き入れた他の指揮官たちと連絡をとりあい、クーデター指導部の権力を排除することで合意できれば、この二回目のクーデターも成功させることができる、と思われてしまうことが多いからだ。

これを防止するには、すでに述べたような防衛措置をあちこちに仕掛けておくことが重要なのだが、最も有効な防止法は「左右のコミュニケーション」を管理することである。これをいいかえれば、味方の指揮官たちの相互のコミュニケーションを押さえてしまうということだ。これは技術的な手段で可能になることもある。つまり、各部隊を結ぶ通信装備を、クーデター計画者の統制下に置き続けるのだ。ただしこの方法が効果をあげるのは広い首都のような地域だけであり、しかもその効果は短時間しかもたない。

味方の軍の指揮官たちを互いに引き離しておこうとするのであれば、大抵の場合はあまり直接的ではなく、むしろ間接的で心理的なものが必要となる。その一例として、実際はクーデターのような特殊な状況下でも急速な昇進を望めないような一部の若い将校たちに、異例の昇進を約束することが挙げられる。また、味方の軍および警察の人間たちに対して、「しっかりと団結して互いに協力しなければ、別の勢力と総入れ替えさせることもある」と彼らに吹き込んでおくのも一つの手だ。

全般的にいえば、内部の脅威となりうる人物に対しては、常に何らかの（それが重要なのもかどうかは別として）任務を与えておくことが必要であり、少なくともそのことによって、彼らのエネルギーを吸収させておかなければならない。また、彼らの間に分裂を引き起こすような要素をばらまいておくことも肝心だ。

クーデター計画に参加していなかった軍や官僚の指導者たちから、われわれの元に忠誠を誓うメッセージが寄せられるようになれば、われわれの勢力の影響力は格段に増すことになる。つまり味方からの脅威に対して統制力を維持しておかなければならない時間は、実際はごく短い。そしてわれわれの立場がひとたび確立されたなら、そのような内部の危険分子は、あらゆる手段を使って配置転換することが望ましい。たとえば海外在住の外交官に任命したり、遠隔地の司令官に転出させたり、国家のそれほど重要ではないポストに「栄転」させることなどだ。

そもそも計画の構想段階から自軍の内部にクーデターの種が内包されている可能性は十分にあるのであり、政府側の浸透工作への対抗策として、自分たちの身を守るための全般的な防衛措置を講じておくことは役に立つ。しかもこれらは謀略の広がりを阻止してくれるかもしれない。われわれ内部の防御措置が万全であり、分離されているチームのすべての接触が禁止されていれば、公安機関の浸透は封じ込められるし、内部の敵が手を組むことも阻止できる。

第二次世界大戦の時の統計によると、たとえ防衛的な状況においても、各部隊のわずか二〇パーセントが忠誠をつくせば、全部隊は作戦を成功させ、与えられた役割を果たすことができるという*5。われわれの部隊は、全体的にみれば攻撃的な作戦行動をとり、これに対して政府軍は心理的にも戦術的にも防御的な立場に立たざるをえない。したがって、われわれクーデター側はそもそも政府に対する忠誠心のない者の集まりであるため、指揮下の部隊からの完全なる忠誠は期待できないのだが、それでもクーデターを成功に導くための役割を十分に果たすことができる。

官僚組織の安定化

クーデター後の第二段階で扱うのは、クーデター以前に浸透していなかった軍と官僚である。彼らに対する対処のしかたは、われわれが「仲間に取り込んだ勢力」をどこまで統制できているのか、その度合の違いによっても変わってくる。

もしわれわれが味方をがっちり掌握できているのであれば、軍および官僚の大多数から早めに約束をとりつけておく必要はなく、われわれの存在を知らせるのはクーデターが発生した時点でよい。クーデターの計画を知らなかった彼らは、自分たちの地位がどれほどの危険にさらされるのかという点を一番心配するようになる。

もし兵士や官僚のほとんどがクーデターの実行に参加したのであれば、参加しなかったグループは急速な昇進という実質的な報酬を受けることはできない。反対に、クーデターに参加した人たちが少数であることがわかれば、彼らは自分たちの地位が盤石であることを知ることになる。なぜなら集団としての彼らは、クーデター後の新政権にとっても不可欠な存在となるからだ。

しかし彼らはクーデター直後の時期に、自分たちが孤立していることに気づき、さらには仕事や命が危険にさらされていると思い込む可能性もある。このような不安感は、彼らを極端で衝動的な二つの行動に走らせることになる。つまり、クーデターの指導者たちに忠誠を誓うか、反対派を結成・参加するかだ。

いずれの反応も、われわれの立場から見れば好ましいものではない。忠誠を誓ったところで、彼らはその直前に「前」の、しかも「正統な」主人を見捨てたばかりの者だからだ。このような「反対派」は常に危険で、時には悲惨な結果をもたらすものだ。

軍や官僚の幹部たちに対するわれわれのとるべき態度は、彼らの不安感を取り除くものでなければならない。そのためには、できるだけ多数の高級将校および高級官僚と直接コミュニケーションをとり、力強く自信にあふれた調子で、われわれの基本的な考え方を伝えなければならない。そしてその基本的な考え方というのは「クーデターでも彼らの地位は決して脅《おびや》かされず、クーデターの目的は軍や行政の既存の態勢を改変するものではない」ということだ*6。

偶然ではあるが、このようなことは、クーデター計画の中の技術的な面でも同じことが言える。たとえば通信施設の破壊工作は、クーデター後に簡単に復旧できるような形で実行しなければならない。

もちろんマスコミを使った宣伝を通じて、国民の中の少数派である将校や官僚たちに語りかけることもできるが、やはり直接的で機密性の高いコミュニケーション手段を持つほうが望ましい。ラジオやテレビを通じて明らかにされる「クーデターで目指されている目的」は、軍や官僚と暗黙の取引を隠す役割を果たしてくれるが、その本当の内容は「あなたがたの地位は保障される」というものでなければならない。とりわけ重要な部隊や官僚グループを指揮する軍人や高級官僚と取引するときは、相互支援の実質的な約束を取り交わせるかもしれないため、なるべく突っ込んだ話し合いをすべきである。

しかしそのような場合でも覚えておくべきことは、「われわれの力は、自分たちの力を正しく認識している点にある」という事実だ。したがって「あなたたちの緊急援助が必要である」と暗示するような協定を彼らと結ぶことは賢明ではない。もっと全般的なことをいえば、こちらの能力の限界を明かしてしまうような情報は、われわれの立場を危うくするものだ。そもそもわれわれは「自らの弱点を隠している」立場にあるからだ。

よって、われわれは再びここで、味方の軍隊に対処した時と同じように、軍と官僚の幹部たちの間の直接的なコミュニケーションを阻止するために、あらゆる努力をしなければならない。この種のコミュニケーションは、反クーデターを企む側にとっては不可欠なものだ。その反クーデターの企みが知られなければ、彼らはそもそも相談のしようがないからだ。また、どちらかのグループに属している人に向かってそのグループに反対するように求めることは、危険きわまりないことだ。ただしわれわれはこうした相談に対して、運輸や通信のインフラを使いながら直接関与していくことも必要だ。

大衆の安定化

一般大衆は軍のように武器を持っていないし、官僚のように行政機関を持っているわけではない。しかしクーデター後の新政権に対する大衆の態度は、最終的に決定的な意味を持つことになる。クーデター直後のわれわれの目標は国内秩序の強制・維持だが、われわれの長期的な目標は、新政権が大衆から承認され、彼らを法に従わせる際に、もはや物理的な強制力を必要としなくなるようにすることだ。この二つの段階で、われわれはインフラをコントロールし、同時に強制的な手段を使うわけだが、クーデター後に時間を経るにしたがって物理的な手段は後退し、政治的な手段の重要性が増してくる。

クーデター実行段階が終わった直後にとるべき第一の措置は、一切の物理的な動きを阻止することによって、情勢を凍結させることだ。全面的な外出禁止令、あらゆる輸送の禁止、政府関連施設の全面閉鎖、電話・通信サービスの遮断——これらの措置によって、クーデターに対する積極的なレジスタンスは阻止できるか、少なくともある程度は邪魔できるはずだ。このような措置がとられれば、潜在的な敵対勢力を煽ったり、結集させる手段がなくなるので、組織的なレジスタンスはかなり難しくなる。また、暴徒のような組織的ではないレジスタンスも防止できる。なぜなら個人が暴徒となる前に行動すれば、外出禁止令に違反することになり、群衆にまぎれて人知れず行動することはできなくなるからだ。

このような物理的な措置がとられることによる影響は、首都以外の区域では半減するが、それでも首都はその国の交通と通信のネットワークの中心であることを考えると、物流や情報の流れは停滞することになる。物理的なコントロールは、その性質から後ろ向きで防御的なものなので、これらにはなるべく頼らないようにすべきだ。なぜならそれに頼ってしまうと、逆に政府軍の重要性を高めることにもなりかねないからだ。

第二の措置は「マスコミのコントロール」ということになるが、これは第一の措置に比べれば、はるかに柔軟性を持ったものだ。このコントロールの重要性はとりわけ大きいのだが、その理由は、インターネットを介したソーシャル・メディアをはじめ、あらゆる情報の流れがわれわれのコントロールによって検閲・遮断されてしまうからだ。また、クーデターというドラマチックな事件の後には、ラジオやテレビは熱心な視聴者を集めることになる。

ラジオやテレビを通じて放送を行うそもそもの目的は、現時点の情勢を知らせることではなく、むしろ、この独占されたメディア――ソーシャル・メディアも検閲・遮断されている状態――を利用して、情勢を好転させることにある。クーデター直後から始められるこのような情報キャンペーンには、主に二つの目的がある。（ａ）われわれの立場が強いことを強調して、レジスタンスをくじくこと。（ｂ）大衆の恐怖感を鎮《しず》め、恐怖感がレジスタンスにつながらないようにすること、である。

このうちの第一の目的は、クーデターを正当化しようとするのではなく、クーデターの力と現実をそのまま伝えれば達成される（表５・２を参照）。具体的には、各種の規制措置を列挙し、法と秩序が完全に回復したことを強調し、すべてのレジスタンスが鎮圧されたことを明らかにすればよい。

積極的なレジスタンス運動を起こそうとする側にとって最大の障害となるのは、レジスタンス側の勢力が分断され、友や仲間から切り離され、孤立した状態で行動しなければならないような状態だ。したがって、このような状況のもとでは、レジスタンスの存在そのものを伝えるニュースは、彼らの孤立感を解消し、さらなるレジスタンスを誘発する力となる。われわれは、このようなニュースを報じさせないように努力しなければならない。

しかし現実にレジスタンスが行われ、その規模や位置の関係から国民の一部にバレてしまい、どうにも隠せないようになった場合は、その存在を認めるべきである。ただしわれわれはそれが「孤立」していることを強調し、ごく一部の誤った、不誠実な少数の人間の頑迷さの産物であり、いかなる政党や団体とも関係のない個人の行動だと主張するのだ。

ひたすら「孤立」という言葉を強調し、われわれが行った行政・物理的な措置の詳しい情報を何度も流し、法と秩序が回復されたことを強調すれば、その他の国民に対してレジスタンスを危険で無意味なものとして描き出せることになる。

表5・2 クーデター後の最初の声明：そのスタイルの選定

ロマンチックで詩的なスタイル

「これは政治声明ではなく、告白、公約、そして訴えというべきものだ。これは軍と国民の中の一部の悪者たちによって貶められてきた情況について告白するものだ……また、これは我が軍に着せられてきた屈辱と汚名を一掃するための公約でもある……われわれにはとうとう名誉のために武器をとるよう訴える時が来たのだ！」

一九五四年二月二五日午前六時三〇分、アレッポ・ラジオを通じて
ムスタファ・ハムダーン大尉

救世主スタイル

「ブルジョワたちは死滅した……すべての市民が平等となる新たな時代が始まった……諸外国との協定は、これですべて尊重されるだろう……」

一九六六年一月一五日、中央アフリカ共和国
ジャン＝ベデル・ボカサ大佐

即興スタイル

「このたびの反乱は、ナイジェリアを腐敗と内紛から解放し、統一と繁栄を築くためのものである……略奪、放火、**同性愛**、強姦、横領、収賄、腐敗、サボタージュ、デマなどは、死をもって罰せられる」（太字強調は筆者による）

一九六六年一月一五日、ラジオ・カドゥナ
ヌゼオグ少佐

合理的・事務的なスタイル

「クワメ・エンクルマにまつわる神話は、すでに崩れ去った……彼は祖国を私有財産のように支配してきた……気まぐれな経済問題の処理によって……この国は経済的に破産に追い込まれた……われわれは数日中に、この問題を解決する対策を発表する……われわれの未来は完全に明るい」

一九六六年二月ガーナ・国家解放評議会のラジオ声明

第二の情報キャンペーンの目的は、「クーデターは国外の勢力や過激派から仕掛けられたものではないか」という大衆の恐怖感を取り払いつつ、同時に国内のある特定のグループに対して「クーデターはあなたがたにとって脅威ではない」と説得することにある。この第二の目的は、国民的なシンボルを操作したり、国家で信奉されている宗教を敬《うやま》うことを誓うことによって達成できる。

たとえばアラブ世界では、クーデター政権は「アラブのアイデンティティとイスラム教」への信頼を宣言すればいいし、シリアのようにバース党が制度化している国であれば、追放された独裁者が掲げていた「腐敗したバース主義」とはちがう、「真のバース主義」への忠誠を誓う必要がある。アフリカでは、新政権は国内の部族主義と、国外の人種差別主義に反対する意向を表明する必要があるだろうし、ラテン・アメリカでは、「社会正義を守る」と明言する必要があるだろう。いわゆる「第三世界」では、どこの国でも民族主義的な賛辞が使われ、前政権が踏みにじった「栄光の人物」や「栄光の国土」などが引き合いに出される。いずれにせよ、「新」帝国主義のように、「新《ネオ》」という形容詞がつく概念を繰り返し非難しつつも、「新《ネオ》」植民《コロニ》地主義《アリズム》を非難しないようでは、厳しい反発を受けざるをえない。

このような非難は、外国の企業が操業している国では、とりわけ重要である。とくに「クーデターはその外国企業の策謀によるものだ」という疑いは避けがたいものであり、こうした疑惑を払いのけるには、その企業を激しく口撃するしかない。このような口先だけの「お約束」の非難を使えば、企業の利益を害することなく、大衆を鎮めることができるだろう。そして大衆の疑惑に本当に根拠のある場合は、非難はさらに激しく行われるべきである。

宗教心の強い人は、成功した場合に神をたたえ、失敗した時には自責の念にかられるものであるが、民族主義者は、成功した場合には自民族をたたえ、失敗した時には外国人の責任にする。これと同様に、神をたたえる歓喜は、さまざまな外国人グループとその行為に対する、呪いの言葉にとってかわることになる。こうしてアメリカは「帝国主義・新植民地主義」のレッテルを貼られ、旧植民地だったアフリカ諸国では、フランスがそのレッテルを貼られることになる。同様に、アラブ・イスラム世界ではユダヤ人とキリスト教徒に対して「シオニストの石油独占陰謀者」というレッテルが貼られるのだ。

このような非難は、純粋にイデオロギー的な面から行われるものかもしれない。しかし米国の極右が「神なき共産主義の国際的な陰謀」を非難していた一九五〇年代でさえ「反資本主義者」よりも「非アメリカ人的」というレッテルのほうが心理的ダメージが深刻だったのは興味深い。この種の非難の文句は、常に意識的に誤用していれば、その本来の意味は極めて曖昧になっていくものなので、われわれは正しい言葉の選択をしなければならない*7。そしてこのような非難の言葉は、われわれの完全無欠のナショナリズムを大衆に示すための「看板」としては役に立つが、それがあまりにも現実離れしているような場合、われわれが目指す政策の本当の狙いを曖昧にしてしまうものだ。

われわれの支配下にあるニュースの発信源から流れた情報は、われわれが行う措置とうまく調和したものでなければならない。物理的な規制をかける場合は、その内容を発表し、くわしく説明すべきだ。そして今後行っていく政治的な動きについても、適切に発表しなければならない。物理的な威圧を行えば、たしかに直接的な反対行動を抑止したり撃退することができるし、情報キャンペーンはわれわれの最終的な権威の獲得につながるものだが、大衆の積極的な支持基礎を与えてくれるのは、やはり政治的な手段だけだ。

クーデター前の政権が類を見ないほど残虐であったり、腐敗、または時代遅れなものであったならば、クーデターの指導者が大衆からの承認を得るのにほとんど苦労せず済む。しかしその場合でも、国内の特定グループからの積極的な支持を得るためには、やはり政治面での調整が必要になる。つまり、そのグループの利益につながる政策を採用し、それによってわれわれの存続を支える（少なくともわれわれの存続に関心を示す）だけの理由を与えなければならない。

たとえばラテン・アメリカの一部の国では、農地改革を行うと約束することによって、小作農民たちの支持を得られる。西アフリカであれば、ココアの販売委員会を通じて農家に支払う価格を値上げする意志があると発表すればいい。ギリシャやトルコのように農家が借金にあえいでいる国では、銀行にある農家の債務の帳消しを発表すればよいだろう。

このような政策の発表は、たしかに政治的な影響力の大きい集団の関心をクーデター後の新政権に集めてくれるだろう。ただしここで気をつけておかなければならないのは、同時にこの政策によって打撃を受けるグループの敵意を駆り立てる可能性があるという点だ。

たとえばラテン・アメリカでは、農民が利益を得れば、地主が損をする。アフリカでは、都市部の住民が犠牲者となり、ギリシャでは納税者が農民の債務の重荷を肩代わりすることになる。したがって、一つのグループを支援すれば、その副作用として別のグループの支持を失い、ときには敵意さえも買いかねない。そうなると、これらの政策の発表によって産み出される政治面での支持が、差し引きでどれだけの量になるのかを評価することが必要になる。

これはつまり、各グループの政治的な面での重要度だけでなく、その即時的な力も計算しなければならないことを意味する。たとえばラテン・アメリカのクーデター直後の情勢を考えてみると、遠隔地に散らばっている農民の善意は、近くにいる強力な軍や官僚の幹部たちの反対と比べた場合、さしてわれわれの助けにはならない。

これとは反対に、われわれの立場は短期的にはかなり強くても、長期的に見ると軍に権力を奪われるような可能性がある場合は、われわれの目的を、軍に対抗でき、最終的には直接的な力となり得る勢力――たとえば農民による民兵組織――を作り出すことに置くほうがよい。

このように、農地改革と長期的な農民の支持を盛り込んだ「左寄り」の政策をとるか、その反対に、農民を抑圧し、地主たちからの短期的な支持を求める「右寄り」の政策を選ぶかは、われわれの長期的な力と短期的な力とのバランスに左右される。

クーデター直後という特殊な状況では、ほぼ機械的とも言えるような重要な要素が、平時にあった政治勢力の間のバランスを崩すことになる。したがって、われわれの短期的な立場が不安定なものでなければ、短期的に力の強いグループの頭を押さえつつ、長期的に見てはるかに大きな力を持ちそうなグループを助けて、その支持を集めることに全力を傾けるべきだ。

さて、ここで覚えておかなければならない点が一つある。それは、クーデター直後の戦略の中で、情報キャンペーンと政治キャンペーンの中間に位置する、「クーデターを正統化する《レジティマタイズ》」という問題だ。もちろんその定義からして、クーデターというのは明らかに非合法的なものであるが、この非合法性が問題になるか、それとも打ち消すことができるのかは、その国の全般的な政治環境によっても変わってくる。

すでに第2章でも見たように、世界の多くの国（「法の支配」が存在する国を除く）では、政府の正統性《レジティマシー》やその欠如というのは、それほど重要ではない。たとえば二〇一五年のイタリアではマテオ・レンツィが政権を握っており、その閣僚のなかにはレンツィが書記長を務める「民主党」に所属する、若く魅力的な女性議員がいた。それと同時に、シルヴィオ・ベルルスコーニの政党である「フォルツァ・イタリア」から離脱してきた者もいる（美人であればベルルスコーニも女性議員を抜擢したはずだ）。連立していた小政党の議員も含め、レンツィは政権維持に充分な全六三〇議席中の三九五議席を確保していた。ところが選出されていた議員全員は、レンツィ自身を含め、ピエル・ルイジ・ベルサーニが党首であった二〇一三年に選出されているのだ。

実際のところ、レンツィが首相になれたのは、党内の予備選に勝利し、ベルルスコーニと取引きしたおかげだ。つまりイタリア国民は、単なる一議員としてしか選ばなかった政治家に、国家を統治されることになったのである。

しかしこのこと自体が、若く魅力的なレンツィへの政界からの反発を産み出すことになった。第一に、レンツィのしたことは確かにイタリア憲法の体制下において許されていたことだが、それでも大部分のイタリア国民の意見が反映されていない「選挙後の予備選」であった。それに加えて、イタリアのあらゆる分野の中でも、とくに政治の分野では、「合法性」というものは恣意《しい》的なものとなり、明らかに政治的な態度をとる検察判事が行う告発などでは、法律に対する軽蔑がかなり強烈なものとなる。検察判事は自らが所属する政治集団との共謀をおっぴらにすることが多く、中でも目立つのは左派の「司法民主党」のやり方だ。こうして考えると、イタリアは決して法治国家ではない。そしてこのような条件下では、クーデターの非合法性は、いとも簡単に見逃されるはずだ。

クーデター後の政権を合法化する方法については、逮捕すべき要人の選定を論じた箇所で触れた通りである。つまり、名目上の国家元首（憲法でそうした役割が定められている場合だが）を拘束し、新政権発足後もそのまま元首として存続させるのだ。この方法であれば、外見上の継続性を維持できるだけでなく、見かけ上の正統性も保つことができる。

また、大統領制のように国家元首が単なる名目上の存在でない場合は、別の戦術を用いなければならない。つまり、次回の選挙や国民投票（いわば後づけによる正統化だ）、さらには「憲法違反の前政権」に反対するために、「憲法を超越した介入」としてクーデターが行われたことを公的に認めることだ。もちろんこの場合にも「非合法性」は残るかもしれないが、われわれはクーデター前の政権の非合法性は「自発的かつ永続的」なものであり、それに対してわれわれの非合法性は「必然的かつ一時的」なものにすぎないと主張することができる。

ただしこのような手法は、われわれに対する積極的な支持基盤をつくり、政権の権威を確保するための政治的な措置を進める上では、一定の限られた価値しかもたない。すべてはわれわれが活動する政治環境にかかっているからだ。しかしここでもう一つ考えなければならない問題がある。それは、外国による承認だ。クーデター後の新政権にとってこの問題は常に重要であるが、とりわけ収入源が国外にある貧困国では、これが死活的な問題となる。資金の多くを外国からの借款、投資、補助金などに頼り、行政、技術、軍事の中枢を外国人に任せている国では、その「スポンサー国」などとの友好関係が、クーデター後の政権の存続をはかる上で決定的な役割を果たすことになる。

早すぎる承認、つまり前政権がまだ一定の支配権を握っている段階で新政権を承認してしまうと、国際法上では一種の「侵略」とみなされる。しかしこのような場合をのぞけば、非合法な政権に対しても、一定の期間をおいて対外関係の維持を保障させた上で承認を与えるのが普通だ。そしてこの「保障」というのは、新政権が対外協定、対外義務を尊重し、外国の利益をそこなわず、これまでの同盟関係や友好グループとの関係を守っていくことを正式に表明すれば、相手国にも公式に伝えられたことになる。

歴史的な独立指導者であるエンクルマを追放した後に編成された、ガーナの新政権である「国家解放評議会」は、同国が「イギリス連邦」や「アフリカ統一機構《OAU》」、そして国連などにそれぞれ留まり、前政権の対外義務をすべて尊重することを発表した。同様に、アラブの数々のクーデター政権は「アラブ連盟」への、ラテン・アメリカの新政権は「米州機構」への残留を明らかにしている。

ただしこうした声明よりも重要なのは、やはりクーデター後に展開される外交活動である（クーデター前に始められることもある）。この外交活動の目的は、新政権での政治状況を明らかにすることにあるが、最近ではクーデター計画者のイデオロギーの方向性を示す（または隠す）ことにある。世界の大多数の国は、イギリスの外交の原則である「一定期間以上にわたる領土の実効支配」を基準に、その承認を与えている（現時点でトルコの過激イスラム主義政党である「公正発展党」政権は、エジプトのイスラム主義政権を軍が転覆したことに反対している。これはトルコ軍が同じことをするのを恐れている可能性がある。ただし彼らはエジプトの政権を承認している）。

いずれにせよ、実効支配の原則は、「支配」の定義と同様に、かなり柔軟なものだ。そのため、クーデター前の体制が国土の一部をわずかでも確保している場合は、承認が差し控えられることもある。

クーデター後の新政権は、情報や安全確保について必要な外交交渉が行われれば、外国に承認されるのが普通である。これはアメリカが南米諸国のクーデターを承認する際に新政権の非合法性が問題になる場合でも、あるいは当時のソ連がガーナやインドネシアのクーデターに対処した時のように新政権のイデオロギーが気に入らない場合でも、承認されることには変わりはない。

クーデター後の新政権が承認されないことは、きわめて稀《まれ》だ。一例としては、マダガスカルの「高等暫定統治機構」が、多くの国から拒絶されたことが挙げられる。同機構は二〇〇九年に武力で権力を奪取したが、二〇一三年末まで選挙を実施しなかった（ただし二〇一四年には民主制に復帰した）。

外国からの承認というのは、新政府が権威を確立する際に通過する一つの段階である。この権威が確立されるまで、われわれは物理的な強制力という脆《もろ》い手段に頼らねばならず、その間にもクーデター計画者の立場は、新たなクーデターを含む、実に多くの脅威にさらされるのだ。

註

1　諜報関係者の間で、この言葉は偽・無関係・陳腐化・時期尚早な情報のことを意味する。その反対が、信頼できる「シグナル」や「正確なデータ」と言われる。

2　公安機関の業務はそれぞれ専門化されており、そのために能力を急激に拡大することが難しい。もし拡大が行われるとしても、それは現実の脅威が特定されてから初めて実現するものだ。「雑音《ノイズ》」の問題もまさにこのケースに当てはまる。

3　図では「早期警戒システム」は円形の明確な「境界線」で示されているが、実際にはこれほど明確ではない、曖昧で漠然とした領域である。したがって、現実にはそれぞれの環境に応じた近似点を円周から選べば良い。

4　これに関する作戦行動の詳細については補遺Bで検討する。

5　この算定は、第二次世界大戦におけるノルマンディー上陸作戦で防衛側に置かれた、ドイツ軍指揮下の旧ソ連のウクライナとウズベキスタンの兵士の実績に基づいている。

6　たとえクーデターが根本的な社会変革を達成する手段として使われた場合でも、短期的な目標は官僚と軍の安定化とすべきだ。あとで直接的な強制力や政治力が確立された時になってから、国家機構を革命的な変革に都合の良いものに再編すればよいだけの話だ。

7　一九六七年六月一二日、東ドイツのラジオは「ガザ地区のアラブ人に対してユダヤ人が行っているナチスのような残虐行為」に言及したが、逆にアラブ人のことは「シオニスト・報復主義・帝国主義的謀略の犠牲者である」と述べている。

補遺Ａ　弾圧と経済

クーデターを遂行し、官僚や軍への統制を確立した後に、クーデター政権が長期的に存続できるかどうかは、経済発展の問題にいかに対処するかに大きくかかってくる。経済発展は一般に「望ましいこと」と見なされており、多くの人たちはさらなる発展をのぞむが、発足早々の新政権にとっては経済発展の追求はむしろ望ましいものではない。なぜなら、これによってわれわれの主な目標である「政治的安定」が阻害されるからだ。

経済は人的資源と資本を拡大し、これを改善することによって発展するが、そのためには人材の養成であれ、工場の建設であれ、投資というものが必要になる。そして投資のためには、消費者たるべき人たちから所得の一部を徴収し、それを資本投下に振り分けなければならない。投資額が多くなればなるほど経済開発が促進されるのは明らかだが、その半面、現在の生活水準は犠牲になる。そのため、発展途上国の政府は、経済開発が明らかに必要なのにもかかわらず、経済成長率を低く抑えるか、国民の生活水準をさらに落とし、その犠牲で経済開発を進めるかの、二者択一に直面する。

もし現在の所得の中からより多くの税金を徴収することができれば、経済発展の夜明けはそれだけ早くやってくる。これは北米だけでなく、スペインについても言えることだ。しかし国民一人あたりの所得水準が低い国では、他にまわせる金額におのずから限界がある。つまり、そこには「経済的な持久の限界点」とでもいうべきものがあって、この水準以下になると、国民は餓死するしかなくなる（もしくは純粋な自給自足経済に退化する）。そして、この水準に落ち込むずっと以前の段階に「政治的な持久の限界点」というものがある。この臨界点を下回ると、政府は転覆される。

経済的な持久の限界点は、国ごとに差はあるが、ほぼ決まっている。気候、食生活、習慣、伝統などの固有の環境に関わりなく、住民の生活上の要求を満足させるだけの最低年収というものが存在するからだ。それにくらべれば「政治的な持久の限界点」にはかなりの柔軟性があり、心理的・歴史的・社会的な要因だけでなく、国家の公安機関や宣伝機関の力によっても左右される。

この問題は、第三世界の新たな独立国家では、とりわけ深刻なものとなる。植民地時代の宗主国がどこまで現地の経済発展に力を入れたかどうかには差があるのだが、もし力を入れていたとしても、新たな植民地体制後の政権が達成しなければならないような緊迫感はなかったはずだ。

ところが新興国の場合、独立の直後には国民が期待するような生活水準の向上ではなく、その正反対のことが起こる。新たに「独立」した新政府は、税金や輸入関税を引き上げなければならず、それを資金にして、道路、ダム、港湾のような経済発展を促《うなが》す巨大プロジェクトに着手する。

外国からの援助は、それを提供する国から見ればとても実りのあるものと考えられがちだが*1、それは新興国が必要とする資金のほんの一部をまかなっているだけにすぎない。大部分の資金が国民の所得から吸い上げられ、開発への取り組みが本格的になると、民間の消費水準は実質的に落ち込むことになる。このように、すでに貧困にあえぐ人たちをさらに貧困化させることは、国民にとっては耐え難いことであり、これはとりわけクーデター後に「期待を受けた政治制度」が出来上がって期待感が高まった状態ではなおさらだ。

したがって、われわれの基本的な問題は、政治的な限界点を超えるレベル――超えると民衆は暴動を起こす――の課税を避け、しかもエリート*2やエリート候補たちの願望を満足させるような方法で経済発展を達成することにある。

これを踏まえて、新興国には将来の収入増加のために現在の消費を一時的に犠牲にするよう国民を説得する必要が出てくるわけだが、このための主な説得の手段は二つある。それが「プロパガンダ」と「弾圧」なのだが*3、さらに効果的なのは、この二つを併用することだ。

さて、ここで経済発展の遅れた国家を引き継いだ場合のことを考えて欲しい。この国家は貧しいが、それでも極貧というわけではなく、一人当たりの国内総生産は二〇〇〇米ドルであるとしよう。そのうちの二〇〇ドルを国民は様々な税金として納めることになり、残りの一八〇〇ドルが消費や貯蓄に当てられる。そして経済的な持久に必要な最低水準額は、一人当たり年五〇〇ドルしか必要ないことが分かっていたとする。そうなるとここでの問題は、政府を転覆されることなしに、経済開発の資金調達のために差額をいくらにするかということだ。

もし機械的に増税が実施されれば、一部の人たちは納税を拒否するかもしれないし、それをさらに行政の力で押し付けようとすれば、暴力的な反発を招く可能性も出てくる。そのため、われわれは現在の税収の二〇〇ドルというささやかな金額の一部を他方面に転用し、プロパガンダと警察に振り向けなければならない。一人あたりの年一〇ドルをプロパガンダと優秀な警察に費やすだけで、政治的な持久の限界点を一〇〇ドルも引き下げることができる。そして弾圧と説得に費やす金額を差し引いても、われわれにはまだ九〇ドルが手元に残る。さらに一〇ドルを費やせば、政治的な持久の限界点を引き下げることができるかもしれない。しかし弾圧の方に費用を費やすほど、持久の限界点の引き下げ幅はしだいに小さくなる（図A・1参照のこと）。

そして当然ながら、プロパガンダや警察への予算を増額したとしても、最初の一〇〇ドルについては一〇ドルの出費で安全を冒すことなく増税できたとしても、次の一〇〇ドルについては、合計二〇ドルの出費になる。最終的には（図A・1から分かるように）出費を増やしても、まったく税収を増やせなくなる。こうして更にプロパガンダと警察への予算を増やしていくと、やがて安

図A・1 政治的な持久レベルと徴税額

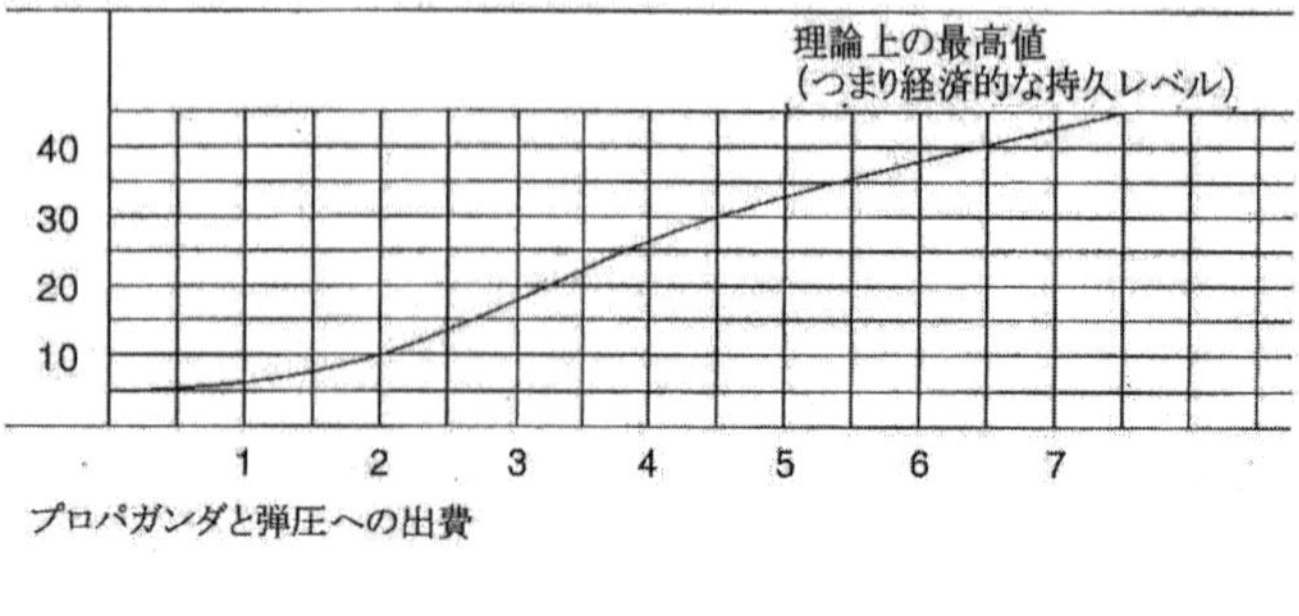

全に徴収できるような増税は不可能になるのだ。増税が無意味になる直前のそうした段階のものが、警察とプロパガンダ機構への出費の最適レベルである。

最高の安全対策と最低の経済政策

これはハイチの独裁者フランソワ・「ドク」・デュヴァリエが使ってきた方程式だ。彼は一九五七年に権力の座についてから一九七一年に誰にも悲しまれずに亡くなるまで、この方程式を精緻化しながらハイチに適用していった（図A・2参照）。

ハイチ国民一人当たりの年収は極めて低いにもかかわらず、そこに重税がかけられ、その徴税金のほとんどが、軍、警察、そしてデュヴァリエの私兵で三万人を殺害したとされる「トントン・マクート」、さらにはデュヴァリエの権力に対する恐怖を植え付けるプロパガンダ（これにはブードゥー教を含む）などに使われた。唯一の経済開発プロジェクトとして新しい首都「デュヴァリエ・ビル」の建設計画があったが、それも中止

図A・2 デュヴァリエ政権の方式：政治的安全＝最大化開発＝ゼロ

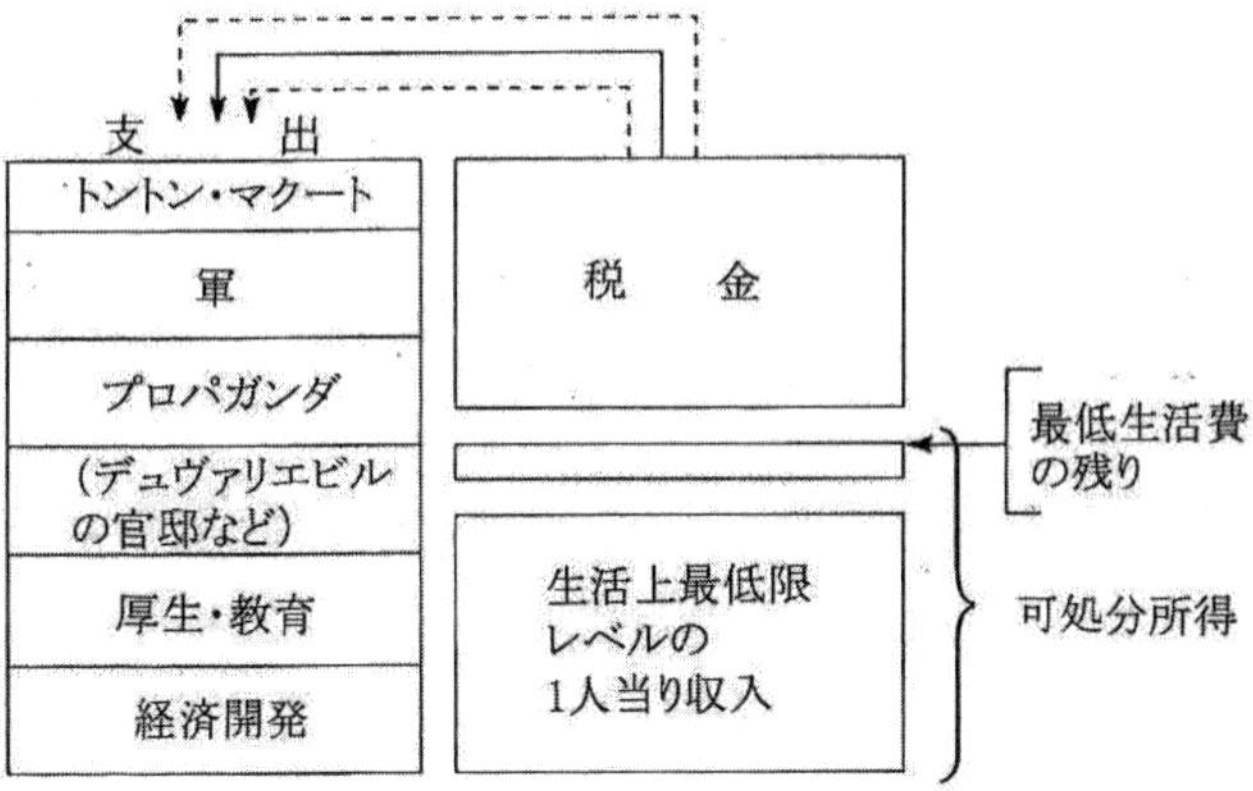

され、後に放棄されている。

デュヴァリエ大統領は、効率的な弾圧と大規模なプロパガンダ、そして経済発展のための開発投資をゼロとする政策をとって成功した。彼は一四年間にわたって権力の座に君臨し、その跡は息子のジャン＝クロード・デュヴァリエ（ベビー・ドク）が継いだ。息子による治世は、さらに一五年間続いている。トントン・マクートの機能は準公式の大統領親衛隊で、隊員の高額の給料には、衰退する民間企業から隊員個人が取り立てた資金などが加算された。プロパガンダ組織の活動には、儀式のためのパレードや、デュヴァリエを賞賛する映画、ブードゥー教の祭祀としてデュヴァリエを描き出すことが含まれていた。プロパガンダの予算はトントン・マクートの運営予算と同じくらいの高額だったが、それでも効果はあった。

この国の国民が極度に貧しいことは、彼らの政治意識や活動力も極端に低いことを意味している。その一方で、他の者すべてを恐れさせたトントン・マクート自身は、デュヴァリエの思うがままだった。デュヴァリエがもつブードゥー教の権威がなければ、軍と警察は共同でトントン・マクートを虐殺して葬《ほうむ》ったはずだからだ。

ガーナのクワメ・エンクルマをはじめとする多くのアフリカの指導者たちは、すでに死去するか投獄されたか、または亡命中だ。デュヴァリエの方程式とは大きく異なり、彼らが行った政策は「重税」と「投資」であったが、明らかにプロパガンダと弾圧の面では不十分であった。たとえば奇矯な性格を持っていたエンクルマは失脚したが、それは一面で彼が成功していたからだ。つまり、ガーナが成し遂げた経済発展の副産物として、大衆が教育を受け、新しいエリートが生まれたが、このことがかえってエンクルマ政権に対する国民の態度をしだいに批判的なものにさせたのだ。こういう事態を招いたときにこそ、政治的安定を維持するために弾圧とプロパガンダを強化する必要がある。ところが相当な努力を払ったにもかかわらず、エンクルマは非情な警察システムを構築できなかった。ゆえに彼の失脚の原因は、経済運営の失敗（わりと酷いものだったが）ではなく、むしろ経済発展の取り組みの多くが成功した点にあったのだ。

中道的な政策もある。それは、効果的な弾圧と強力なプロパガンダによって、体制に協力する新しいエリートを育成し、強力な経済発展を目指すという政策だ。これは永らく中国で実施され成功している。ただし弾圧、プロパガンダ、そして経済発展は、ある点までは置き換え可能なものであるが、政権を守るためのこの三つの手段の最適なバランスは、国情やその政治文化によっても変わってくる。

註

1　先進国の国民総生産に対する海外援助費の額は、長年にわたって低下し続けている。

2　エリートにとって、経済発展は近代化という国家目標と、経歴強化のチャンスという個人の目標を伴ったものだ。というのも、教育を受けた新しい世代（エリート候補）にとって、経済発展は雇用を保証するものだからだ。逆に失業したインテリゲンチャは、第三世界の多くの政権に対する脅威となっている。

3　「プロパガンダ」とは、その内容に情報や娯楽など、あらゆる活動が含まれる。そしてその機能は、（a）現在の苦しみから注意をそらせ、（b）将来の幸福を確約することで正当化すること、にある。そのためには外の世界はもっとひどい状態であると宣伝したりするが、多くの場合は、過去の生活水準が非常に劣悪であったことを主張することも含まれる。それと同様に重要なプロパガンダの目的としては、現在の指導層が自分たちのやり方こそ近代化への最も効率の良い道筋であると大衆を説得することがある。具体的には、統計のイメージを使った理性に訴えかける方法や、指導者が「超人」であると見せかけるような感情的な方法が使われる。「弾圧」とは、あらゆる種類の政治的な警察活動を意味する。その狙いは、（a）個人の活動を監視と投獄によって押さえることと、（b）強制力の誇示によって民衆を威嚇すること、そして（c）メディアを統制し、公の場での議論を禁止することで都合の悪い情報の流通を妨害すること、などである。

補遺B　クーデターの戦術的側面

われわれが国家の安全保障システムから浸透や屈服などによって手に入れた部隊は、クーデターの決定的な（実行）段階で、所定の襲撃目標を占拠したり中立化するために使われる。クーデターでは武力は絶対に必要なものであるが、流血は不幸にして事態を不安定にする効果を持っている。そのため、われわれは武力を実際に行使するよりも、むしろ武力による「威嚇」によって目的を達成できるように計画しなければならない。

そこで、本項では二つの大きな問題について分析する。それは（a）実行チームの編成と、その作戦上の使い方、（b）道路封鎖チームの展開方法、である。いずれの場合も、われわれの基本的な考え方としては、一つが流血を避けるか最小化することであり、さらに重要なもう一つは、クーデター後に中心人物の立場が内部から転覆されないように、足場を固めることである。

実行チームの編成

政府軍や警察に対するわれわれの浸透工作は、幅広く分散的に行われている場合と、少数の場所に集中的に行われている場合とがある。

最初のケースでは、われわれの側に寝返った勢力は、多数の小グループで構成され、グループのリーダー格はわれわれの側についているが、その上官たちはまだ政府側についている。これに対して後者のケースでは、政府側の大多数の部隊がそっくりわれわれの側に編入されている。この状況については表B・1で示した通りだ。

当然だが、どちらのタイプの浸透工作にも、それぞれ長所と短所がある。最初の例のように、小グループをたくさん集めた場合には、われわれは余計な「隠れ蓑」を得ることができる。なぜなら、現政府の支持者たちは、どの部隊が政府に忠誠を誓っているのか、それともクーデター側に参加したのか、にわかには判断しづらいからだ。また、クーデター決行の際に、政府側の部隊にその部隊の幹部から構成したチームを対峙させても良い。

その一方で、大部隊をまとめて寝返らせる場合は、内部調整や認定の問題は少なくなり、さらに重要なのは、クーデター決行前の機密保持が高まる利点がある。なぜなら、大部隊には通報防止、機密漏洩防止の相互監視制度がとら

表B・1 クーデター前夜：政府軍から寝返った部隊の様子

分散した浸透	←浸透→	集中した浸透
X旅団の3個中隊 Y旅団の6個中隊 Z旅団の7個中隊 V旅団の1個中隊 U旅団の4個中隊		X旅団の2個大隊 Y旅団の1個大隊
総兵力：3,000名		総兵力：3,000名

れているからだ。これによって体制側への離脱や、公安機関への情報漏洩が防げる。

しかしクーデター決行後は、小グループで編成された寄せ集め部隊のほうが、自軍内の反乱を防げるという意味で、はるかに安全だ。軍内部の協力者によって、クーデター計画の中心人物たちの地位が奪われるリスクが低減されるからだ。この理由として三つ挙げられる。

（a）小グループのリーダーは、たとえ指揮官の肩書を持っていても、大部隊のリーダーより階級が低い。

（b）寄せ集め部隊は、そもそも有機的なものではなく、クーデターの計画者によって編成されたものであれば、クーデター決行後に同部隊を分割して再配置するのが容易になる。

（c）小グループのリーダーの数が多くなればなるほど、彼らが手を組んで自軍の内部から反乱を起こす可能性が低くなる。

仲間として取り込んだ部隊がどのようなものであれ、とにかくわれわれはクーデターの目的に合わせて彼らを編成し直さなければならないことが多い。クーデターの実行にあたっては、いくつもの専門的な任務が必要となり、それぞれ異なったタイプのチームが必要になるからだ。ただしクーデター軍が政府側の部隊に比べて数の上で優《まさ》っているか、同等の場合は、わざわざ再編成する必要はなくなる。

クーデターの実行には三つのタイプのチームが必要であり、それらは第5章で論じたように、それぞれ三つのタイプの襲撃目標に対応したものだ。そして仲間に引き入れた部隊や個人たちを利用して、われわれはA、B、Cの各チームを編成することになる。

すでに述べたように、Aチームは最高指導者の住居、中央放送局、軍や警察の司令部などを占拠するが、これはAチームが他のチームに比べて、数の上でも優位となり、編成でも複雑であることが要求されることを意味する。このAチームは四つのグループから編成され、各グループはそれぞれの目標にしたがって異なる規模にまとめられる。

（a）**「平服」の侵入グループ**：このグループは非常に小規模で、私服を着用したまま、武器、爆薬などを隠し持つ。彼らは襲撃目標の建物内に「来訪客」として堂々と入り、そこの占拠作戦を内部から手伝うことになる。内部から直接攻撃をする場合もあれば、一種の陽動作戦を行う場合もある。ただし襲撃目標が放送局の場合は、敵側が放送設備を使って警報を発するのを未然に防止することが主任務となる。

（b）**「陽動」グループ**：襲撃目標を防備する相手の兵力が大きくなればなるほど、このチームの役割は重要になる。王宮や大統領官邸のように、まとまった兵力が警備にあたっているところでは、その一部兵力をおびきだすための陽動作戦がどうしても必要になる。陽動チームはその任務として、撹乱《かくらん》を起こしたり、襲撃目標の近くにある二次的な目標に攻撃を加えたりする。このような陽動作戦は、政府側の部隊が反応して行動してくる時間をあらかじめ計算したものでなければならず、主要目的に対する攻撃は、この陽動の後に行われる。

(c)**「援護射撃」グループ**：編成は小規模だが、装甲車のような重装備を持つ。このチームの任務は、火器による威嚇射撃によって政府側の部隊の抵抗をやめさせたり、襲撃目標に通じる道路を固めて、政府側の部隊の介入を防止することにある。

(d)**攻撃グループ**：このグループは最も人数が多く、そのメンバーは戦闘技術に優れているものが選ばれる。ただしその戦闘技術は、実際には行使されないことが望ましい。

以上のようなAチームの各グループの全体的な作戦は、図B・1に示した通りだ。

B・Cの両チームの任務は、政治家の逮捕と、政府の一部の関連施設の妨害であるが、これらのチームが戦術面で重大な問題に直面することはない。その編成は小規模なものとし、それぞれの襲撃目標とタイミングにあった輸送手段を準備すべきだ。各チームはジープ数台に乗った兵士および警官で編成されるが、これには政府側の最高指導者を逮捕する時に備えて、クーデター計画に参加した中枢メンバーを同行させる場合もある。また、妨害活動に専門知識が必要な場合は、技術者を同行させるべきだ。

封鎖部隊の展開

クーデター決行のタイミングは、政府側にまったく知られていないのが望ましいが、それでも彼らは全般的に危険があることを察知している可能性は高い。そもそも政治的に不安定な国

図B・1　主要襲撃目標の（複雑な）占拠作戦

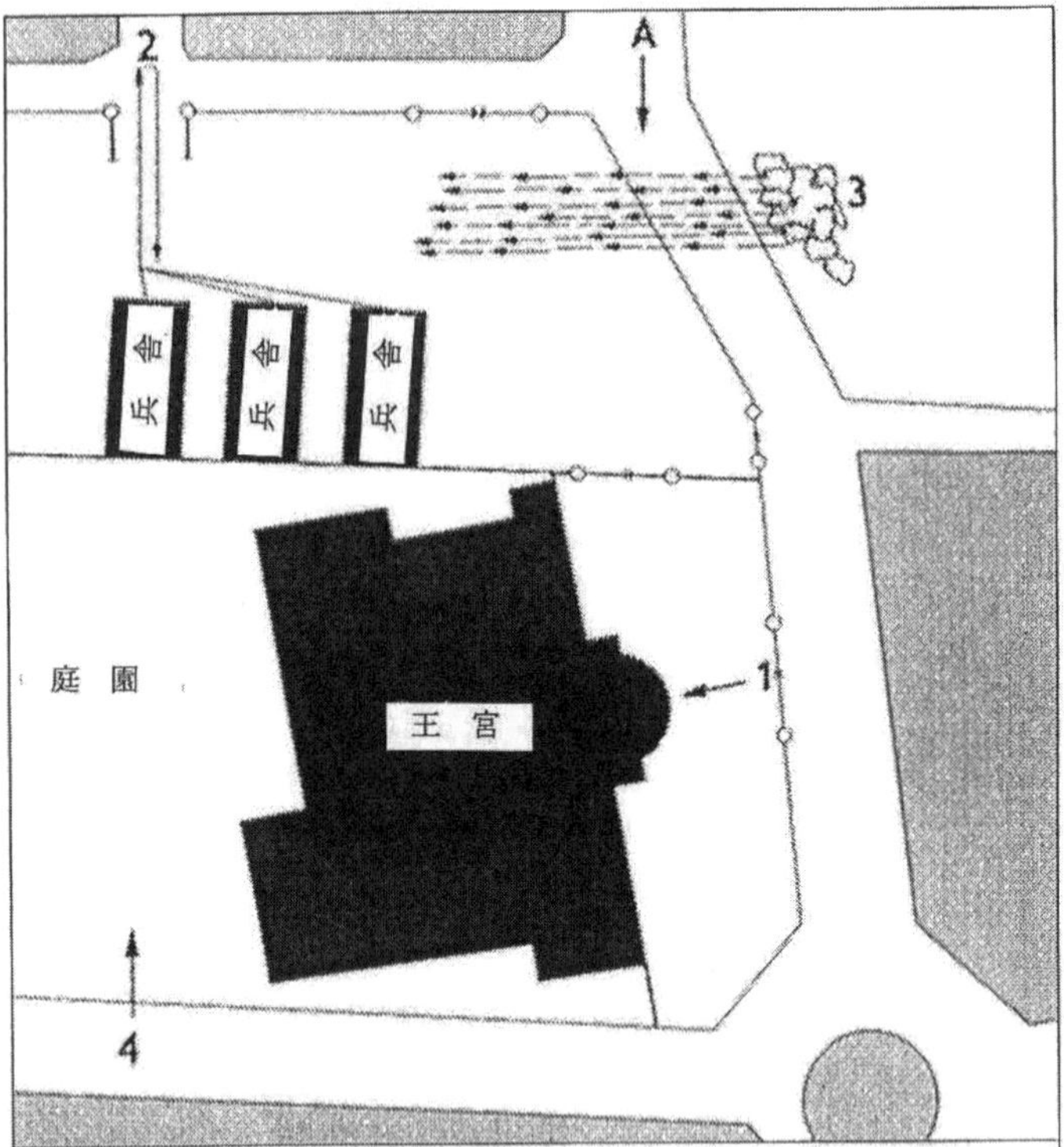

展開の順序
1. 平服の浸透チーム
2. 忠誠派の兵士を官邸からおびき出す陽動チーム
3. 陽動にかかった忠誠派の部隊の通行を妨害するための火器による援護
4. 攻撃チーム
A. 予想される主要な忠誠派部隊の進入

の政府というのは、国内の脅威に対処するために、頼りになる軍や警察をしっかりと維持しているものだ。

しかもこの種の組織の幹部や隊員は、支配グループと民族・宗教的に結びついており、特別警備隊（親衛隊）までが雇われている。このような「近衛兵」に浸透工作をかけることは至難のわざであるため、あえてこの方面への工作は諦めたほうがいいだろう。

その他の場面でも、たとえば政府側の大部隊がそっくり寝返ったり、中立化された場合でも、われわれは想定外の機密漏洩や、偶然の兵力の移動によって、思わぬ打撃を受けやすい。封鎖部隊が絶対に必要になるのは、まさにこうした理由からだ。この封鎖部隊は、首都を政府側の部隊の介入から遮断することを目的としている。このような措置が必要となる理由は、たとえ政府側の部隊の介入は、それがどんなに小規模であっても、それに見合わぬ

図B・2　封鎖地点の一般的な構図

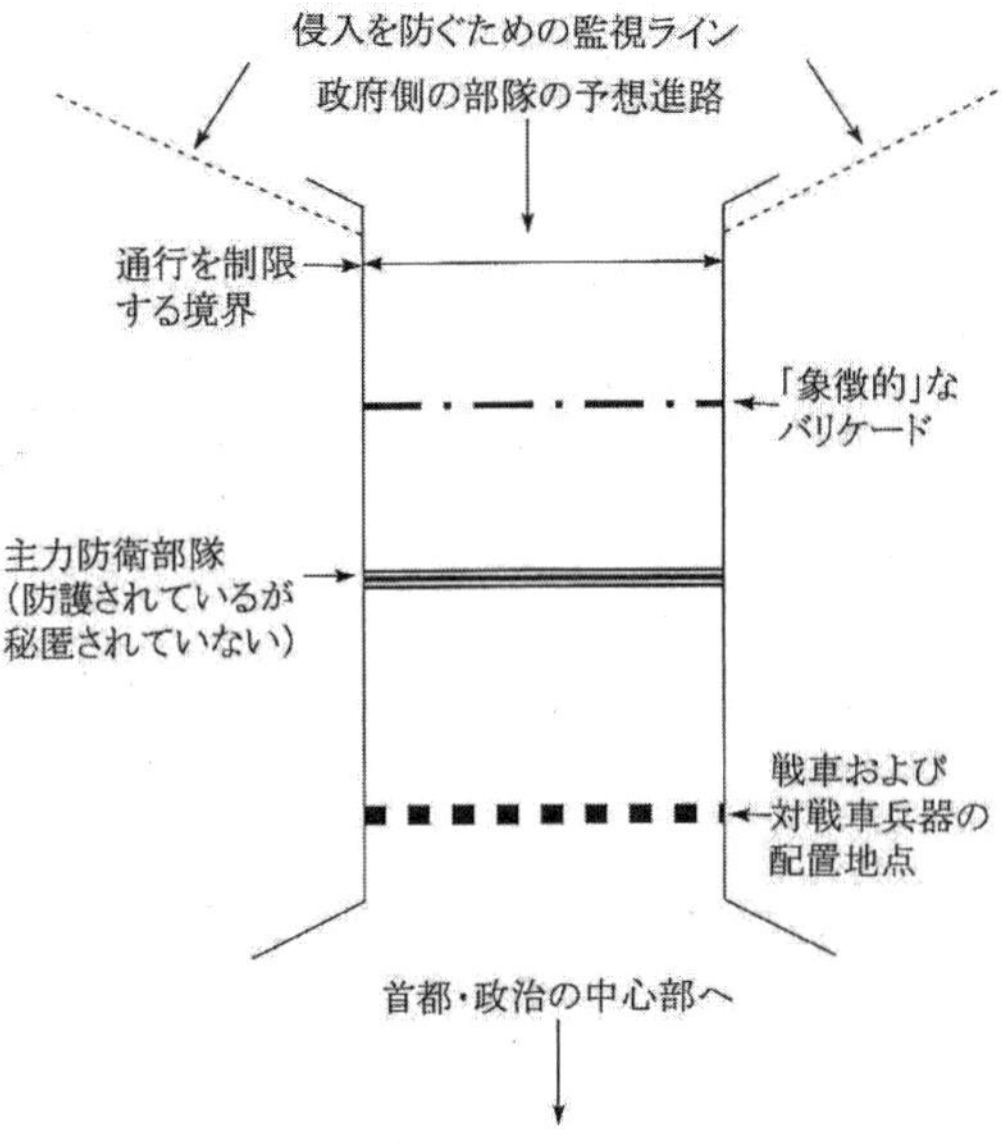

ほど大きい影響を及ぼしかねないという点にある。

封鎖部隊の作戦行動は、待ち伏せ攻撃のちょうど逆だと思えばよい。つまり、待ち伏せ攻撃の目的は、敵兵力の攻撃の通過をあらかじめ阻止しないで、敵側に最大限の損害を与えることにあるが、封鎖部隊の目的は、相手の損害を最小限にとどめ、相手側の通行を阻止するところにある。

封鎖部隊の配置の仕方は、図B・2に示した通りである。ただしここでは、二つの重要な問題——（a）政府側の部隊の位置と、その作戦意図に関する情報を集めること、（b）自然の障害（橋やトンネル、建築物が密集している地域など）の活用や、政府側の部隊を封鎖地点に追い込むための補足的な道路封鎖——については何も記されていない。

図B・2で示した封鎖地域は、クーデターに介入しようとする部隊がある方向から首都に侵入してくる際に使用する、道路や通りの一群を示している。これは普通は単一の道路や通りではないのだが、例外的にそれがたった一本となる場合もある。

上方の「監視ライン」（または軍事用語で「遮蔽」）は、下車した政府軍の部隊が設定する可能性のある封鎖地点の周辺に、こちらから先に設定するものだ。その内側に設けられた「象徴的」な封鎖線は、上官からの「命令」を使って政権側の部隊の説得にあたるところであり、もしこの説得が聞き入れられなかったときには、後方に主力部隊が控え、対戦車部隊（もしある場合は戦車も）が待機していることを教えてやればよい。

封鎖部隊の中でも主力となる部隊の作戦指揮官は、もし政権側の部隊が実際に武力行使に踏み切った場合に備えて防御を固めるという意味からも、慎重に選定しなければならない。また、敵側に対しては「封鎖ではなく待ち伏せ攻撃がとられた場合には大きな損害が出るぞ」とあらかじめ知らせておくべきである。

補遺C　統計データ

表C・1　経済発展とクーデター（1945〜2010年）

修正・改定版の作成者と日付：George Schott, August 8, 1978, and Sawyer Blazek, September 8, 2010.

注：各国のデータは以下の文献を参照。*World Development Indicators: 2010* (Washington, DC: International Bank for Reconstruction and Development/World Bank, 2010)；and *World Economic Outlook: 2010* (Washington, DC: International Monetary Fund, 2010).

国　　名	一人当たりの国内総生産（米ドル換算、2008年）	国内総生産（米ドル換算、2008年）	クーデターの企て（あり／なし）	最後に成功した年
サハラ以南のアフリカ				
アンゴラ	4,713.75	84,945	あり	—
ベニン	771.21	6,680	あり	1972
ボツワナ	6,982.20	13,414	なし	—
ブルキナファソ（以前はオートボルタ）	521.75	7,948	あり	1987
ブルンジ	114.04	1,163	あり	1996
カメルーン	1,225.67	23,396	あり	—
カーボベルデ	3,193.14	1,592	なし	—
中央アフリカ	458.17	1,988	あり	2003
チャド	769.70	8,400	あり	1990
コモロ	823.70	530	あり	2001
コンゴ民主共和国（以前はザイール）	181.59	11,668	あり	1997
コンゴ共和国	2,966.16	10,723	あり	1997
コートジボワール	1137.08	23,414	あり	1999
赤道ギニア	28,102.53	18,525	あり	1979
エリトリア	335.69	1,654	なし	—
エチオピア	316.98	25,585	あり	1991
ガボン	10,036.65	14,535	あり	—
ガンビア	488.58	811	あり	1994
ガーナ	713.18	16,653	あり	1981
ギニア	386.32	3,799	あり	2008
ギニアビサウ	272.69	429	あり	2003
ケニア	783.04	30,355	あり	—
レソト	791.47	1,622	あり	1994
リベリア	222.10	843	あり	1994
マダガスカル	495.14	9,463	あり	2009

マラウイ	287.55	4,269	なし	—
マリ	687.90	8,740	あり	1991
モーリタニア	888.98	2,858	あり	2008
モーリシャス	7,345.00	9,320	なし	—
モザンビーク	439.88	9,846	なし	—
ナミビア	4,149.04	8,837	なし	—
ニジェール	364.13	5,354	あり	2010
ナイジェリア	1,369.72	207,118	あり	1993
ルワンダ	458.49	4,457	あり	1994
サントメ・プリンシペ	1,090.13	175	あり	2003
セネガル	1,086.99	13,273	あり	—
セーシェル	9,579.74	833	あり	1981
シエラレオネ	351.51	1,954	あり	1997
ソマリア	—	—	あり	1969
南アフリカ共和国	5,678.01	276,445	あり	1994
スーダン	1,352.59	55,927	あり	1989
スワジランド	2,429.24	2,837	あり	1973
タンザニア	496.42	20,490	あり	1964
トーゴ	448.78	2,898	あり	2005
ウガンダ	452.55	14,326	あり	1985
ザンビア	1,134.20	14,314	あり	—
ジンバブエ	273.90(2005)	3,418(2005)	なし	—
東アジアと太平洋				
ブルネイ	30,390.64(2006)	11,471(2006)	なし	—
ミャンマー	—	—	あり	1997
カンボジア	711.04	10,354	あり	1997
中華人民共和国	3,266.51	4,327,000	あり	1976
フィジー	4,252.98	3,590	あり	2009
香港	30,863.00	215,355	なし	—
インドネシア	2,246.50	510,730	あり	1998
日本	38,454.86	4,910,840	あり	—
キリバス	1,414.32	137	なし	—
北朝鮮	—	—	あり	—
韓国	19,114.96	929,121	あり	1979
ラオス	893.29	5,543	あり	1975
マカオ	36,249.24(2007)	18,599(2007)	なし	—
マレーシア	8,209.45	221,773	あり	2009
マーシャル諸島	2,654.73	158	なし	—
ミクロネシア連邦	2,334.39	258	なし	—
モンゴル	1,990.59	5,258	なし	—

パラオ	8,910.81	181	なし	—
パプアニューギニア	1,252.73	8,239	あり	—
フィリピン	1,847.39	166,909	あり	1972
サモア	2,926.07	523	なし	—
シンガポール	37,597.29	181,948	なし	—
ソロモン諸島	1,262.80	645	あり	2000
タイ	4,042.78	272,429	あり	2008
東ティモール	453.32	498	あり	—
トンガ	2,686.56	278	なし	—
バヌアツ	2,521.09	590	あり	—
ベトナム	1,051.43	90,645	あり	1965
ヨーロッパと中央アジア				
アルバニア	3,911.47	12,295	あり	—
アルメニア	3,872.68	11,917	なし	—
アゼルバイジャン	5,314.99	46,135	あり	1993
ベラルーシ	6,230.15	60,313	なし	—
ボスニア・ヘルツェゴビナ	4,906.18	18,512	なし	—
ブルガリア	6,545.69	49,900	なし	—
クロアチア	15,636.56	69,332	なし	—
キプロス	31,410.00	24,910	あり	1974
チェコ	20,672.74	215,500	あり	1948
エストニア	17,454.35	23,401	なし	—
ジョージア	2,969.92	12,791	あり	1992
ギリシャ	2,848.00	355,876	あり	1973
ハンガリー	15,408.01	154,668	なし	—
カザフスタン	8,513.11	133,442	なし	—
コソボ	3,035.23	5,664	なし	—
キルギス	958.44	5,059	あり	2010
ラトビア	14,908.30	33,784	なし	—
リトアニア	14,097.54	47,341	なし	—
マケドニア	4,664.30	9,521	なし	—
モルドバ	1,693.78	6,047	なし	—
モンテネグロ	7,859.27	4,891	あり	1989
ポーランド	13,845.38	527,866	あり	1981
ポルトガル	22,923.00	243,497	あり	1974
ルーマニア	9,299.74	200,071	あり	1989
ロシア(以前はソ連)	11,831.52	1,679,480	あり	1993
セルビア	6,810.83	50,061	なし	—
スロバキア	18,211.64	98,463	あり	1948
スロベニア	27,018.60	54,613	なし	—

タジキスタン	751.01	5,134	なし	—
トルコ	9,941.96	734,853	あり	1980
トルクメニスタン	3,038.96	15,327	なし	—
ウクライナ	3,898.87	180,355	なし	—
ウズベキスタン	1,022.71	27,934	なし	—
ラテンアメリカとカリブ海				
アルゼンチン	8,235.71	328,465	あり	1976
ベリーズ	4,218.26	1,359	なし	—
ボリビア	1,720.04	16,674	あり	1980
ブラジル	8,205.13	1,575,150	あり	1964
チリ	10,084.42	169,458	あり	1973
コロンビア	5,415.55	243,765	あり	1957
コスタリカ	6,564.02	29,664	なし	—
キューバ	—	—	あり	1959
ドミニカ国	4,882.80	357	あり	—
ドミニカ共和国	4,575.70	45,541	あり	1965
エクアドル	4,056.39	54,686	あり	2005
エルサルバドル	3,605.30	22,115	あり	1979
グレナダ	6,161.99	638	あり	1983
グアテマラ	2,848.37	38,983	あり	1983
ガイアナ	1,513.32	1,155	なし	—
ハイチ	729.47	7,205	あり	2004
ホンジュラス	1823.14	13,343	あり	2009
ジャマイカ	5,438.48	14,614	なし	—
メキシコ	10,231.53	1,088,130	なし	—
ニカラグア	1,163.22	6,592	あり	1979
パナマ	6,792.91	23,088	あり	1968
パラグアイ	2,561.27	15,977	あり	1989
ペルー	4,477.25	129,109	あり	1992
スリナム	5,888.09	3,033	あり	1990
トリニダード・トバゴ	18,108.21	24,145	あり	—
ウルグアイ	9,653.77	32,186	あり	1973
ベネズエラ	11,245.76	314,150	あり	1948
中東と北アフリカ				
アルジェリア	4,845.18	166,545	あり	1992
バーレーン	28,240.48	21,903	あり	—
ジブチ	1,029.96	875	あり	—
エジプト	1,990.53	162,283	あり	1952

イラン	4,027.79(2007)	286,058(2007)	あり	1953
イラク	2,845.06	86,525	あり	1968
イスラエル	27,651.80	202,101	なし	—
ヨルダン	3,595.92	21,238	なし	—
クウェート	54,260.08	148,024	なし	—
レバノン	6,978.06	29,264	あり	—
リビア	14,802.20	93,168	あり	1969
マルタ	18,209.38(2007)	7,449(2007)	なし	—
モロッコ	2,768.74	88,883	あり	—
オマーン	15,272.89(2007)	41,638(2007)	あり	1970
カタール	62,451.14(2007)	71,041(2007)	あり	1995
サウジアラビア	19,021.60	468,800	なし	—
シリア	2,682.26	55,204	あり	1970
チュニジア	3,902.96	40,309	あり	1987
アラブ首長国連邦	45,530.92(2007)	198,693(2007)	あり	—
ヨルダン川西岸・ガザ地区	1,123.41(2005)	4,016(2005)	なし	—
イエメン	1,159.64	26,576	あり	1978
南アジア				
アフガニスタン	366.08	10,624	あり	1979
バングンデシュ	497.21	79,554	あり	1982
ブータン	1,868.68	1,283	なし	—
インド	1,016.85	1,159,170	なし	—
モルディブ	4,134.93	1,261	あり	1975
ネパール	437.87	12,615	あり	2005
パキスタン	990.53	164,539	あり	1999
スリランカ	2,012.52	40,565	あり	—

表C・2 クーデターの成功・失敗リスト（1945〜2010年）

修正・改定版の作成者と日付: George Schott, August 8, 1978, and Sawyer Blazek, September 8, 2010.

国名と日付		実行主体	結果
サハラ以南のアフリカ			
アンゴラ	1974.10.27	陸軍の一部	失敗
	1977.5.27	陸軍の一部	失敗
ベニン	1963.10.28	陸軍の一部	成功
	1965.12.22	陸軍の一部	成功
	1967.12.17	陸軍の一部	成功
	1969.7.12	陸軍の一部	失敗
	1969.10.21	陸軍の一部	失敗
	1969.12.10	陸軍の一部	成功
	1972.2.28	陸軍の一部	失敗
	1972.10.26	陸軍の一部	成功
	1975.1.21	陸軍と政治家の一部	失敗
	1975.10.18	政治家の一部	失敗
	1977.1.16	外国から支援を受けた一部	失敗
	1988.3.26	陸軍の一部	失敗
	1992.5	政治家の一部	失敗
	1995.11.15	陸軍の一部	失敗
ボツワナ	—	—	—
ブルキナファソ	1966.1.3	陸軍の一部	成功
(以前はオートボルタ)	1980.11.25	陸軍の一部	成功
	1982.11.7	陸軍の一部	成功
	1983.8.4	陸軍の一部	成功
	1987.10.15	陸軍と政治家の一部	成功
ブルンジ	1965.10.19	陸軍と政治家の一部	失敗
	1966.7.8	皇太子と陸軍の一部	成功
	1966.11.28	首相と陸軍の一部	成功
	1976.11.1	陸軍と部族の一部	成功
	1987.9.3	陸軍の一部	成功
	1992.3.4	政治家の一部	失敗
	1993.7.3	陸軍と政治家の一部	失敗
	1993.10.21	陸軍の一部	失敗
	1994.4.25	陸軍の一部	失敗
	1996.7.25	陸軍の一部	成功
	2001.4.18	陸軍の一部	失敗
	2001.7.22	陸軍の一部	失敗

カメルーン	1984.4.6	陸軍の一部	失敗
カーボベルデ	—	—	—
中央アフリカ	1965.12.22	陸軍の一部	成功
	1966.1.1	陸軍の一部	成功
	1969.4.12	陸軍の一部	失敗
	1974.7.12	陸軍の一部	失敗
	1979.9.21	政治家の一部	成功
	1981.9.1	陸軍の一部	成功
	1982.3.3	陸軍の一部	失敗
	1996.5.18	陸軍の一部	失敗
	2001.5.28	陸軍と政治家の一部	失敗
	2003.3.15	陸軍の一部	成功
チャド	1971.8.26	外国から支援を受けた一部	失敗
	1975.4.13	陸軍の一部	成功
	1976.4.13	政治家の一部	失敗
	1977.3.31	陸軍と部族の一部	失敗
	1982.6.7	陸軍と政治家の一部と外国の傭兵	成功
	1989.4.1	陸軍の一部	失敗
	1990.12.1	陸軍の一部	成功
	1991.10.13	陸軍の一部	失敗
	1992.2.21	陸軍の一部	失敗
	1992.6.18	陸軍の一部	失敗
	1993.1.27	陸軍の一部	失敗
	2004.5.16	陸軍の一部	失敗
	2006.3.14	陸軍と政治家の一部	失敗
	2006.4.16	陸軍の一部	失敗
	2008.2.2	陸軍の一部	失敗
コモロ	1975.8.3	陸軍と政治家の一部	成功
	1977.6.4	陸軍と政治家の一部と外国の傭兵	失敗
	1978.5.13	外国の傭兵	成功
	1981.2.14	陸軍と政治家の一部	失敗
	1981.11.25	政治家の一部	失敗
	1985.3.8	陸軍の一部	失敗
	1985.8.8	陸軍と政治家の一部	失敗
	1987.11.30	陸軍と政治家の一部	失敗
	1989.11.26	陸軍と外国の傭兵	成功
	1991.8.3	陸軍と政治家の一部	失敗
	1992.9.26	陸軍の一部	失敗
	1995.9.27	外国の傭兵	失敗
	1999.4.30	陸軍の一部	成功
	2000.3.21	陸軍と政治家の一部	失敗
	2000.11.4	陸軍の一部	失敗

	2001.8.9	陸軍の一部	成功
	2001.12.19	陸軍の一部	失敗
	2003.2.12	陸軍と政治家の一部	失敗
コンゴ民主共和国	1960.9.14	政治家の一部	成功
(以前はザイール)	1965.11.25	陸軍の一部	成功
	1966.5.30	政治家の一部	失敗
	1997.5.19	反乱軍の一部と外国の部隊	成功
	2001.1.16	近衛兵	失敗
	2004.3.28	陸軍の一部	失敗
	2004.6.11	陸軍の一部	失敗
コンゴ共和国	1963.8.15	陸軍と労組	成功
	1966.6.28-29	陸軍と部族の一部	失敗
	1968.8.3-31	陸軍の一部	成功
	1968.9.4	陸軍の一部	成功
	1969.11.8	陸軍の一部	失敗
	1970.3.23	陸軍の一部	失敗
	1972.2.22	陸軍の左派の一部	失敗
	1977.3.18	陸軍の一部	失敗
	1997.10.15	政治家の一部	成功
コートジボアール	1991.7.23	陸軍の一部	失敗
	1999.12.24	陸軍の一部	成功
	2002.9.19	陸軍と政治家の一部	失敗
赤道ギニア	1969.3.5	陸軍と政治家の一部	失敗
	1979.8.3	政治家の一部	成功
	1981.4.10	政治家の一部	失敗
	1983.5.11	陸軍の一部	失敗
	1986.7.19	政治家の一部	失敗
	2004.3.4	外国の傭兵	失敗
エリトリア	—	—	—
エチオピア	1960.12.13-17	陸軍の一部	失敗
	1974.9.12	三軍の中の一部	成功
	1974.11.22-24	軍の調整委員会の一部	成功
	1977.2.3	軍の調整委員会の一部	失敗
	1989.5.16	軍の調整委員会の一部	失敗
	1991.5.28	反乱軍の一部	成功
ガボン	1964.2.18	陸軍の一部	失敗
ガンビア	1981.7.29	政治家の左派の一部	失敗
	1994.7.23	陸軍の一部	成功
	1994.11.10	陸軍の一部	失敗
	1995.1.27	陸軍の一部	失敗
ガーナ	1966.2.24	陸軍の一部	成功
	1967.4.17	陸軍の一部	失敗

	1972.1.13	陸軍の一部	成功
	1972.1.15	陸軍の一部	失敗
	1978.7.5	陸軍の一部	成功
	1979.5.15	陸軍の一部	失敗
	1979.6.4	陸軍の一部	成功
	1981.12.13	陸軍の一部	成功
	1982.11.23	陸軍の一部	失敗
	1983.6.19	陸軍の一部	失敗
ギニア	1970.11.22	外国から支援を受けた一部	失敗
	1976.5.13	陸軍と政治家の一部	失敗
	1984.4.3	陸軍の一部	成功
	1985.7.4	陸軍の一部	失敗
	1996.2.2	陸軍の一部	失敗
	2008.12.23	陸軍の一部	成功
ギニアビサウ	1980.11.14	陸軍の一部	成功
	1998.6.9	陸軍の一部	失敗
	1999.5.7	陸軍の一部	成功
	2003.9.14	陸軍の一部	成功
	2004.10.6	陸軍の一部	失敗
	2005.5.25	政治家の一部	失敗
	2008.8.8	陸軍の一部	失敗
	2009.6.5	陸軍と政治家の一部	失敗
ケニア	1982.9.1	陸軍の一部	失敗
レソト	1970.1.30	政治家の一部	成功
	1986.1.15-20	陸軍の一部	成功
	1990.2.21	陸軍の一部	成功
	1991.4.29-30	陸軍の一部	成功
	1991.6.7	陸軍の一部	失敗
	1994.8.17	政治家の一部	成功
	1998.9.18	陸軍の一部	失敗
リベリア	1980.4.12	陸軍の一部	成功
	1980.4.14	陸軍の一部	失敗
	1980.5.18	陸軍の一部	失敗
	1985.11.12	陸軍の一部	失敗
	1994.9.7	政治家の一部	成功
	1994.9.15	陸軍の一部	失敗
マダガスカル	1971.4.1	陸軍の左派の一部	失敗
	1972.5.18	政治家の一部	成功
	1975.2.5-12	陸軍の一部	成功
	1992.5.13	政治家の一部	失敗
	2006.11.18	陸軍の一部	失敗
	2009.3.16-17	陸軍と政治家の一部	成功

	2010.4.18	陸軍の一部	失敗
マラウイ	—	—	—
マリ	1968.11.19	陸軍の一部	成功
	1971.4.7	陸軍の一部	失敗
	1991.3.25	陸軍の一部	成功
	1991.7.14	陸軍の一部	失敗
モーリタニア	1978.7.10	陸軍の一部	成功
	1979.6.3	陸軍の一部	成功
	1980.1.4	陸軍の一部	成功
	1981.3.16	陸軍の一部	失敗
	1982.2.6	陸軍の一部	失敗
	1984.12.12	陸軍の一部	成功
	2003.6.9	陸軍の一部	失敗
	2005.8.3	陸軍の一部	成功
	2008.8.6	陸軍の一部	成功
モーリシャス	—	—	—
モザンビーク	—	—	—
ナミビア	—	—	—
ニジェール	1974.4.15	陸軍の一部	成功
	1975.8.2	陸軍と政治家の一部	失敗
	1976.3.15	陸軍の一部	失敗
	1983.10.5	陸軍の一部	失敗
	1996.1.27	陸軍の一部	成功
	1999.4.9	陸軍の一部	成功
	2010.2.18	陸軍の一部	成功
ナイジェリア	1966.1.15	陸軍の一部	成功
	1966.7.29	北部の陸軍の一部	成功
	1975.7.29	陸軍の一部	成功
	1976.2.13	陸軍の一部	失敗
	1983.12.31	陸軍の一部	成功
	1985.9.27	陸軍の一部	成功
	1990.4.22	陸軍の一部	失敗
	1993.11.17	陸軍の一部	成功
ルワンダ	1973.7.5	陸軍と警察の一部	成功
	1994.4.6	陸軍の一部	成功
サントメ・プリンシペ	2003.7.16	陸軍の一部	成功
セネガル	—	—	—
セーシェル	1977.6.5	警察と政治家の一部	成功
	1981.11.25	外国の傭兵	失敗
シエラレオネ	1967.3.23	陸軍の一部	成功
	1968.4.18	陸軍の一部	成功
	1971.3.23	陸軍の一部	失敗

	1987.3.23	政治家の一部	失敗
	1992.4.30	陸軍の一部	成功
	1992.12.28	陸軍の一部	失敗
	1995.10.2	陸軍の一部	失敗
	1996.1.16	陸軍の一部	成功
	1996.9.8	陸軍の一部	失敗
	1997.5.25	陸軍の一部	成功
ソマリア	1961.12.10	政治家の一部	失敗
	1969.10.21	陸軍と警察の一部	成功
	1970.4.21	陸軍と政治家の一部	失敗
	1971.5.25	陸軍と政治家の一部	失敗
	1978.4.9	陸軍の一部	失敗
	1991.1.26	反乱軍の一部	成功
南アフリカ共和国	1987.9.24 (トランスカイ)	陸軍の一部	成功
	1987.12.30 (トランスカイ)	陸軍の一部	成功
	1988.2.10 (ボプタツワナ)	政治家の一部	失敗
	1990.4.5 (ベンダ)	陸軍の一部	成功
	1990.3.4 (シスケイ)	陸軍の一部	成功
	1990.11.22 (トランスカイ)	反乱軍の一部	失敗
	1991.2.9 (シスケイ)	陸軍の一部	失敗
	1994.3.10-11 (ボプタツワナ)	政治家の一部	失敗
	1994.3.22 (シスケイ)	政治家の一部	成功
スーダン	1955.8.18	陸軍と部族の一部	失敗
	1958.11.17	陸軍の一部	成功
	1959.3.4	陸軍の一部	失敗
	1959.4.21	陸軍の一部	失敗
	1966.12.28	陸軍の左派の一部	失敗
	1969.5.25	陸軍の左派の一部	成功
	1971.7.19-22	陸軍の左派の一部	失敗
	1975.9.5	陸軍の一部	失敗
	1976.7.2	陸軍の一部	失敗
	1977.2.2	空軍の一部	失敗
	1985.4.6	陸軍の一部	成功

	1985.9.25	陸軍の一部	失敗
	1989.6.30	陸軍の一部	成功
	1990.4.23	陸軍の一部	失敗
スワジランド	1973.4.12	政治家の一部	成功
	1984.9.1	陸軍と政治家の一部	失敗
タンザニア	1964.1.12 (ザンジバル)	政治家の一部	成功
	1964.1.20 (タンガニーカ)	部隊の暴動	失敗
トーゴ	1963.1.13	陸軍と部族の一部	成功
	1966.11.21-22	政治家の一部	失敗
	1967.1.13	陸軍の将軍の一部	成功
	1964.7.4	陸軍の一部	失敗
	1967.1.13	陸軍の将軍の一部	成功
	1970.8.8	陸軍と政治家の一部	失敗
	1986.9.23	陸軍と政治家の一部	失敗
	1991.8.26	陸軍の一部	失敗
	1991.10.1	陸軍の一部	失敗
	1991.11.28	陸軍の一部	失敗
	1991.12.3	反乱軍の一部	失敗
	2005.2.6	陸軍と政治家の一部	成功
ウガンダ	1964.1.23	部隊の暴動	失敗
	1971.1.25	陸軍と政治家の一部	成功
	1974.3.23	陸軍の一部	失敗
	1974.9.9	陸軍の一部	失敗
	1980.5.12	陸軍の一部	成功
	1985.7.27	陸軍の一部	成功
ザンビア	1980.10.16	陸軍と政治家の一部	失敗
	1990.6.25	陸軍の一部	失敗
	1997.10.28	陸軍の一部	失敗
ジンバブエ	—	—	—
東アジアと太平洋			
ブルネイ	—	—	—
ミャンマー	1958.9.26	陸軍の一部	成功
	1962.3.2	三軍の一部	成功
	1974.7.24	政治家の左派の一部	失敗
	1988.9.18	陸軍の一部	成功
	1990.7.27	陸軍の一部	成功
	1997.11.15	陸軍の一部	成功
	2007.9.28	陸軍の一部	失敗

カンボジア	1970.3.18	陸軍の右派の一部	成功
	1975.3.26	陸軍の一部	失敗
	1975.4.17	陸軍の一部	成功
	1975.7	陸軍の一部	失敗
	1975.8	陸軍の一部	失敗
	1977.8	陸軍の一部	失敗
	1978.6.24	陸軍の一部	失敗
	1978.11.11	陸軍の一部	失敗
	1979.1.7	陸軍の左派の一部	成功
	1997.7.5-6	陸軍と政治家の一部	成功
中華人民共和国	1971.9.8	陸軍の一部	失敗
	1976.10.6	政治家の一部	成功
フィジー	1987.5.14	陸軍の一部	成功
	1987.9.28	陸軍の一部	成功
	2000.5.19	陸軍と官僚の一部	成功
	2000.5.27	陸軍と反乱軍の一部	失敗
	2000.7.7	陸軍と反乱軍の一部	失敗
	2000.11.2	陸軍と反乱軍の一部	失敗
	2006.12.5-6	陸軍の一部	成功
	2009.4.10	大統領	成功
香港	—	—	—
インドネシア	1950.12.3	海軍の一部	失敗
	1950.4.26	二軍の一部	失敗
	1965.10.1	共産党	失敗
	1965.11.16	三軍の一部	失敗
	1996.7.27	陸軍、警察、官僚の一部	失敗
	1998.5.21	与党の一部	成功
日本	1970.11.25	官僚の一部	失敗
キリバス	—	—	—
北朝鮮	1991	陸軍の一部	失敗
	1995	陸軍の一部	失敗
韓国	1948.10.20	陸軍の一部	失敗
	1961.5.16	三軍の一部	成功
	1972.10.17	大統領	成功
	1979.12.12	陸軍の一部	成功
ラオス	1960.8.9	陸軍の中立派の一部	成功
	1964.4.19	陸軍の右派の一部	成功
	1965.1.31	陸軍と政治家の一部	失敗
	1966.10.21	空軍の一部	失敗
	1973.8.20	空軍の一部	失敗
	1975.12.2	共産主義者の一部	成功
マカオ	—	—	—

マレーシア	2009.2.5	政治家の一部	成功
マーシャル諸島	—	—	—
ミクロネシア連邦	—	—	—
モンゴル	—	—	—
パラオ	—	—	—
パプアニューギニア	1997.3.16-17	政治家の一部	失敗
フィリピン	1972.9.21	大統領	成功
	1986.7.6	陸軍と官僚の一部	失敗
	1986.11.22	陸軍の一部	失敗
	1987.1.27-29	陸軍の一部	失敗
	1987.4.18	反乱軍の一部	失敗
	1987.7.8	陸軍の一部	失敗
	1987.8.28	反乱軍の一部	失敗
	1989.12.1-9	反乱軍の一部	失敗
	2003.7.27	陸軍の一部	失敗
	2006.2.24	陸軍の一部	失敗
	2007.11.29	陸軍の一部	失敗
サモア	—	—	—
シンガポール	—	—	—
ソロモン諸島	2000.6.5	過激派の一部	成功
タイ	1947.11.9	陸軍の一部	成功
	1951.6.29	海軍の一部	失敗
	1951.11.29	陸軍の一部	成功
	1957.9.16	陸軍の一部	成功
	1958.10.20	陸軍の一部	成功
	1971.11.17	首相	成功
	1976.2.24	陸軍の一部	失敗
	1976.10.6	三軍の一部	成功
	1977.3.26	陸軍と政治家の一部	失敗
	1977.10.20	三軍の一部	成功
	1981.4.1	陸軍の一部	失敗
	1985.9.9	陸軍の一部	失敗
	1991.2.23	陸軍の一部	成功
	1992.5.24	陸軍の一部	成功
	2006.9.19	陸軍の一部	成功
	2008.12.2-15	司法関係者	成功
東ティモール	2006.4.28	反乱軍の一部	失敗
	2008.2.11	反乱軍の一部	失敗
トンガ	—	—	—
バヌアツ	1996.10.12	陸軍の一部	失敗
ベトナム	1960.11.12	北部の陸軍と政治家の一部	失敗
	1963.11.1-2	三軍の一部	成功

	1964.1.30	三軍の一部	成功
	1965.1.27	三軍の一部	成功
	1965.2.21	三軍の一部	成功
ヨーロッパと中央アジア			
アルバニア	1998.9.15	野党	失敗
アルメニア	—	—	—
アゼルバイジャン	1993.6.27-29	共産党の一部	成功
	1994.10.5	首相と陸軍の一部	失敗
	1995.3.13-17	警察と陸軍の一部	失敗
ベラルーシ	—	—	—
ボスニア・ヘルツェゴビナ	—	—	—
ブルガリア	—	—	—
クロアチア	—	—	—
キプロス	1974.7.15	国家守備隊	成功
チェコ	1948.2.21	共産党	成功
エストニア	—	—	—
ジョージア	1991.12.22-1992.1.22	国家守備隊	成功
	2001.5.25	陸軍の反乱部隊	失敗
	2009.5.5	陸軍の反乱部隊	失敗
ギリシャ	1967.4.21	陸軍の右派の一部	成功
	1967.12.13	王	失敗
	1973.5.24	海軍の反乱部隊	失敗
	1973.11.25	陸軍と海軍の反乱部隊	成功
ハンガリー	—	—	—
カザフスタン	—	—	—
コソボ	—	—	—
キルギス	1991.8.19	政治家の一部	失敗
	2005.3.24	政治家の一部	成功
	2010.4-6-15	政治家の一部	成功
ラトビア	—	—	—
リトアニア	—	—	—
マケドニア	—	—	—
モルドバ	—	—	—
モンテネグロ	1988.10.7	野党の一部	失敗
	1989.1.10	政治家の一部	成功
ポーランド	1981.12.12	陸軍の一部	成功
ポルトガル	1962.1.1	陸軍の反乱部隊	失敗
	1974.4.25	陸軍と政治家の一部	成功
	1974.9.24	陸軍の一部	失敗

	1975.3.11	空軍の右派の一部	失敗
	1975.7.31	二軍の一部	失敗
	1975.11.25	左派の空挺兵	失敗
ルーマニア	1989.12.16-25	三軍の一部	成功
ロシア(以前はソ連)	1964.10.12-14	与党の一部	成功
	1991.8.19-20	政治家の一部	失敗
	1993.9.21	大統領	成功
	1993.10.2-4	陸軍と政治家の一部	失敗
セルビア	—	—	—
スロバキア	1948.2.21	共産党	成功
スロベニア	—	—	—
タジキスタン	—	—	—
トルコ	1960.5.27	三軍の一部	成功
	1968.3.2	陸軍の一部	失敗
	1963.5.20	陸軍と空軍の一部	失敗
	1971.3.12	陸軍の将軍の一部	成功
	1975.3.2	陸軍の一部	失敗
	1980.9.12	陸軍の一部	成功
	1997.2.28	陸軍の一部	成功
	2007.4.27	陸軍の一部	失敗
トルクメニスタン	—	—	—
ウクライナ	—	—	—
ウズベキスタン	—	—	—
ラテンアメリカとカリブ海			
アルゼンチン	1951.9.28	三軍の一部	失敗
	1955.6.16	海軍の一部	失敗
	1955.9.16	三軍の一部	成功
	1955.11.13	陸軍の一部	成功
	1960.6.13	陸軍の一部	失敗
	1962.3.28	三軍の一部	成功
	1962.8.8	部隊の暴動	失敗
	1963.4.2	陸軍の将軍の一部	失敗
	1966.6.28	陸軍と海軍の将軍	成功
	1970.6.8	三軍の一部	成功
	1971.3.23	三軍の一部	成功
	1971.5.11	陸軍と政治家の一部	失敗
	1971.8.22	陸軍の一部	成功
	1971.10.8	陸軍の一部	失敗
	1974.3.1	警察	失敗
	1975.12.18	空軍の右派の一部	失敗

	1976.3.24	三軍の一部	成功
ベリーズ	—	—	—
ボリビア	1951.5.16	陸軍と空軍の一部	成功
	1952.4.9	軍と政治家の一部	成功
	1964.11.3	陸軍と空軍の一部	成功
	1968.8.21	陸軍の一部	失敗
	1969.9.26	陸軍と空軍の一部	成功
	1970.10.6-7	陸軍と空軍の一部	成功
	1971.1.10	陸軍の右派の一部	失敗
	1971.8.19-22	陸軍の右派の一部	成功
	1972.5.17	左派の政治家の一部	失敗
	1973.5.15	陸軍の右派の一部	失敗
	1974.6.5	陸軍の一部	失敗
	1977.12.9	陸軍の一部	失敗
	1978.7.28	陸軍と政治家の一部	成功
	1980.7.17	陸軍の一部	成功
	1981.8.4	陸軍の一部	成功
ブラジル	1945.10.29	三軍の一部	成功
	1955.11.11	陸軍の一部	成功
	1961.8.26	三軍の一部	成功
	1964.4.1	三軍の一部	成功
チリ	1973.6.29	陸軍の右派と政治家の一部	失敗
	1973.9.11	三軍の一部	成功
コロンビア	1953.6.13	三軍の一部	成功
	1957.5.10	三軍の一部	成功
コスタリカ	—	—	—
キューバ	1952.3.10	陸軍の一部	成功
	1956.4.4	陸軍の一部	失敗
	1961.4.17-19	外国から支援を受けた一部	失敗
ドミニカ	1981.4.27	外国から支援を受けた一部	失敗
ドミニカ共和国	1962.1.13	陸軍の一部	失敗
	1963.9.25	陸軍の一部	成功
	1965.4.25	陸軍と空軍の一部	成功
	1965.11.26	陸軍の右派と政治家の一部	失敗
エクアドル	1947.3.14	三軍の一部	失敗
	1947.8.23	三軍の一部	成功
	1947.9.1-3	三軍の一部	成功
	1961.11.7-9	三軍の一部	成功
	1963.7.11	三軍の一部	成功
	1966.3.29	政治家の一部	成功
	1972.2.15	三軍の一部	成功
	1975.9.1	陸軍と政治家の一部	失敗

	1976.1.11	三軍の一部	成功
	2000.1.21	陸軍と政治家の一部	成功
	2005.4.20	陸軍の一部	成功
エルサルバドル	1948.12.14	陸軍の一部	成功
	1960.10.26	陸軍と政治家の一部	成功
	1961.1.25	右派の政治家の一部	成功
	1972.3.25	陸軍と政治家の一部	失敗
	1979.10.15	陸軍の左派の一部	成功
グレナダ	1979.3.13	共産党の軍の一部	成功
	1983.10.19	陸軍の一部	失敗
	1983.10.25	外国から支援を受けた軍と政治家	成功
グアテマラ	1949.7.9	陸軍の一部	失敗
	1954.6.27	外国から支援を受けた反乱軍	成功
	1955.1.20	政治家の一部	失敗
	1957.10.25	三軍の一部	成功
	1960.11.13	陸軍の左派と政治家の一部	失敗
	1963.3.30	陸軍と空軍の一部	成功
	1982.3.23	外国から支援を受けた軍	成功
	1982.8.14	陸軍の一部	失敗
	1982.10.20	陸軍の一部	失敗
	1983.8.8	陸軍の一部	成功
	1988.5.11	陸軍の一部	失敗
	1989.5.10	陸軍の一部	失敗
	1993.5.25	大統領	失敗
ガイアナ	—	—	—
ハイチ	1946.1.11	陸軍の一部	成功
	1950.5.10	陸軍の一部	成功
	1957.6.14	陸軍の一部	成功
	1963.8.5-7	武装化した政治家の一部	失敗
	1986.2.7	陸軍の一部	成功
	1988.6.20	陸軍の一部	成功
	19889.17	陸軍の一部	成功
	1989.4.2	陸軍の一部	失敗
	1989.4.5	陸軍の一部	失敗
	1991.1.7	陸軍の一部	失敗
	1991.9.30	陸軍の一部	成功
	1994.9.19	外国に主導された一部	成功
	2000.10.10	陸軍の一部	失敗
	2001.12.17	陸軍のOB	失敗
	2004.2.29	外国から支援を受けた政治家の一部	成功
ホンジュラス	1956.10.21	陸軍と空軍の一部	成功
	1963.10.3	陸軍の一部	成功

	1972.12.3	陸軍と空軍の一部	成功
	1975.4.22	陸軍の一部	成功
	1977.10.21	右派の政治家の一部	失敗
	1978.8.7	陸軍の一部	成功
	1999.7.30	陸軍の一部	失敗
	2009.6.28	陸軍の一部	成功
ジャマイカ	—	—	—
メキシコ	—	—	—
ニカラグア	1947.5.26	陸軍の一部	成功
	1967.1.22-23	陸軍の右派と政治家の一部	失敗
	1978.8.28	陸軍の一部	失敗
	1979.7.19	反乱軍の一部	成功
	1980.11.17	陸軍の一部	失敗
	2005.9.9	政治家の一部	失敗
パナマ	1949.11.20	警察の一部	成功
	1951.5.9	陸軍と政治家の一部	成功
	1955.1.2	陸軍の一部	失敗
	1968.10.12	国家守備隊	成功
	1969.12.16	国家守備隊	失敗
	1988.3.16	陸軍の一部	失敗
	1989.10.3	国家守備隊	失敗
パラグアイ	1947.3.7	陸軍の一部	失敗
	1948.6.3	政党の一部	成功
	1948.12.30	政党の一部	成功
	1949.2.26	政党の一部	成功
	1954.5.5	陸軍の一部	成功
	1989.2.3	陸軍の一部	成功
	1996.4.22	陸軍の一部	失敗
	2000.5.18	陸軍の一部	失敗
ペルー	1948.10.3	海軍の一部	失敗
	1948.10.27	陸軍の右派の一部	成功
	1956.2.16	陸軍の右派の一部	失敗
	1962.7.18	三軍の一部	成功
	1963.3.3	三軍の一部	成功
	1968.10.3	三軍の一部	成功
	1975.8.29	陸軍の一部	成功
	1976.7.9	陸軍の右派の一部	失敗
	1992.4.5	大統領	成功
	1992.11.13	陸軍の一部	失敗
スリナム	1980.2.25	陸軍の一部	成功
	1981.3.15	陸軍の一部	失敗
	1982.3.11	陸軍の一部	失敗

	1990.12.24	陸軍の一部	成功
トリニダードトバゴ	1970.4.21	陸軍の反乱部隊	失敗
	1990.7.27	イスラム系の一部	失敗
ウルグアイ	1973.6.27	陸軍の一部	成功
	1976.6.12	陸軍の一部	成功
ベネズエラ	1948.11.23	陸軍と政治家の一部	成功
	1950.11.11	政治家の一部	失敗
	1952.12.2	三軍の一部	成功
	1958.1.23	海軍の一部	成功
	1960.6.24	外国から支援を受けた一部	失敗
	1962.5.4	海軍の右派	失敗
	1962.6.3	海軍の左派	失敗
	1966.10.30	国境守備隊	失敗
	1992.2.3	陸軍の一部	失敗
	1992.11.27	陸軍の一部	失敗
	2002.4.11	陸軍の一部	失敗
中東と北アフリカ			
アルジェリア	1965.6.19	三軍の一部	成功
	1967.12.13	陸軍の一部	失敗
	1968.4.25	陸軍の一部	失敗
	1992.1.10	陸軍の一部	成功
バーレーン	1981.12.16	外国に主導された一部	失敗
ジブチ	1991.1.8	民族・政治家の一部	失敗
	2000.12.7	警察の一部	失敗
エジプト	1952.7.23	陸軍の一部	成功
	1966.2.5	左派の政治家の一部	失敗
	1966.9.24	政治家の一部	失敗
	1967.8.27	陸軍と政治家の一部	失敗
	1975.6.1	政治家の一部	失敗
イラン	1953.8.16	陸軍の一部	失敗
	1953.8.19	陸軍の一部	成功
	1980.1.16	陸軍の一部	失敗
	1980.6.27	陸軍の一部	失敗
イラク	1958.7.15	陸軍の一部	成功
	1959.3.8-9	陸軍の左派の一部	失敗
	1963.2.8	陸軍と空軍の一部	成功
	1963.11.18	空軍の一部	成功
	1964.9.5	陸軍の一部	失敗
	1965.9.17	陸軍の一部	失敗
	1966.6.30	陸軍のナセル派	失敗

	1968.7.17	陸軍のバース党右派	成功
	1970.1.20	外国から支援を受けた一部	失敗
	1973.6.30	警察と政治家の一部	失敗
	1991.3.1-29	反乱軍と官僚の一部	失敗
イスラエル	—	—	—
ヨルダン	—	—	—
クウェート	—	—	—
レバノン	1961.12.31	陸軍と部族の一部	失敗
	2008.5.8-14	陸軍と政治家の一部	失敗
リビア	1969.9.1	三軍の一部	成功
	1969.12.10	外国から支援を受けた一部	失敗
	1975.8.14	陸軍の一部	失敗
	1993.10.17	反乱軍の一部	失敗
マルタ	—	—	—
モロッコ	1971.7.10	陸軍の将軍の一部	失敗
	1972.8.17	空軍の一部	失敗
オマーン	1970.7.23	スルタンの息子と近衛兵	成功
カタール	1972.2.22	王族	成功
	1995.6.27	王族	成功
	1996.2.20	王族	失敗
サウジアラビア	—	—	—
シリア	1949.3.30	陸軍の一部	成功
	1949.8.18	陸軍の一部	成功
	1949.12.17	陸軍の一部	成功
	1951.11.28	陸軍の一部	成功
	1954.2.25	陸軍の一部	成功
	1961.9.28	陸軍と政治家の一部	成功
	1962.3.28	陸軍の一部	成功
	1962.4.1	陸軍のナセル派	失敗
	1963.3.8	陸軍の左派の一部	成功
	1966.2.23	陸軍のバース党左派	成功
	1966.9.8	陸軍の一部	失敗
	1969.2.28	陸軍の一部	成功
	1970.11.13	陸軍のバース党右派	成功
	1982.2.2	スンニ派の反乱軍	失敗
チュニジア	1987.11.7	陸軍の一部	成功
アラブ首長国連邦	1972.1.24	政治家の一部	失敗
	1987.6.16	政治家の一部	失敗
ヨルダン川西岸・ガザ地区	—	—	—
イエメン	1967.11.5	政治家の一部	成功
	1968.3.2	左派の政治家と部族の一部	失敗
	1968.7.25	陸軍の一部	失敗

	1969.1.26	陸軍の一部	失敗
	1974.6.13	陸軍の一部	成功
	1977.10.11	陸軍と政治家の一部	失敗
	1978.6.26	陸軍の一部	成功
	1978.10.16	陸軍の一部	失敗
南アジア			
アフガニスタン	1973.7.17	陸軍と警察	成功
	1976.11.30	陸軍の士官のOBたち	失敗
	1978.4.27	陸軍と空軍	成功
	1979.3.27	陸軍の左派の一部	成功
	1979.12.27	外国から支援を受けた一部	成功
	1990.3.6	陸軍の一部	失敗
	1992.4.15	反乱軍の一部	成功
	2001.10.7～12.17	外国から支援を受けた一部	成功
	2003.4.4	反乱軍の一部	失敗
バングラデシュ	1975.8.15	陸軍と政治家の一部	成功
	1975.11.3	反乱軍の一部	成功
	1975.11.7	軍の反乱部隊	成功
	1977.10.2	陸軍と空軍の一部	失敗
	1980.10.17	陸軍の一部	失敗
	1981.5.30	陸軍の一部	失敗
	1982.3.24	陸軍の一部	成功
	1996.5.20	陸軍の一部	失敗
	2007.1.11	陸軍の一部	成功
ブータン	—	—	—
インド	—	—	—
モルディブ	1975.3.10	大統領	成功
	1980.4.27	副大統領と外国の傭兵	失敗
	1988.11.3	外国から支援を受けた軍	失敗
ネパール	1960.12.15	王と軍の一部	成功
	2002.10.4	王と軍の一部	成功
パキスタン	1958.10.7-27	三軍の一部	成功
	1977.7.5	三軍の一部	成功
	1999.10.12	陸軍の一部	成功
	2007.11.3	陸軍の一部	失敗
スリランカ	1962.1.29	政治家の一部	失敗
	1973.4.5-23	陸軍と反乱軍の一部	失敗

表C・3 クーデターの成功率（1945～2010年）
outcome as a function of main party

実行主体	成功	失敗	合計	成功率
軍　隊	203	263	466	44%
政治家	52	77	129	40%
外国の支援	11	19	30	37%
大統領	6	1	7	86%
首　相	2	1	3	66%
王　族	5	1	6	83%

表C・4 クーデターの頻度：地域と時期の配分（1945～2010年）（開始日が基準）

全地域				
期間	成功	失敗	合計	成功率
1946-1950	19	8	27	70%
1951-1955	17	7	24	71%
1956-1960	16	9	25	64%
1961-1965	34	23	57	60%
1966-1970	34	33	67	51%
1971-1975	38	46	84	45%
1976-1980	35	35	70	50%
1981-1985	17	32	49	35%
1986-1990	24	32	56	43%
1991-1995	23	37	60	38%
1996-2000	18	21	39	46%
2001-2005	13	20	33	39%
2006-2010	11	14	25	44%
合　計	299	317	616	49%
サハラ以南のアフリカ				
1946-1950	0	0	0	—
1951-1955	0	1	1	0%
1956-1960	2	2	4	50%
1961-1965	7	5	12	58%

1966-1970	18	12	30	60%
1971-1975	13	16	29	45%
1976-1980	14	17	31	45%
1981-1985	11	20	31	35%
1986-1990	12	10	22	55%
1991-1995	12	25	37	32%
1996-2000	10	7	17	59%
2001-2005	6	14	20	30%
2006-2010	4	7	11	36%
合　計	109	136	245	44%
東アジアと太平洋				
1946-1950	1	3	4	25%
1951-1955	1	1	2	50%
1956-1960	4	1	5	80%
1961-1965	7	3	10	70%
1966-1970	1	2	3	33%
1971-1975	5	6	11	45%
1976-1980	5	5	10	50%
1981-1985	0	2	2	0%
1986-1990	4	7	11	36%
1991-1995	2	2	4	50%
1996-2000	5	6	11	45%
2001-2005	2	1	3	67%
2006-2010	4	5	9	44%
合　計	41	44	85	48%
ヨーロッパと中央アジア				
1946-1950	2	0	2	100%
1951-1955	0	0	0	—
1956-1960	1	0	1	100%
1961-1965	1	2	3	33%
1966-1970	1	2	3	33%
1971-1975	4	6	10	40%
1976-1980	1	0	1	100%
1981-1985	1	1	2	50%
1986-1990	2	5	7	29%
1991-1995	3	1	4	75%
1996-2000	1	1	2	50%
2001-2005	1	1	2	50%

2006-2010	1	0	1	100%
合　計	19	19	38	50%
ラテンアメリカとカリブ海				
1946-1950	13	5	18	72%
1951-1955	12	4	16	75%
1956-1960	6	5	11	55%
1961-1965	13	8	21	62%
1966-1970	7	5	12	58%
1971-1975	9	11	20	45%
1976-1980	10	5	15	67%
1981-1985	4	6	10	40%
1986-1990	5	7	12	42%
1991-1995	3	5	8	38%
1996-2000	1	4	5	20%
2001-2005	2	3	5	40%
2006-2010	1	0	1	100%
合　計	86	68	154	56%
中東と北アフリカ				
1946-1950	3	0	3	100%
1951-1955	4	1	5	80%
1956-1960	1	1	2	50%
1961-1965	6	4	10	60%
1966-1970	7	12	19	37%
1971-1975	2	6	8	25%
1976-1980	1	4	5	20%
1981-1985	0	2	2	0%
1986-1990	1	1	2	50%
1991-1995	2	4	6	33%
1996-2000	0	2	2	0%
2001-2005	0	0	0	—
2006-2010	0	1	1	0%
合　計	27	38	65	42%
南アジア				
1946-1950	0	0	0	—
1951-1955	0	0	0	—
1956-1960	2	0	2	100%

1961-1965	0	1	1	0%
1966-1970	0	0	0	—
1971-1975	5	1	6	83%
1976-1980	4	4	8	50%
1981-1985	1	1	2	50%
1986-1990	0	2	2	0%
1991-1995	1	0	1	100%
1996-2000	1	1	2	50%
2001-2005	2	1	3	67%
2006-2010	1	1	2	50%
合　計	17	12	29	59%

図C・1 クーデターの頻度（1945～2010年）

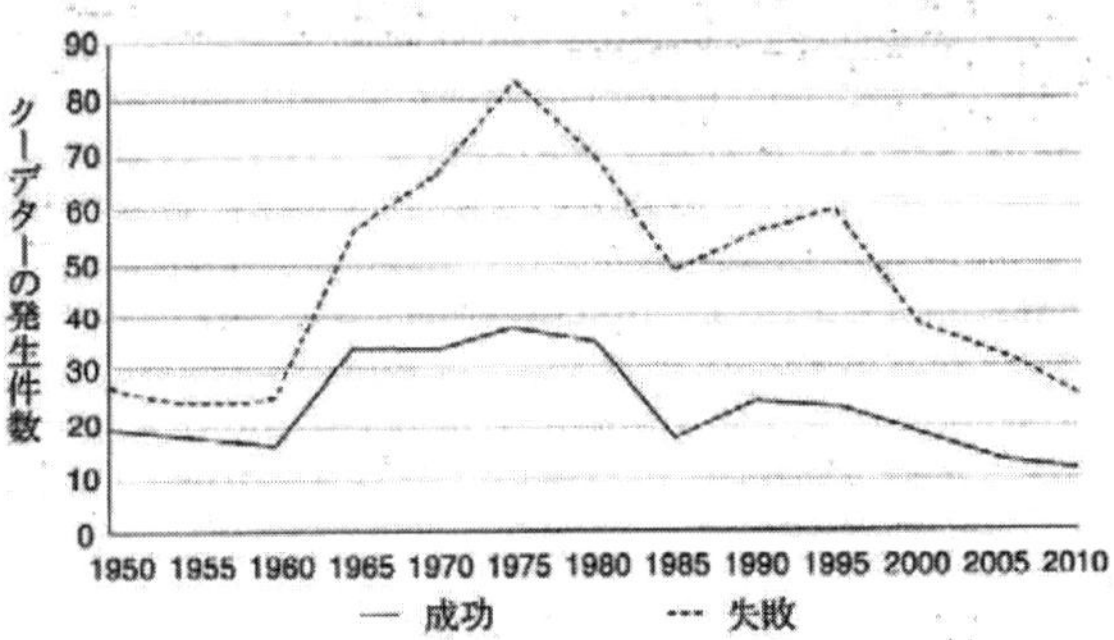

図C・2 クーデターの成功と失敗の割合（1945～2010年）

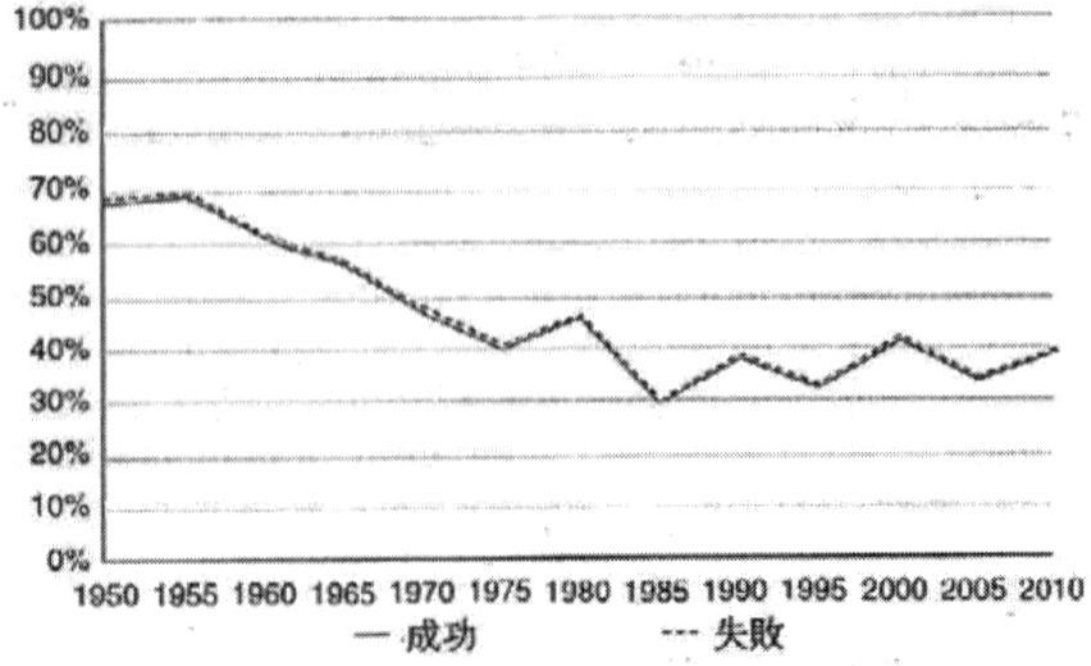

図C・3　地域ごとのクーデターの頻度（1945～2010年）（重ね表示）

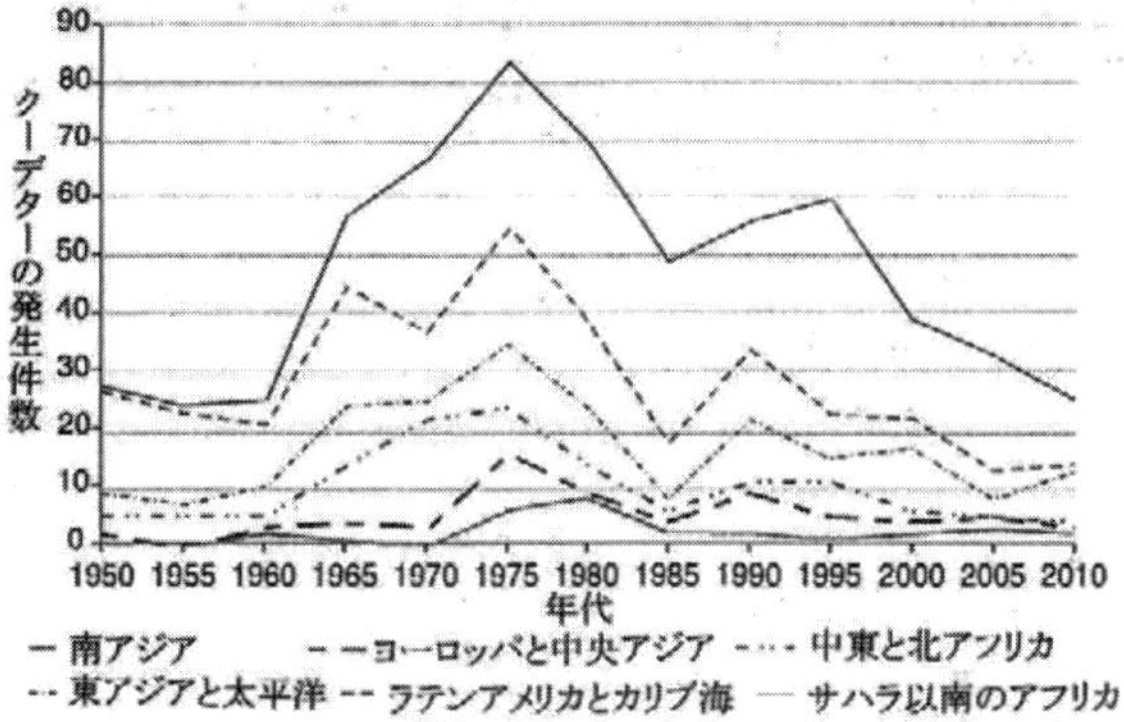

図C・4　地域ごとのクーデターの頻度（1945～2010年）（三次元表示）

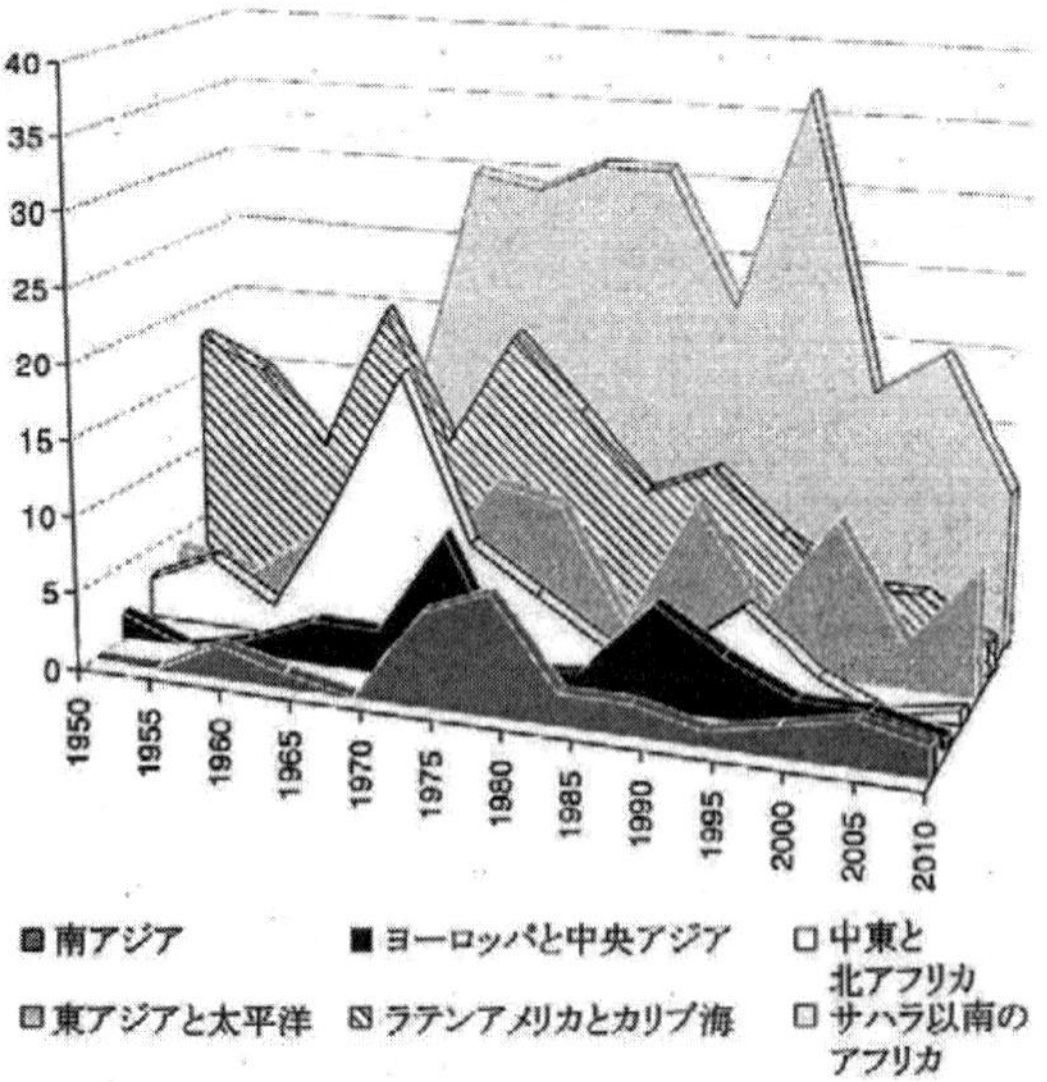

図C・5　地域ごとのクーデターの分布（1945～1965年）
（地域別、試された数、全体数からの割合）

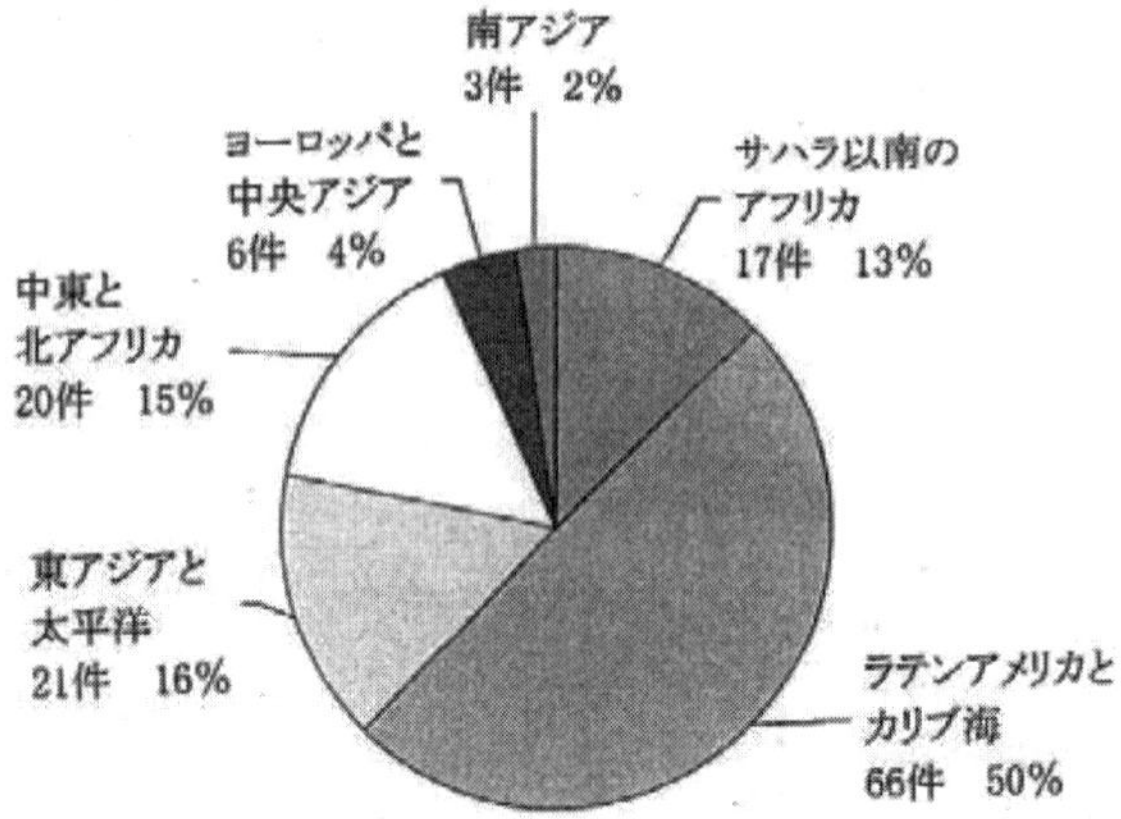

図C・6　地域ごとのクーデターの分布（1966～2010年）
（地域別、試された数、全体数からの割合）

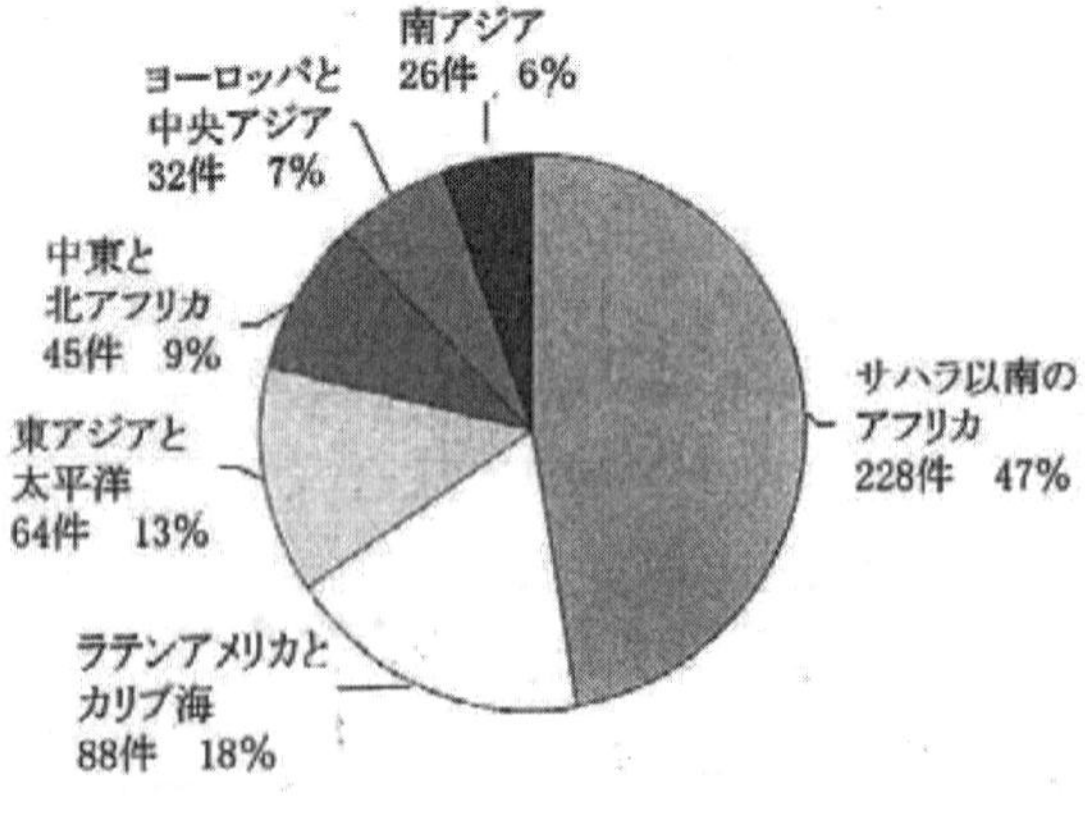

訳者あとがき

本書はエドワード・ルトワックが二〇一六年に英語圏で刊行したCOUP D'ÉTAT: A Practical Handbook, Revised Editionの日本語全訳版である。

原題に「改訂版」という表記があることからもおわかりのように、同書の初版は一九六八年に出版されており、日本でもその二年後となる一九七〇年に『クーデター入門：その攻防の技術』というソフトカバーの本として、遠藤浩氏の訳で徳間書店から出版されている。この本をベースにして映画『パワープレイ』（一九七八年）が制作され、『アラビアのロレンス』でも名高いピーター・オトゥールが悪役を怪演するなど、出版当時は英語圏でもかなり話題になった。改訂版のまえがきでも書かれているように、日本語版も含めて、結果的に一七の言語に翻訳されている。

「なぜわざわざこんな物騒なテーマの本を?」とお感じになる方も多いと思うが、結論から言えば、訳者である私が訳本（『中国4・0』：文春新書）を手がけていたときに、原著者から直々に「デビュー作が改訂版となって五〇年ぶりに復活するから、ついでに訳してみないか」と言われたことがきっかけであり、個人的にとくに深い意図や望みはなかった。ただし初版（の日本語版も含む）を読みはじめてみると、そのテーマの「野蛮さ」はさておき、書かれている内容や分析が非常に鋭かったことから、ぜひ訳させてほしいと出版社側に要望し、この改訂版の日本語版が実現したということである。

まず本書のポイントについて解説する前に、原著者であるエドワード・ルトワック氏の経歴などについて簡潔に説明しておきたい。

エドワード・ルトワック（Edward N. Luttwak）は、一九四二年にルーマニアのトランシルバニア地方にあるアラドという街に住む、ユダヤ人一家に生まれた。その後、イタリアで少年期をすごしてからイギリスの寄宿舎学校に進み、そこから軍属して英国籍を取得し、ロンドン大学（ＬＳＥ）で経済学の修士号を修めてコンサルタントやアナリストとして仕事をしながら中東戦争に参加し、その後に渡米し、ジョンズ・ホプキンス大学（ＳＡＩＳ）でローマ帝国の大戦略をテーマに博士号論文を書いて修了している。

その前後からイスラエル軍や米軍でフリーの軍属アドバイザーとしての活動を積極的に行っており、大手シンクタンクである戦略国際問題研究所（ＣＳＩＳ）の上級顧問という肩書を使いながら、あえてアカデミックなポジションを求めずに、比較的自由な立場から、世界各地の大学や軍の士官学校、それに各国政府の首脳にアドバイスを行っている「戦略家」である。

日本では主著の翻訳版である『エドワード・ルトワックの戦略論』（毎日新聞社）の他、拙訳『中国４・０』や『自滅する中国』（芙蓉書房出版）などを通じて近年注目されるようになったが、そもそものデビュー作が、上述した『クーデター入門』の初版であった。そういう意味で、本書は著者の原点を示すと同時に、いわば「本卦還り《ほんけがえ》り」という意味でもとらえられる貴重な本だ。

ルトワック自身は、キャリアを通じて主に軍事戦略や大戦略の分野に関心が高く、博士号論文をまとめた二作目となる『ローマ帝国の大戦略』（未訳）や、主著である『エドワード・ルトワックの戦略論』、そして『ビザンツ帝国の大戦略』（未訳）のように、生涯追い続けている大きなテーマはむしろ「大戦略」や「戦略理論」そのものにあり、この分野ではすでに世界的な名声を確立した人物である。

とりわけ彼の「戦略論」の核にあるアイディアである「逆説的論理《パラドキシカル・ロジック》」は有名であり、これを提唱したおかげで「近代西洋の戦略論に革命を起こした人物」とみなされている。世界各国の軍の士官学校や大学の戦略学科などでは、すでに彼の本が必読文献のリストの中に入って久しい。

本書の概要であるが、意外なことにその書かれ方は「正攻法」とでも呼べるものだ。まず第1章では「クーデターとは何か」という定義の話からはじめ、「革命」や「プッチ」のような、類似の政権転覆の方法について、その性質や内容の違いについて比較していく。最後に定義を確定させ、その次の第2章から、どのようなタイプの国家や、どのタイミングでクーデターを起こしやすいのかが論じられる。

第3章ではクーデターを計画する上で、そのターゲットとなる国のどの部分を攻略すべきなのかの分析が行われる。軍に対しては浸透し、警察はその現状を見極めて実行後に対処すること、そして公安機関に対しては最も警戒することなどが語られる。そしてメインとなる第4章では、いよいよ本格的なクーデター計画を論じるのであるが、ここでは具体的にどの人物を逮捕し、どの施設を占拠すればいいのかという、実に生々しい話が展開される。宗教団体や政党などの権力を持っていそうな集団への対処の仕方や、さらには労働組合には気をつけるべきであることなど、その生臭い分析の数々は、まさに本書の「真骨頂」とも言える部分である。

最後の第5章は、前夜から当日の実行段階における、実際的な注意点を列挙している。どのタイミングで部隊に発令し、主要任務が終わった後には次の任務を与えておくこと、そして各部隊の隊員たちには余計な情報を与えず、最終的にはクーデター側の権力の安定をまず第一に考えることなど、まるで実際に経験したかのようなリアリティをもって実行の様子が描かれ、大衆の安定化についての議論をしたところで突然説明が終わる。三つある「補遺」では、具体的な道路の封鎖のやり方だけでなく、国家における経済と国民に対する弾圧の関係など、普段われわれが考えることのないトピックが短くまとめられて論じられていて、こちらも意外に読み応えがある。

このように極めて実際的な本書であるが、ここでは訳者である私が、訳出作業の中で気づいた本書の特徴を三つ挙げておきたい。

第一が、当然ながら、その着眼点のユニークさである。もちろんルトワックのこの本書以前にもクーデターについて論じている本はあったが、それを「手引書」（英語の副題では「実践的ハンドブック」）としてマニュアル化している本は、近代のものとしてはこれが最初である。そもそも「クーデター」という脱法的な政治事案を、実行者側の視点からマニュアル化したという点で、いかにそれがユニークなものであるかは、本書の題名が目について偶然手にしてしまった読者のみなさんが一番実感されていると思う。世の中には様々なジャンルの入門書があるが、極めてニッチな「クーデター」の入門書という意味では、その奇抜さが突き抜けている感覚がある。余談だが、後に元英軍人のジャーナリストであるグレゴール・ファーグソンが、一九八七年にルトワックのものと副題までそっくりな著書を出版しているが（Gregor Ferguson, ***Coup d'Etat: A Piratical Manual,*** **Arms and Armour Press, 1987.**）、主に軍事的な面に焦点を当てて書かれたものであり、本書のような知的な意味での幅広さや奥行きは感じられない。

第二は、その分析が非常に「戦略的」であるということだ。すでに述べたように、ルトワックは後に「戦略家」として名をなすことになるのだが、すでにデビュー作となる本書でも、彼の戦略論のエッセンスとでも言える記述を目にすることができる。

たとえば、相手に「サプライズ」（奇襲）を与えてマヒさせたり中立化したりすること、そして、こちら側のアクションが相手にどのような印象を与え、どのような反応を引き起こすのかについて論じている点などが目につく。戦略は彼我《ひが》のアクションとリアクションによって形成されるダイナミックな現象である、というのがルトワックの戦略論の核心的なアイディアだが、それがすでに本書の中でも示唆されているのは興味深い。

また、権力が国家のどの部分に集中・分散していて、クーデター実行の際にはどの勢力が抵抗してきて、どの勢力は無視していいのかなど、その冷静な記述はまさに戦略的な「リアリズム」の視点によるものであり、新鮮だ。

第三は、そのリアリティにあふれた記述である。ルトワック自身は自分が実際にクーデターに関わったかどうかについては否定しており、その代わりに二〇一七年の一〇月に来日したおりの講演会では、本書が書かれた経緯について証言している。曰く、本書が書かれたのはルトワックがまだ弱冠二六歳の時であり、石油会社のコンサルタントとして働いたあとの休暇中に、欧州や中東を巡って旅をしていて、たまたまレバノンの首都ベイルートで滞在中にバーに行き、そこでアフリカやアラブ諸国でクーデターを実行した人物たちに酒を飲みながら話を聞き、それをまとめただけだというのだ。これが真実かどうかは本人のみぞ知るということだが、たしかに当事者から聞いたとしか思えないような記述がいくつも散見できる点で、小説には見られない臨場感が感じられる。

当然ながら、本書には批判すべき点がいくつかある。まず第一は、なんといってもその倫理的な問題であろう。著者も旧版のまえがきの中で、「こんなものを書いて読者を誤らせ、危険な目に遭わせることにはならないか、さらにはクーデターの有効な手引きであるために、これが動乱や暴動につながりかねないのでは、という反対があるかもしれない」と記しているが、問題点はまさにこの点にある。それに対するルトワックの「すべてのリベラルな心の持ち主が賞賛すべきこととなる」という答えは、どう考えても説得力のあるものとは思えない。ただし良心的に解釈すれば、改訂版のまえがきにあるように、本書の本来の狙いは『発展途上国』……における政治の究極の意味を探ることにあった」といえる。それほど、本書の権力の所在についての分析は鮮やかだ。

他にも、インターネット時代におけるクーデターの性質の変化についての探求が物足りないことや、たとえば第3章で展開しているフランスの警察組織の分析が十分にアップデートされていないことなど、かなり古い情報をそのまま使っている部分が見受けられる。ただしその情報の古さも、本書の政治学的な分析の価値を下げるものではないことは記しておくべきであろう。

その意見や分析に同意するかどうかは別として、読者にたいして独自の戦略論を通じて知的挑戦を行うのがルトワック本のエッセンスであり、そのような性格を踏まえた上で、本書を「考える材料」としてじっくり読んでいただければ、それに携われた関係者としても本望である。おりしも刊行の数年後に二〇二〇年の東京オリンピックを控えている日本では、本書で披露されている知見が、警察や公安関係者の方々に何かしらのヒントになれば良いと考えている。

最後に、本書を書く上でお世話になった人物に謝辞を述べたい。まずは著者のエドワード・ルトワック氏であるが、再び一緒に仕事をさせていただいて光栄であった。とりわけ幸運だったのは、拙訳のデレク・ユアン著『真説 孫子』（中央公論新社）の翻訳作業の終盤に、西洋と東洋の戦略思想の違いについて考える際の土台として、本書の考え方がきわめて役に立ったことである。

また、拙訳『フォース・ターニング』（ビジネス社）につづいて下訳を準備していただいた森孝夫氏には大変感謝している。スピーディーに作業をしていただいたにもかかわらず、私の監訳作業が遅れに遅れてしまい、刊行までに時間がかかってしまってご迷惑をかけてしまった点には申し訳ないと感じている。芙蓉書房出版の平澤公裕社長にもその点ではご迷惑をおかけしている。正直なところ、テーマがテーマなだけに発禁処分にならないかとヒヤヒヤした部分はあったのだが、このような無謀な企画をこころよく承諾していただいた。記してここに感謝する次第である。

奥山　真司

平成三〇年二月二三日　　ＪＲ川崎駅にて

著　者
エドワード・ルトワック (Edward N. Luttwak)
ワシントンにある大手シンクタンク、戦略国際問題研究所(CSIS)の上級アドバイザー。戦略家であり、歴史家、経済学者、国防アドバイザーとしての顔も持つ。国防省の官僚や軍のアドバイザー、そしてホワイトハウスの国家安全保障会議のメンバーを務めた経歴もあり、米国だけでなく、日本を含む世界各国の政府や高級士官学校でレクチャーやブリーフィングを行う。1942年、ルーマニアのトランシルヴァニア地方のアラド生まれ。イタリアやイギリス（英軍）で教育を受け、ロンドン大学（ＬＳＥ）で経済学で学位を取った後、アメリカのジョンズ・ホプキンス大学で1975年に博士号を取得。同年国防省長官府に任用される。専門は軍事史、軍事戦略研究、安全保障論。著書は約20ヵ国語に翻訳されている。
邦訳には『クーデター入門』(徳間書店)、『ペンタゴン』(光文社)、『アメリカンドリームの終焉』(飛鳥新社)、『ターボ資本主義』（ＴＢＳブリタニカ)、『エドワード・ルトワックの戦略論』（毎日新聞社)、『自滅する中国』（芙蓉書房出版)、『中国4.0』（文春新書)、『戦争にチャンスを与えよ』（文春新書）がある。

監訳者
奥山 真司 （おくやま まさし）
1972年生まれ。カナダ、ブリティッシュ・コロンビア大学卒業。英国レディング大学大学院博士課程修了。戦略学博士（Ph.D)。国際地政学研究所上席研究員、青山学院大学非常勤講師。著書に『地政学』（五月書房)、訳書に『大国政治の悲劇・完全版』(J･ミアシャイマー著、五月書房新社)、『米国世界戦略の核心』(S･M･ウォルト著、五月書房)、『平和の地政学』(N･スパイクマン著、芙蓉書房出版)、『戦略の格言』（C･グレイ著、芙蓉書房出版)、『進化する地政学』（C･グレイ編著、五月書房)、『戦略論の原点』(J･C･ワイリー著、芙蓉書房出版)、『現代の軍事戦略入門』(E･スローン著、芙蓉書房出版)、『クラウゼヴィッツの「正しい読み方」』(B・ホイザー著、芙蓉書房出版)、『現代の戦略』（C･グレイ著、中央公論新社)、『真説 孫子』(D・ユアン著、中央公論新社）などがある。
ｅメールアドレス；masa.the.man@gmail.com

ルトワックの“クーデター入門”

2018年 3月25日　第1刷発行
2025年 3月28日　第5刷発行

著　者

エドワード・ルトワック

監訳者

奥山《おくやま》 真司《まさし》

発行所

㈱芙蓉書房出版
（代表 奥村侑生市）
〒162-0805東京都矢来町113-1
TEL 03-5579-8295　FAX 03-5579-8786
https://www.fuyoshobo.co.jp

印刷・製本／モリモト印刷

ISBN978-4-8295-0727-8